Inovações no Tratamento da
DEPENDÊNCIA DE DROGAS

Psicologia — Outros livros de interesse

A Medicina da Pessoa 5ª ed. – **Perestrello**
A Natureza do Amor – **Donatella**
A Neurologia que Todo Médico Deve Saber 2ª ed. – **Nitrini**
Adoecer: As Interações do Doente com sua Doença 2ª ed. – **Quayle**
As Lembranças que não se Apagam – Wilson Luiz **Sanvito**
Autismo Infantil: Novas Tendências e Perspectivas – **Assumpção Júnior**
Coleção Psicologia do Esporte e do Exercício – Maria Regina Ferreira **Brandão** e Afonso Antonio **Machado**
  Vol. 1 - Teoria e Prática
  Vol. 2 - Aspectos Psicológicos do Rendimento Esportivo
  Vol. 3 - Futebol, Psicologia e Produção do Conhecimento
  Vol. 4 - O Treinador e a Psicologia do Esporte
  Vol. 5 - O Voleibol e a Psicologia do Esporte
Coluna: Ponto e Vírgula 7ª ed. – **Goldenberg**
Criando Filhos Vitoriosos - Quando e como Promover a Resiliência – **Grunspun**
Cuidados Paliativos – Diretrizes, Humanização e Alívio de Sintomas – **Franklin Santana**
Cuidados Paliativos - Discutindo a Vida, a Morte e o Morrer – **Franklin Santana** Santos
Cuidando de Crianças e Adolescentes sob o Olhar da Ética e da Bioética – **Constantino**
Delirium – **Franklin Santana**
Demências: Abordagem Multidisciplinar – **Leonardo Caixeta**
Dependência de Drogas 2ª ed. – Sergio Dario **Seibel**
Depressão e Cognição – Chei **Tung Teng**
Depressão em Medicina Interna e em Outras Condições Médicas - Depressões Secundárias – **Figueiró e Bertuol**
Dicionário Médico Ilustrado Inglês-Português – **Alves**
Dilemas Modernos - Drogas – **Fernanda Moreira**
Dinâmica de Grupo – **Domingues**
Distúrbios Neuróticos da Criança 5ª ed. – **Grunspun**
Doença de Alzheimer – **Forlenza**
Dor – Manual para o Clínico – **Jacobsen Teixeira**
Dor Crônica – Diagnóstico, Pesquisa e Tratamento – **Ivan Lemos**
Dor e Saúde Mental – **Figueiró**
Epidemiologia 2ª ed. – **Medronho**
Esquizofrenia – **Bressan**
Ginecologia Psicossomática – **Tedesco e Faisal**
Guia de Consultório - Atendimento e Administração – **Carvalho Argolo**
Guia para Família - Cuidando da Pessoa com Problemas – **Andreoli e Taub**

Hipnose - Aspectos Atuais – **Moraes Passos**
Hipnose na Prática Clínica 2a. Ed. – **Marlus**
Hipnoterapia no Alcolismo, Obesidade e Tabagismo – **Marlus Vinícius** Costa Ferreira
Introdução à Psicossomática – Maria Rosa **Spinelli**
Introdução à Psiquiatria - Texto Especialmente Escrito para o Estudante das Ciências da Saúde – **Spoerri**
Manual: Rotinas de Humanização em Medicina Intensiva 2ª ed – **AMIB** - **Raquel Pusch** de Souza
Medicina um Olhar para o Futuro – **Protásio da Luz**
Nem só de Ciência se Faz a Cura 2ª ed. – **Protásio da Luz**
O Coração Sente, o Corpo Dói - Como Reconhecer, Tratar e Prevenir a Fibromialgia – **Evelin Goldenberg**
O Cuidado do Emocional em Saúde 3ª ed. – **Ana Cristina** de Sá
O Desafio da Esquizofrenia 2ª ed. – **Itiro** Shirakawa, Ana Cristina Chaves e Jair J. Mari
O Livro de Estímulo à Amamentação - Uma Visão Biológica, Fisiológica e Psicológico-comportamental da Amamentação – **Bicalho Lana**
O Médico, Seu Paciente e a Doença – **Balint**
Panorama Atual de Drogas e Dependências – **Silveira Moreira**
Psicofarmacologia – Chei **Tung Teng**
Psicologia do Desenvolvimento - Do Lactente e da Criança Pequena – Bases Neuropsicológicas e Comportamentais – **Gesell e Amatruda**
Psicologia e Cardiologia - Um Desafio Que Deu Certo - SOCESP – Ana Lucia **Alves Ribeiro**
Psicologia e Humanização: Assistência aos Pacientes Graves – **Knobel**
Psicopatologia Geral 2ª ed. (2 vols.) – **Jaspers**
Psicossomática, Psicologia Médica, Psicanálise – **Perestrello**
Psiquiatria e Saúde Mental – Conceitos Clínicos e Terapêuticos Fundamentais – **Portella Nunes**
Psiquiatria Ocupacional – Duílio Antero de **Camargo** e Dorgival **Caetano**
Saúde Mental da Mulher – **Cordás**
Segredos de Mulher - Diálogos Entre um Ginecologista e um Psicanalista – Alexandre **Faisal** Cury
Série da Pesquisa à Prática Clínica - Volume Neurociência Aplicada à Prática Clínica – Alberto **Duarte** e George **Bussato**
Série Fisiopatologia Clínica – **Busatto**
  Vol. 4 - Fisiopatologia dos Transtornos Psiquiátricos
Série Usando a Cabeça – **Alvarez e Taub**
  Vol. 1 - Memória
Sexualidade Humana - 750 Perguntas Respondidas por 500 Especialistas – **Lief**
Situações Psicossociais – **Assumpção**
Suicídio: Uma Morte Evitável – **Corrêa (Perez Corrêa)**
Transtornos Alimentares – **Natacci Cunha**
Transtorno Bipolar do Humor – José Alberto **Del Porto**
Tratado de Psiquiatria da Infância e da Adolescência – **Assumpção**
Tratamento Coadjuvante pela Hipnose – **Marlus**
Um Guia para o Leitor de Artigos Científicos na Área da Saúde – **Marcopito Santos**

Facebook.com/editoraatheneu Twitter.com/editoraatheneu Youtube.com/atheneueditora

Inovações no Tratamento da
DEPENDÊNCIA DE DROGAS

André Luiz Monezi Andrade
Denise De Micheli

EDITORA ATHENEU

São Paulo — Rua Jesuíno Pascoal, 30
Tel.: (11) 2858-8750
Fax: (11) 2858-8766
E-mail: atheneu@atheneu.com.br

Rio de Janeiro — Rua Bambina, 74
Tel.: (21)3094-1295
Fax: (21)3094-1284
E-mail: atheneu@atheneu.com.br

Belo Horizonte — Rua Domingos Vieira, 319 — conj. 1.104

PRODUÇÃO EDITORIAL: Equipe Atheneu
PROJETO GRÁFICO/DIAGRAMAÇÃO: Triall Editorial Ltda.
REVISÃO: Maria da Graça R. B. Câmara

CIP-BRASIL. CATALOGAÇÃO NA PUBLICAÇÃO
SINDICATO NACIONAL DOS EDITORES DE LIVROS, RJ

A565i

Andrade, André Luiz Monezi
  Inovações no tratamento da dependência de drogas / André Luiz Monezi Andrade, Denise de Micheli. - 1. ed. - Rio de Janeiro : Atheneu, 2017.
: il.

Inclui bibliografia
ISBN: 978-85-388-0800-8

1. Drogas - Abuso. 2. Drogas - Abuso - Tratamento. 3. Toxicômanos - Reabilitação. I. Micheli, Denise de. II. Título.

17-42047
CDD: 616.86
CDU: 615.89-008.441.3

23/05/2017 25/05/2017

ANDRADE, A. L. M.; MICHELI DE, D.
Inovações no Tratamento da Dependência de Drogas

© EDITORA ATHENEU
São Paulo, Rio de Janeiro, Belo Horizonte, 2017

Sobre os editores

André Luiz Monezi Andrade

Graduado em Psicologia pela Universidade Positivo. Mestre e Doutor em Psicobiologia, com ênfase em dependência de drogas, pela Universidade Federal de São Paulo (Unifesp).

Denise De Micheli

Graduada em Psicologia pela Universidade Paulista (UNIP) (1997), com Doutorado em Psicobiologia (2000) e Pós-doutorado em Ciências (2004) pela Universidade Federal de São Paulo (Unifesp). Professora Adjunta III da Disciplina de Medicina e Sociologia do Abuso de Drogas (DIMESAD) do Departamento de Psicobiologia da Unifesp. Coordenadora do grupo Centro Interdisciplinar de Estudos em Neurociência, Saúde e Educação na Adolescência (CIENSEA), registrado como Diretório de Pesquisa do CNPq. Membro da Association for Medical Education and Research in Substance Abuse (AMERSA) e da Associação Brasileira Multidisciplinar de Estudos sobre Drogas (ABRAMD). Tem como preferenciais as áreas de pesquisa relacionadas a Neurociências, Educação e Saúde, com ênfase na adolescência, uso de substâncias e outros comportamentos de risco, intervenção breve e outros. Participa de diversos projetos em colaboração com outros departamentos da Unifesp e outras universidades do país. É Consultora da Secretaria Nacional de Políticas sobre Drogas (Senad) e Assessora *ad hoc* da Fundação de Amparo à Pesquisa do Estado de São Paulo (Fapesp) e dos periódicos: *Revista Brasileira de Psiquiatria, Psicologia Integral, Estudos em Psicologia, Quality of Life Research*. É Colaboradora do Institute for Translational Research in Adolescent Behavioral Health (University of South Florida). É credenciada como Orientadora, nível Mestrado e Doutorado, do Programa de Pós-graduação em Educação e Saúde da Unifesp (campus Guarulhos). Editora Associada do periódico *International Journal of Psychology and Neuroscience*.

Sobre os colaboradores

NACIONAIS

ADRIANA SCATENA

Programa de Pós-graduação em Educação e Saúde na Infância e Adolescência da Universidade Federal de São Paulo (Unifesp).

ANA REGINA NOTO

Núcleo de Pesquisa em Saúde e Uso de Substâncias (NEPSIS). Departamento de Psicobiologia da Universidade Federal de São Paulo (Unifesp).

ANDRÉ BEDENDO

Núcleo de Pesquisa em Saúde e Uso de Substâncias (NEPSIS). Departamento de Psicobiologia da Universidade Federal de São Paulo (Unifesp).

ANDREA MACULANO ESTEVES

Faculdade de Ciências Aplicadas da Universidade Estadual de Campinas (Unicamp).

DIANNE DA ROCHA PRADO

Universidade Federal do ABC (UFABC).

ELISA HARUMI KOZASA

Instituto do Cérebro. Centro de Pesquisas do Hospital Israelita Albert Einstein (HIAE).

Inovações no Tratamento da Dependência de Drogas

ERICA CRUVINEL
Departamento de Psicologia da Universidade Federal de Juiz de Fora (UFJF).

FREDERICO ECKSCHMIDT
Departamento de Medicina Preventiva da Universidade de São Paulo (USP).

FÚLVIO RIELI MENDES
Programa de Pós-graduação em Neurociência e Cognição da Universidade Federal do ABC (UFABC).

GABRIELA ARANTES WAGNER
Departamento de Medicina Preventiva da Universidade Federal de São Paulo (Unifesp).

ISABEL CRISTINA WEISS DE SOUZA
Núcleo de Pesquisa em Saúde e Uso de Substâncias (NEPSIS). Departamento de Psicobiologia da Universidade Federal de São Paulo (Unifesp).

JUÇARA XAVIER ZAPAROLI
Universidade Federal de São Paulo (Unifesp).

LAISA MARCORELA ANDREOLI SARTES
Departamento de Psicologia. Universidade Federal de Juiz de Fora (UFJF).

LÚCIO GARCIA DE OLIVEIRA
Departamento de Medicina Preventiva. Universidade de São Paulo (USP).

LUIS PEREIRA JUSTO
Unidade de Dependência de Drogas (UDED). Departamento de Psicobiologia. Universidade Federal de São Paulo (Unifesp).

MAIRA LEON FERREIRA
Departamento de Psicologia. Universidade Federal de Juiz de Fora (UFJF).

MARCO TULIO DE MELLO
Escola de Educação Física. Universidade Federal de Minas Gerais (UFMG).

PAULO DAUBIAN NOSÉ

Faculdade de Ciências Aplicadas – Universidade Estadual de Campinas (Unicamp).

RUI FERREIRA AFONSO

Instituto do Cérebro. Centro de Pesquisas do Hospital Israelita Albert Einstein (HIAE).

RICARDO MONEZI JULIÃO DE OLIVEIRA

Pontifícia Universidade Católica de São Paulo (PUC-SP).

VÍVIAM VARGAS DE BARROS

Núcleo de Pesquisa em Saúde e Uso de Substâncias (NEPSIS). Departamento de Psicobiologia. Universidade Federal de São Paulo (Unifesp).

INTERNACIONAIS

ALEMANHA

NATALIYA ZHABENKO

Departamento de Neurologia. *Mühlenkreiskliniken Hospital*, Minden.

OLENA ZHABENKO

Departamento de Neurologia. *Mühlenkreiskliniken Hospital*, Minden.

CANADÁ

ALEXANDER MAZUR

Departamento de Anatomia e Biologia Celular. *McGill University*, Montreal.

ESTADOS UNIDOS

DEIRDRE CONROY

Departamento de Psiquiatria e Dependência de Drogas. *University of Michigan Medical School*, Plymouth.

FRANCINE SHAPIRO

New York University, Nova Iorque.

JULIE STOWASSER

University of California, San Luis Obispo.

KIRK J. BROWER

Departamento de Psiquiatria e Dependência de Drogas. *University of Michigan Medical School*, Plymouth.

ROBERT A. ZUCKER

Departamento de Psiquiatria e Dependência de Drogas. *University of Michigan Medical School*, Plymouth.

SUSAN BROWN

American University, Washington, D.C.

IRÃ

FATEME DEHGHANI-ARANI

Departamento de Psicologia. *University of Tehran*, Teerã.

SUÍÇA

MICHAEL P. SCHAUB

Instituto de Investigação Suíça de Saúde Pública e Toxicodependência (ISGF). *Universität Zürich*, Zurique.

UCRÂNIA

ANNA OLIINYK

Departamento de Psiconeurologia. *Railway Clinical Hospital* nº 1, Kiev.

IRYNA FRANKOVA

Instituto Ucraniano de Pesquisa, Psiquiatria Social e Forense e do Abuso de Drogas. *Bogomolets National Medical University*, Kiev.

OLEG CHABAN

Instituto Ucraniano de Pesquisa, Psiquiatria Social e Forense e do Abuso de Drogas. *Bogomolets National Medical University*, Kiev.

Prefácio

O uso de substâncias ilícitas, ao menos uma vez ao ano, atinge 240 milhões de pessoas, segundo o levantamento estatístico realizado pela *UNODC – United Nations Office on Drugs and Crime*, que mede o uso de substâncias psicoativas por jovens e adultos na faixa etária de 15 a 64 anos.

A dependência envolve fatores biológicos (por exemplo: genéticos, fisiológicos, neurocognitivos), psicológicos (presença ou não de transtornos associados) e sociais (pares, famílias, violência). Três sinais e sintomas formam o seu eixo: compulsão, tolerância e abstinência.

Em face da magnitude desse problema e das claras dificuldades que o revestem, é preciso buscar novas formas de tratamento e construir um modelo de comportamento saudável, e que seja focado no emprego, na saúde e na inclusão social do dependente. Aí está a essência deste livro, com o melhores recursos para o seu enfrentamento.

Portanto, o presente trabalho, como bem assinala o seu título, promove os meios de prevenção e tratamento dentro da modernidade das pesquisas clínicas e laboratoriais e dos estudos epidemiológicos e biopsicossociais.

Por certo, é de se esperar que a atualidade de sua contribuição venha beneficiar os profissionais da Saúde vivamente interessados na prevenção e tratamento do uso de substâncias psicoativas.

Essa é a proposta que se oferece. Boa leitura.

Sumário

Seção 1
Introdução à Dependência de Drogas 1

Capítulo 1   A Caracterização da Dependência Química 3
                     Lúcio Garcia de Oliveira
                     Frederico Eckschmidt
                     Gabriela Arantes Wagner

Capítulo 2   Neurobiologia da Ação das Drogas de Abuso 19
                     André Bedendo
                     André Luiz Monezi Andrade
                     Ana Regina Noto

Seção 2
Intervenções Inovadoras para o Tratamento de Drogas 37

Capítulo 3   Inovações nos Tratamentos Farmacológicos para as Dependências 39
                     Luis Pereira Justo

Capítulo 4   Uso da Fitoterapia no Tratamento da Dependência de Drogas 53
                     Fúlvio Rieli Mendes
                     Dianne da Rocha Prado

Capítulo 5   O EMDR no Uso, Abuso e Dependência de Drogas 71
                     Susan Brown
                     Julie Stowasser
                     Francine Shapiro

Inovações no Tratamento da Dependência de Drogas

Capítulo 6 *Mindfulness* e o Uso e Abuso de Drogas 107
Elisa Harumi Kozasa
Isabel Cristina Weiss de Souza
Víviam Vargas de Barros
Ana Regina Noto

Capítulo 7 O Uso de Micro e Macro Nutrientes na Dependência Química 125
Juçara Xavier Zaparoli

Capítulo 8 Como as Intervenções e Psicoterapias Breves Trabalham?
Avaliação dos Processos de Mudança das Intervenções para Usuários de Drogas ...137
Laisa Marcorela Andreoli Sartes
Erica Cruvinel
Maira Leon Ferreira

Capítulo 9 Intervenções Virtuais para Usuários de Substância 159
Michael P. Schaub

Capítulo 10 Terapia Cognitivo-Comportamental *On-line* para Dependentes de Álcool com Insônia: Uma Experiência com Pacientes Ucranianos...173
Olena Zhabenko
Nataliya Zhabenko
Deirdre Conroy
Oleg Chaban
Anna Oliinyk
Iryna Frankova
Alexander Mazur
Kirk J. Brower
Robert A. Zucker

Capítulo 11 O Efeito da Imposição de Mãos no Uso e Abuso de Drogas..191
Ricardo Monezi Julião de Oliveira
Adriana Scatena
André Luiz Monezi Andrade

Capítulo 12 Evidências da Prática do Yoga na Dependência de Drogas 201
Rui Ferreira Afonso

Capítulo 13 Exercício Físico e o Tratamento de Dependentes 209
Andrea Maculano Esteves
Paulo Daubian Nosé
Marco Tulio de Mello

Capítulo 14 *Neurofeedback* no Transtorno por Uso de Substâncias 221
Fateme Dehghani-Arani

Índice Remissivo 239

SEÇÃO 1

Introdução à Dependência de Drogas

CAPÍTULO 1

A Caracterização da Dependência Química

Lúcio Garcia de Oliveira
Frederico Eckschmidt
Gabriela Arantes Wagner

INTRODUÇÃO

Embora o fenômeno da dependência tenha sido, muitas vezes, associado exclusivamente aos severos efeitos neurofisiológicos relacionados aos sintomas de tolerância e abstinência de certas substâncias ou objetos (como, por exemplo, drogas ilícitas ou jogos de azar), nos últimos anos uma nova definição e compreensão têm surgido, indicando que os diversos sintomas desse transtorno e suas múltiplas expressões compartilham, na verdade, de uma etiologia biopsicossocial comum.

A visão convencional implicitamente relaciona as causas da dependência às propriedades dessas substâncias ou objetos, encorajando, inclusive, tratamentos diferentes para esses comportamentos compulsivos. No entanto, faz-se necessária uma visão mais compreensiva sobre esse transtorno, pois existe uma gama de características comuns entre os comportamentos adictivos.

Neste quadro, o indivíduo acaba despendendo muito tempo pensando ou se engajando em comportamentos como o consumo de substâncias psicoativas (SPA), como cigarros, álcool, drogas ilícitas, mas também com a ingestão compulsiva de alimentos ou com outros objetos, como nos jogos de azar, internet, amor patológico, sexo, exercícios físicos, trabalho, compras etc.

Inclusive, em relação aos transtornos por uso de substâncias (TUS), bulimia, jogo patológico e compulsão sexual, além do sofrimento infligido ao indivíduo, todos compartilham também de uma série de características clínicas semelhantes, como: (a) o curso da doença, uma vez que geralmente os transtornos se apresentam na adolescência ou início da idade adulta e seguindo um curso crônico, com remissões e exacerbações; (b) a continuidade dos comportamentos, apesar das consequências prejudiciais e estreitamento do repertório; (c) a experiência subjetiva dos indivíduos, manifestando um intenso desejo, preocupação ou excitação durante a atividade preparatória, além da sensação de perda de controle; (d) desenvolvimento progressivo; (e) tolerância, ou seja, a diminuição da potência dos efeitos de reforçamento; (f) abstinência, manifestando desconforto físico ou psicológico com a interrupção ou diminuição do comportamento; (g) tendência a recaídas, voltando continuamente aos padrões nocivos após um período de abstinência ou controle; (h) propensão para substituição com outros comportamentos adictivos; (i) prejuízo ou negligência em outros aspectos da vida (no trabalho, nas atividades sociais ou *hobbies*, insuficiência de relações sociais, atividades criminosas e problemas legais, envolvimento em situações de perigo, lesões físicas, perda financeira ou trauma emocional); e (j) conteúdos recorrentes em como as pessoas se relacionam com os outros e consigo mesmas – incluindo baixa autoestima, egocentrismo, negação, racionalização, e os conflitos sobre o binômio dependência e controle.

Em qualquer dos casos, nota-se que o transtorno de dependência envolve a perda de capacidade de escolher livremente a continuação ou finalização do comportamento (perda de controle) e leva a consequências adversas. De todo modo, embora algumas substâncias ou objetos não pareçam produzir uma dependência física óbvia, todos criam uma necessidade subjetiva de um maior envolvimento para atingir a saciedade e, posteriormente, sintomas como depressão, ansiedade intensa, desesperança, desamparo e irritabilidade com sua interrupção abrupta.

TRANSTORNOS POR USO DE SUBSTÂNCIAS (TUS)

O consumo de SPAs envolve um relacionamento coevolutivo de pelo menos 200 milhões de anos dos primeiros arborícolas e as plantas, sendo possivelmente explorado pelos primeiros mamíferos como substitutos dos neurotransmissores nutricionalmente dispendiosos produzidos endogenamente.

Ao longo desse período, inúmeras adaptações genéticas foram necessárias para a metabolização dos alcaloides, muitas vezes venenosos, e do álcool pelo nosso organismo. A favor dessa hipótese contam as diversas adaptações químicas necessárias ao metabolismo dessas substâncias e na estrutura das plantas que evoluíram para imitar e interferir nas funções dos neurotransmissores.

Portanto, certas substâncias são dotadas de uma propriedade chamada psicoatividade, ou seja, a ingestão desses compostos pode interferir em diversos processos mentais, como, por exemplo, a cognição ou o humor, nos comportamentos ou na consciência, de tal forma que "os efeitos podem ir desde uma estimulação suave causada por uma xícara de café ou chá até os efeitos profundamente modificadores produzidos por alucinógenos tais como o LSD".

Esse grupo de compostos pode ser categorizado de acordo com os diversos efeitos que produzem sobre o Sistema Nervoso Central (SNC). De forma geral, são comumente classificados em três categorias: (a) psicolépticos, ou seja, substâncias que inibem o tônus mental ou o funcionamento do SNC); (b) psicoanalépticos, substâncias que estimulam o tônus mental ou o funcionamento do SNC; ou (c) psicodislépticos, substâncias que perturbam o tônus mental ou o funcionamento do SNC. Posteriormente, o químico A. Hoffmann adicionou também os (d) neurolépticos, substâncias com propriedades ansiolíticas e antipsicóticas, das quais o grupo da *Rauvolfia serpentina* constitui o protótipo natural.

No entanto, embora seja didático e simples, esse sistema de classificação aglutina excessivamente a ação e os efeitos das SPAs, perdendo precisão pelo demasiado reducionismo. Uma descrição mais acurada de seus diversos efeitos no SNC poderia, portanto, envolver outras características, como sugerido pelo etnobotânico J. Ott: a) narcóticos, com propriedades sedativas como os opioides; b) intoxicantes, como o álcool e outros solventes, tais como clorofórmio, éter e benzeno; c) hipnóticos, ou seja, relacionados ao sono e aos estados hipnagógicos, como os barbitúricos e tranquilizantes benzodiazepínicos; d) estimulantes, como a cafeína, a cocaína e anfetamínicos; e) enteógenos ou psicodélicos (alucinógenos), que afetam profundamente a sensopercepção, humor e comportamentos, como a mescalina, o LSD, a psilocibina, o DMT e a ibogaína; e f) neurolépticos sedativos, como o meprobamato e a clorpromazina.

Ainda assim, esse modelo não contempla a presença de várias substâncias em mais de uma categoria, como é o caso do tabaco, que é um estimulante e um depressor concomitantemente, ou do MDMA (*ecstasy*), que é estimulante e psicodélico, ou o caso dos dois principais canabinoides, o THC, que é estimulante, depressor e psicodélico e o CBD, que é antipsicótico, e inúmeras outras, como sugere o psicólogo McKim.

Essas definições são importantes, mas não descrevem a potência adictiva das substâncias, pois algumas (tabaco e álcool) são comercializadas quase livremente apesar de favorecer o desenvolvimento da dependência, enquanto outras são proibidas sem causar nenhum tipo de dependência ou síndrome de abstinência, como, por exemplo, os enteógenos. Assim, embora quase todas as SPAs possam estar relacionadas a contextos de abusos e até causar outros malefícios, nem todas estão associadas à dependência, independente de serem ilícitas ou não. Portanto, algumas substâncias são mais adictivas, como os opiáceos e o tabaco, e outras possuem menor ou nenhum potencial adictivo, como o LSD ou a psilocibina.

CRITÉRIOS DIAGNÓSTICOS

Assim como seus efeitos, também vários termos são empregados para descrever todo o espectro de uso de SPAs e seus transtornos. O uso de drogas pode ser definido como todo e qualquer consumo, podendo ser experimental, esporádico ou frequente. Essas categorias não estão relacionadas necessariamente com o uso nocivo ou a síndrome da dependência.

O transtorno ocorre quando há um uso problemático de SPAs, um padrão mal-adaptativo. Seu diagnóstico pode ser realizado com base em dois sistemas distintos: o CID-10 (Catálogo Internacional de Doenças, em sua 10ª versão) e o DSM-5 (Manual Diagnóstico e Estatístico de Transtornos Mentais, em sua 5ª versão).

Segundo o CID-10, esse agrupamento de transtornos é definido como "Transtornos mentais e comportamentais devidos ao uso de substância psicoativa". Seu sistema de classificação utiliza a letra F (relativo ao capítulo 5 (F), dedicado aos transtornos mentais e de comportamento), o segundo item tipifica o transtorno por uso de SPAs, que é o número 1, e o terceiro caractere do código identifica a substância implicada. Dessa forma, o sistema compreende os códigos listados no Quadro 1.1.

Quadro 1.1 Sistema de códigos que caracterizam os transtornos mentais e comportamentais devidos ao uso de substância psicoativa.

F10	Devidos ao uso de álcool
F11	Devidos ao uso de opiáceos
F12	Devidos ao uso de canabinoides
F13	Devidos ao uso de sedativos e hipnóticos
F14	Devido ao uso da cocaína
F15	Devidos ao uso de outros estimulantes, inclusive a cafeína
F16	Devidos ao uso de alucinógenos
F17	Devidos ao uso de fumo
F18	Devidos ao uso de solventes voláteis
F19	Devidos ao uso de múltiplas drogas e ao uso de outras substâncias psicoativas

O quarto item da classificação especifica o quadro clínico, ou suas especificidades, onde são classificadas principalmente a (.0), que é a intoxicação aguda, a (.1), que tipifica o uso nocivo para a saúde, e a (.2), que indica o desenvolvimento de síndrome de dependência, entre outros.

Mas, ao contrário da intoxicação aguda, que pode ocorrer em uma única ocasião, o uso nocivo é caracterizado pela manifestação de prejuízos recorrentes e significativos relacionados ao uso repetido da substância. Para ser diagnosticado, o indivíduo precisa apresentar alguns dos seguintes critérios diagnósticos:

- Dano físico ou psicológico;
- Natureza do dano é identificável;
- Uso persistente em detrimento das complicações;
- Não satisfaz critérios para dependência.

A síndrome da dependência, por sua vez, é diagnosticada apenas quando o indivíduo apresenta três ou mais dos comportamentos relacionados a seguir durante os últimos doze meses:

- Forte desejo ou compulsão;
- Incapacidade de controle;
- Abstinência;
- Tolerância;
- Abandono progressivo de prazeres/interesses ou de atividades;
- Uso persistente, a despeito de consequências nocivas.

Portanto, para preencher os critérios da dependência, o indivíduo deve apresentar basicamente três sintomas: (a) compulsão, a pessoa não consegue parar de consumir ou de pensar na droga; (b) tolerância, que faz o indivíduo buscar doses cada vez maiores, e (c) abstinência, caracterizada por um mal-estar gerado pela sua falta ou retirada.

Um conceito importante aqui é que a crise de abstinência difere da simples fissura (ou *craving*). Esta última tem um componente mais psicológico e manifesta-se como uma forte vontade de consumir a substância. Na abstinência, além da vontade, existem fenômenos físicos desagradáveis, como náuseas, tremedeira, irritabilidade, insônia etc.

O outro sistema de classificação diagnóstica é o do DSM-5. Embora polêmica, em 2013, houve uma modificação conceitual na forma como se compreende o transtorno por uso de substâncias (TUS), abolindo a distinção entre abuso e dependência presente até a 4ª versão. Atualmente o sistema enquadra as duas manifestações distintas em apenas uma única categoria de transtorno, "Transtornos Relacionados a Substâncias e Adição", que varia agora em termos de gravidade: leve, moderado ou grave.

Essa mudança foi necessária para incorporar os antigos critérios do DSM-4 para Dependência de Substâncias que já haviam sido intercalados em termos de gravidade, mas também pela evidência de que o abuso não necessariamente precede a incidência da dependência. Dessa forma, para que haja um diagnóstico de Transtorno por Uso de Substâncias são necessários pelo menos dois ou mais critérios, e a gravidade do quadro passou a ser classificada de acordo com o número de critérios preenchidos: dois ou três critérios indicam um transtorno leve, quatro ou cinco indicam um distúrbio moderado e seis ou mais critérios indicam um transtorno grave.

Essa alteração torna-se polêmica justamente no caso de indivíduos que apresentavam um único critério, como, por exemplo, usar drogas ilícitas ou dirigir alcoolizado, e que agora não são mais considerados abusadores. Outra questão envolve os indivíduos que preenchiam apenas dois dos antigos critérios de dependência do DSM-4 e que agora se qualificariam para um diagnóstico do DSM-5 de gravidade moderada.

Outra importante mudança conceitual foi a inclusão no DSM-5 do Transtorno de Jogo entre os Transtornos Relacionados às Substâncias e Adição, uma vez que crescem as evidências de que tais comportamentos, como a prática de jogos de azar, atuem sobre o sistema de recompensa com efeitos semelhantes aos de drogas de abuso e também corroborando com a ideia da etiologia comum.

ETIOLOGIA

Porém, existem diferentes fatores de risco (ou variáveis) que interferem no desenvolvimento da dependência de drogas. Essas variáveis são **biopsicossociais**, ou seja, relacionadas à própria droga, ao usuário e ao ambiente no qual o usuário se encontra.

A literatura aponta que os fatores genéticos são responsáveis por entre 40% e 60% da vulnerabilidade de uma pessoa ao desenvolvimento da dependência. Esse cálculo inclui também os efeitos causados pelos fatores ambientais sobre a função e expressão dos genes de uma pessoa, as heranças epigenéticas. Fatores envolvidos no desenvolvimento psicológico e outras condições médicas também influenciam no desenvolvimento do transtorno. Além disso, adolescentes e indivíduos com outros transtornos mentais (comorbidades) também possuem um risco maior de abuso e dependência de drogas do que a população em geral, como indica a Figura 1.1.

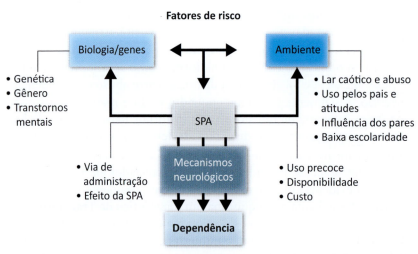

Figura 1.1 Primeiras interações das crianças dentro da família são cruciais para o seu desenvolvimento saudável e risco de abuso de drogas (adaptada de NIDA - NIH Pub No 14-5605).

Variáveis relacionadas às drogas

Uma via importante para a compreensão dos efeitos das drogas sobre o cérebro é a via de recompensa. Essa via envolve várias partes do cérebro, dentre elas, a área tegmental ventral (ATV), o *nucleus accumbens*, o córtex pré-frontal. Quando essa via é ativada por um estímulo gratificante (por exemplo, alimentos, água, sexo, drogas), a informação viaja da ATV para o *nucleus accumbens* e, em seguida, até o córtex pré-frontal. Algumas teorias comportamentais sobre a dependência das drogas consideram que o comportamento aprendido ou mantido por meio de modelos animais caracteriza a dependência de drogas, por compartilharem em comum o fato de essas substâncias possuírem capacidade reforçadora positiva ao uso, com a ativação de vias serotoninérgicas, dopaminérgicas e gabaérgicas. Nesse contexto, as drogas podem ter maior ou menor potencial de abuso, o que pode estar diretamente relacionado com o próprio efeito do fármaco e a capacidade de ativar as vias de recompensa em cada indivíduo, em razão de os efeitos das drogas apresentarem variabilidade individual, ou seja, o potencial reforçador e de abuso diferem para cada um.

Outras características importantes a serem consideradas, antes das propriedades farmacológicas das drogas de abuso, são suas características farmacocinéticas. Quanto maior a velocidade de chegada ao sítio de ação por uma droga, maior a velocidade de biotransformação e excreção, o que faz com que seu uso seja repetido mais constantemente. Exemplo clássico está na diferença entre a cocaína fumada (base livre – crack) e a cocaína em pó (cloridrato de cocaína). Ambas as drogas apresentam o agente simpatomimético, porém, quando na forma fumada, a velocidade de absorção e concentração plasmática são maiores, por serem conferidas pela sua absorção via alvéolos pulmonares, de maneira semelhante à cocaína administrada via endovenosa. Isso confere maior velocidade do aparecimento dos efeitos. Já a cocaína em pó, aspirada (ou cheirada) propicia a sua absorção através das membranas naso-orofaríngeas, o que demanda maior tempo de absorção da droga e mais tempo para ocorrência dos efeitos.

Mecanismos de tolerância e síndrome de abstinência são outras características que conferem a dependência de drogas. Esses fenômenos são resultantes de adaptações fisiológicas que ocorrem como consequência da exposição à droga. A tolerância é a diminuição do efeito de uma droga a despeito da dose a ser mantida, ou seja, há necessidade do aumento de quantidade de droga para que se alcance o efeito desejado. A síndrome de abstinência é dada por um conjunto de sintomas que ocorrem em decorrência da ausência abrupta de uma droga indutora de dependência, o que pode ser considerado como um efeito "rebote" à retirada da droga.

Epidemiologia e panorama atual

Outra característica importante para se compreender o fenômeno da dependência é a frequência e os danos causados pelo consumo excessivo de SPAs. Primeiramente é importante salientar que o uso recreativo ou social geralmente não está relacionado a problemas ou transtornos, mesmo com substâncias ilícitas. Sua frequência é geralmente medida por levantamentos estatísticos e populacionais, e a repetição de realização desses estudos no tempo possibilita a construção de séries históricas. A análise dessas séries permite destacar (ou não) mudanças de uso com o tempo, assim como identificar novas tendências de uso e, finalmente, comparar o uso pela população dependendo de sua situação política e sócio-histórica.

Nesse sentido, o *World Drug Report* é um levantamento estatístico realizado pela *United Nations Office on Drug and Crime* – UNODC que mede o uso de substâncias psicoativas por jovens e adultos de 15 a 64 anos em todo o mundo através de três indicadores: (a) uso *na vida* (uso pelo menos uma vez na vida, que então representa um uso experimental), *no ano* (ou nos últimos doze meses, que então representa um uso esporádico) e *no mês* (ou nos últimos 30 dias, *que representa um uso atual e possivelmente regular*).

Atualmente, de sete bilhões de indivíduos em todo o mundo, estima-se que aproximadamente 240 milhões de pessoas usaram substâncias ilícitas pelo menos uma vez no ano, contando também com os usuários eventuais. Esse número cai pela metade quando se verifica o consumo nos últimos 30 dias, que se refere, em grande parte, aos usuários que fazem uso mais frequente. Ainda, desse total de indivíduos, apenas 12% dos usuários de drogas ilícitas, ou 0,6% da população mundial com idades entre 15 e 64 anos, irá desenvolver algum transtorno relacionado ao seu uso, como o abuso e a dependência de drogas, conforme observado na Figura 1.2.

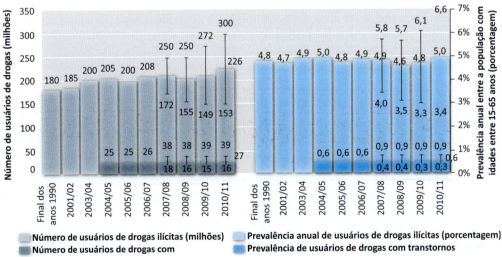

Figura 1.2 Gráficos indicam as frequências de consumo de SPA juntamente com a prevalência de transtornos relacionados ao uso de substâncias, tanto em número de usuários, como em porcentagem da população mundial.
Fonte: estimativas baseadas nos dados do questionário do relatório anual UNODC.

Portanto, não é porque uma substância é ilícita que vai desencadear o transtorno, pelo contrário, se comparado o consumo de substâncias ilícitas ou mesmo o uso problemático de drogas ilícitas ao consumo das lícitas, álcool e tabaco, é possível perceber que as últimas causam muito mais danos em termos de porcentagem populacional, como indica a Figura 1.3.

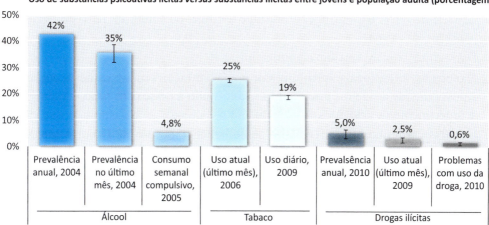

Figura 1.3 Gráfico indica as frequências de consumo de álcool, tabaco e drogas ilícitas anualmente, com os usuários frequentes e a prevalência de transtornos relacionados ao uso de substâncias (usuários que bebem no padrão *binge drinking*, consomem tabaco diariamente e os usuários problemáticos de drogas ilícitas).

Fonte: estimativas para drogas ilícitas baseadas nos dados do questionário do relatório anual UNODC; estatísticas sobre álcool: Organização Mundial de Saúde, *Global Status Report on Alcohol and Health* (Genebra, 2011); e *Global Health Risks: Mortality and Burden of Disease Attributable to Selected Major Risks* (Genebra, 2009); estatísticas sobre o tabaco: Organização Mundial da Saúde, *World Health Statistics 2010* (Genebra, 2010).
[a]Tentativa de estimativa.

Nesse cenário, é importante ressaltar que o álcool é a substância psicotrópica mais consumida no mundo. Seu uso nocivo é definido, pela Organização Mundial da Saúde (OMS), como o comportamento de beber que causa consequências sociais e de saúde ao bebedor e ao entorno social imediato, assim como qualquer tipo de uso que esteja associado a efeitos adversos de saúde.

O uso nocivo de álcool é responsável pelo acontecimento de 3,3 milhões de mortes anuais (5,9% de todas as mortes que acontecem no mundo), de tal forma a despontar como o oitavo fator de risco para o acontecimento de mortes, situando-se atrás de fatores de risco como a hipertensão arterial, o uso de tabaco, diabetes, inatividade física, sobrepeso e obesidade, colesterol alto e sexo sem preservativo, afetando, especialmente os países de renda média.

Ainda nesse cenário, o uso de álcool causa 5,1% da carga global de doenças e lesões no mundo, acarretando a perda de 139 milhões de anos de produtividade (DALYs) devido à morte prematura ou por condição incapacitante, afetando, prioritariamente, tal como citado para a taxa de mortalidade, os países de renda média.

Assim, o uso de álcool tem estado associado à ocorrência de duzentas condições de saúde (CID-10), cuja incidência ou progressão têm sido afetadas pelo uso de álcool, a citar:

1. Condições neuropsiquiátricas: uso nocivo e dependência de álcool;
2. Doenças do trato gastrintestinal: cirrose hepática e pancreatite;
3. Câncer: de boca, nasofaringe, orofaringe, laringe, de cólon, de reto, de fígado, de pâncreas, de mama;
4. Danos intencionais: suicídio e homicídio;
5. Danos não intencionais: quanto maior a concentração sanguínea de álcool, maior a possibilidade de efeitos psicomotores, colocando a pessoa em risco, a exemplo do acontecimento de acidentes de trânsito (AT);
6. Doenças cardiovasculares (DCV): o efeito benéfico do uso de álcool desaparece à medida que o padrão de uso intensifica;
7. Síndrome Alcoólica Fetal (SAF);
8. Diabetes *mellitus*;
9. Doenças infectocontagiosas: o álcool enfraquece o sistema imunológico, possibilitando o aparecimento de doenças oportunistas, assim, nesse cenário, mais recentemente, tem sido apontada a relação do uso nocivo de álcool com a incidência de HIV/AIDS e tuberculose.

Nesse cenário, a carga global de doenças devida ao uso de álcool está associada especialmente às doenças neuropsiquiátricas. Logo, é de notar que cerca de 25% dos anos de vida útil perdidos por incapacidade (DALYs) são devidos aos transtornos psiquiátricos, causando mais incapacidade que mortalidade em si.

No mundo, de acordo com dados da OMS, a população mundial de faixa etária entre 15 e 64 anos consome, em média, 6,2 litros de álcool puro/ano. Dessa população, 38,3% são consumidores de álcool, 13,7% não ingerem mais bebidas alcoólicas e 48% são abstêmios. O maior consumo de álcool pode ser observado nas regiões da Europa e da América. Nesse sentido, a população europeia de 15 a 64 anos consome, em média, 10,9 litros de álcool/ano, enquanto os americanos consomem, em média, 8,4 litros de álcool puro/ano. Um pouco mais de 65% da população europeia (66,4%) ingere algum tipo de bebida alcoólica, o que é verificado para 61,5% dos americanos, prevalências que são superiores às identificadas para a população mundial dessa faixa etária. É de notar que a menor prevalência de abstêmios é encontrada nas regiões da América, com 18,9%. Ainda, é importante notar que 7,5% da população mundial se engaja no padrão de uso denominado "Beber Pesado Episódico" (*Heavy Episodic Drinking*), definido como o uso de 60 gramas de álcool ou mais de álcool puro (6+ doses alcoólicas) em uma única ocasião e ao menos uma vez por mês.

Finalmente, 4,1% da população mundial de faixa etária de 15 a 64 anos tem algum transtorno psiquiátrico relacionado ao uso de álcool, de tal forma que, enquanto 1,8% dessas pessoas realizam um uso nocivo de álcool, 2,3% já podem ser consideradas dependentes. A região da Europa é a que apresenta maior prevalência de transtornos psiquiátricos relacionados ao uso de álcool, 7,5% da população total (3,5% de uso nocivo de álcool e 4,0% já dependentes), seguida, novamente, por 6% das regiões da América (2,6% de uso nocivo de álcool e 3,4% já dependentes).

No todo, esses dados podem indicar também que alguma coisa está errada com a prioridade com que gastam importantes recursos do Sistema de Saúde e do Judiciário e na forma como é tratada essa questão, com uma visão unicausal, focada exclusivamente no consumo da substância, que acaba criminalizando diversas etnias, indivíduos com maior vulnerabilidade social, e criando violência, mortes e superencarceramentos.

Fatores psicossociais envolvidos

E justamente pelo fato de nem todo usuário de SPAs desenvolver algum transtorno (pelo contrário, a maioria parece fazer uso recreativo sem maiores problemas), é que se evidencia a necessidade de uma compreensão mais ampla desse fenômeno. Para isso é necessário acrescentar os fatores psicossociais que influenciam profundamente no desenvolvimento da dependência.

Uma vez que apenas uma parte dos usuários de SPAs torna-se problemática ou compulsiva, além da substância em si, outro mecanismo etiológico faz-se necessário para compreender o uso nocivo e o desenvolvimento da dependência: os contextos e as vulnerabilidades relacionadas à história de vida do indivíduo, o meio social em que vive, heranças culturais e epigenéticas, gênero, as possibilidades locais de oferta de SPAs etc.

Inicialmente, é importante reforçar que não é somente a substância que causa a dependência, e sim a junção entre os efeitos da SPA, o organismo e o contexto em que o consumo acontece. Por exemplo, é possível encontrar o consumo de cocaína em dois contextos diferentes: um operador da bolsa de valores em Nova York que utiliza o cloridrato (sal) buscando um aumento de rendimento e capacidade cognitiva e um outro trabalhador na Bolívia, que masca as folhas do arbusto *Erythroxylum coca* para obter os mesmos efeitos, além de disfarçar a fome.

As vias de administração e a potência dos efeitos são diferentes (aspirado e ingerido), o significado para cada um é diferente (em um contexto, é uma substância cara e proibida e, no outro, possui um uso milenar e religioso) e os indivíduos são diferentes. Cada um tem uma história de vida e cada um vai ter uma reação à substância, de uma situação desconfortável de paranoia e taquicardia a um incremento em algum nível. Portanto, se fosse apenas em razão dos efeitos psicofarmacológicos da substância, ambos desenvolveriam a dependência, mas isto não é o verificado na prática clínica. Pelo contrário, a cocaína era adicionada a vários tônicos no início do século 20, como o Vinho Mariani ou a Coca-Cola, e oferecida inclusive como pastilhas para crianças com dor de dente, devido ao seu poder 'revigorante' e anestésico tópico.

Portanto, cada organismo que utiliza uma SPA gera um fenômeno conhecido como *reforçamento*, sendo estimulado a continuar ou não com o uso dependendo do contexto ou do resultado. No exemplo dos trabalhadores, talvez ambos atinjam uma maior produção e, consequentemente, renda. No entanto, às vezes, o que o indivíduo procura é, na verdade, uma automedicação ou uma substância que o ajude a enfrentar (*coping*) alguma situação emocional ou social difícil. Nesse caso, é comum encontrar uma pessoa tímida que descobre que, com a ingestão de alguma bebida alcoólica, fica mais sociável, ou alguém que não possui apoio ou conhecimento para lidar com a própria sexualidade, situações de abuso, ou transtornos mentais comórbidos, consumirem SPAs para enfrentar melhor essas dificuldades.

O consumo de maior risco para o desenvolvimento da dependência vai ocorrer nessas situações, pois existem as vulnerabilidades sociais e individuais que favorecem a instalação do transtorno. Nesses casos, ocorre um pareamento neuropsicológico de uma sensação prazerosa com a estimulação dopaminérgica do sistema de recompensa cerebral juntamente com a evitação de uma situação desagradável ou sofrimento.

Portanto, essa distinção do contexto é importante, pois, infelizmente, ainda existe o mito de que se usar maconha, mesmo que poucas vezes, a pessoa já se torna dependente, e, no caso do crack, o consumo uma única vez apenas já leva a pessoa a perder totalmente o controle de sua vida e virar um zumbi.

Não há nada mais falacioso e nocivo que esse tipo de argumentação, pois muitas vezes a falta de informação correta dificulta ainda mais o diálogo com um indivíduo que já está sofrendo e é, muitas vezes, vítima de um sistema no qual não encontra saída. Um dos primeiros experimentos que evidenciaram essa relação socioambiental foi realizado pelo psicólogo B. Alexander e colaboradores que, em 1978, demonstrou os efeitos do ambiente social e do gênero sobre a autoadministração de morfina em ratos.

Para determinar o efeito das condições do hábitat sobre a autoadministração de morfina, ratos foram isolados em dois tipos de gaiolas: uma gaiola padrão de laboratório e a outra em uma grande caixa aberta (8,8 m^2) com um ambiente que propiciava lazer e socialização. O estudo mostrou que, nos dias de escolha entre tomar água ou a solução com morfina, os ratos isolados beberam significativamente mais morfina do que os ratos em ambientes que favoreciam as relações sociais e o divertimento e as fêmeas isoladas bebiam ainda significativamente mais morfina do que os machos.

Sua pesquisa, portanto, indicou que os ratos isolados aumentaram seu consumo de morfina, enquanto os animais socialmente alojados diminuíram. Esse resultado iniciou um amplo debate, questionando desde os resultados apresentados em pesquisas anteriores em gaiolas pequenas e isoladas, como também em como essas situações podem acontecer cotidianamente.

Esse experimento se tornou um clássico, mas, posteriormente, inúmeros outros experimentos indicaram que o abuso e dependência de SPAs estão associados a uma multiplicidade de fatores de risco em diferentes contextos de desenvolvimento. Vários fatores de risco sociodemográficos (por exemplo, relacionados com a pobreza, geografia, família e grupos de pares) podem influenciar o aparecimento e evolução de TUS e outras atividades (por exemplo, jogos de azar) do mesmo modo que podem afetar a probabilidade de desenvolvimento de dependência.

Além disso, diversas pesquisas apontam que a prevalência de psicopatologia é maior entre indivíduos que são dependentes de múltiplas SPAs do que na população em geral. Shaffer e colaboradores destaca que muitos dos que procuram tratamento para TUS possuem maiores taxas de ansiedade e transtornos depressivos. Além disso, populações com quadros psicopatológicos (como depressão maior, transtorno de ansiedade generalizada, ou estresse pós-traumático) frequentemente apresentam aumento da prevalência de TUS, e vários estudos mostram que condições de comorbidades psiquiátricas tipicamente antecedem o abuso de álcool e cocaína. A depressão maior, transtorno bipolar, transtorno de personalidade *borderline* e transtorno de estresse pós-traumático são especialmente associados com o comportamento suicida em pessoas com transtornos adictivos.

Portanto, um número considerável de estudos prospectivos e longitudinais têm encontrado vários traços de personalidade pré-mórbida, como indivíduos não convencionais, que demonstram a rejeição ou não conformidade com os valores sociais, os que sofrem de ansiedade social, pessimismo, os buscadores de sensações, impulsivos, extrovertidos, agressivos e os que possuem um humor lábil ou irregular, todos esses possuem forte associação com o desenvolvimento posterior de abuso de substâncias psicoativas.

Além disso, há fatores como a história de vida do indivíduo, como abuso sexual, por exemplo. A relevância desse dado fica evidente ao se analisar os casos de um estudo espanhol. Segundo o autor, do total da amostra, 46% dos pacientes (n = 115) que apresentavam transtorno por uso de substâncias foram vítimas de abuso. Houve diferença estatisticamente significativa entre as taxas de vitimização dos homens (37,8%) e mulheres (79,6%).

No Brasil, o uso de crack foi associado com má qualidade de vida, pior funcionamento, desempenho acadêmico prejudicado e reduzido envolvimento religioso. A maior presença materna e maior ausência paterna eram também mais pronunciados em usuários de crack, que também mostravam-se mais propensos a procurar tratamento psicológico e psiquiátrico que a população geral.

Portanto, além do mecanismo genético e neurocognitivo, é necessário incluir outros fatores que incidem sobre a subjetividade individual desencadeando o consumo nocivo, envolvendo os fatores que o indivíduo estabelece em sua relação com o micro e macrocontexto sociocultural em que vive, como a cultura, a religião, legislação local, região geográfica que vai determinar a oferta de substâncias, o sistema de governo, situação de estresse na infância, comorbidades psiquiátricas etc.

CONCLUSÃO

Em suma, a dependência é uma doença crônica não transmissível caracterizada por três sinais e sintomas mais prevalentes: compulsão, tolerância e abstinência, dados por etiologia biopsicossocial. Os fenômenos envolvidos referem-se tanto às características biológicas de cada indivíduo (por exemplo, genéticas, fisiológicas, neurocognitivas), quanto psicológicas (por exemplo, presença ou não de transtornos associados) e sociais (por exemplo, pares, família, violência) que determinam a doença. Porém, essas características são individuais e nem sempre todos os dependentes apresentarão os mesmos fatores de risco para o desenvolvimento da doença. Para isso, a ciência lança mão de estudos que permitam nortear as características importantes para que se possam promover projetos de tratamento e proteção à saúde dessas pessoas, de forma a torná-las menos vulneráveis do ponto de vista biopsicossocial.

Nesse sentido, a ferramenta mais importante para o não desenvolvimento da doença é a prevenção. E essa deve ser construída de bases de informação que também funcionem como um modelo de identificação positiva na prática do aprendizado de comportamentos saudáveis desde que, para isso, sejam ofertadas condições contextuais favorecedoras, como emprego, saúde e inclusão social.

BIBLIOGRAFIA CONSULTADA

1. APA. Diagnostic and statistical manual of mental disorders: DSM-5; 2014. Available from: http://www.dsm5.org/.
2. Araújo ÁC, Lotufo Neto F. A nova classificação Americana para os Transtornos Mentais: o DSM-5. Revista Brasileira de Terapia Comportamental e Cognitiva. 2014;16:67-82.
3. Dawson DA, Goldstein RB, Grant BF. Differences in the profiles of DSM-IV and DSM-5 alcohol use disorders: implications for clinicians. Alcoholism, clinical and experimental research. 2013;37 Suppl 1:E305-13.
4. Formigoni MLOS, Abrahão KP. Neurobiologia da Dependência de Substâncias psicoativas. In: Seibel SD, editor. Dependência de Drogas. 2ª ed. São Paulo: Editora Atheneu; 2010.
5. Goodman A. Neurobiology of addiction. An integrative review. Biochemical pharmacology. 2008;75(1):266-322.
6. McGovern PE. Uncorking the past : the quest for wine, beer, and other alcoholic beverages. Berkeley: University of California Press; 2009. xv, 330 p. p.
7. McKim WA. Drugs and behavior: an introduction to behavioral pharmacology. 6th ed. Upper Saddle River, N.J.: Pearson Education; 2007. xvi, 416 p., 4 p. of plates p.
8. Moreau RLM, Camarini R. Drogas de abuso. In: Oga S, Camargo MMA, Batistuzzo JAO, editors. Fundamentos de Toxicologia. 4ª ed. São Paulo: Atheneu; 2014.
9. NIDA. NIH Pub No. 14-5605: National Institute on Drug Abuse; 2014 [updated 13.set.2015]. July, 2014:[Available from: http://www.drugabuse.gov/publications/drugs-brains-behavior-science-addiction/drug-abuse-addiction.
10. Ott J. Pharmacotheon: entheogenic drugs, their plant sources and history. 2nd ed. Kennewick, WA: Natural Products Co.; 1996. 639 p. p.
11. Seibel SD. Conceitos básicos e classificação geral das substâncias psicoativas. In: Seibel SD, editor. Dependência de Drogas. 2ª ed. São Paulo: Editora Atheneu; 2010.
12. SENAD. Glossário de álcool e drogas / Tradução e notas: J. M. Bertolote. Brasília: Secretaria Nacional Antidrogas; 2006.
13. Shaffer HJ, LaPlante DA, LaBrie RA, Kidman RC, Donato AN, Stanton MV. Toward a syndrome model of addiction: multiple expressions, common etiology. Harvard review of psychiatry. 2004;12(6):367-74.

14. Sullivan RJ, Hagen EH. Psychotropic substance-seeking: evolutionary pathology or adaptation? Addiction. 2002;97(4):389-400.
15. Sussman S, Lisha N, Griffiths M. Prevalence of the addictions: a problem of the majority or the minority? Evaluation & the health professions. 2011;34(1):3-56.
16. UNODC. World drug report 2014. New York: United Nations Office on Drugs and Crime, 2014.
17. UNODCCP. World Drug Report 2012. Viena: United Nations Office for Drug Control and Crime Prevention, 2012.
18. UNODCCP. World Drug Report 2013. Viena: United Nations Office for Drug Control and Crime Prevention,, 2013.
19. WHO. Global Health Risks - Mortality and Burden of Disease Attributable to Selected Major Risks. Genebra: World Health Organization, , 2009.
20. WHO. ICD-10: international statistical classification of diseases and related health problems - tenth revision. Geneva: World Health Organization; 2005. Available from: http://www.who.int/classifications/apps/icd/icd10online2003/fr-icd.htm.
21. World Health Organization. Global status report on alcohol and health 2014. Geneva: World Health Organization; 2014.

CAPÍTULO 2

Neurobiologia da Ação das Drogas de Abuso

André Bedendo
André Luiz Monezi Andrade
Ana Regina Noto

INTRODUÇÃO

A dependência de drogas é vista atualmente como um transtorno complexo relacionado a fatores biológicos, emocionais e sociais. Desta forma, um indivíduo pode desenvolver um quadro de dependência por esses fatores, que podem interagir entre si ou mesmo um deles isoladamente, favorecendo o uso repetitivo que leve à dependência.

De acordo com a 5ª edição do Manual Diagnóstico e Estatístico dos Transtornos Mentais (DSM-V), os transtornos por uso de substâncias são caracterizados por um padrão de uso que causam prejuízos clínicos significativos, sendo que estes podem ser de ordem física, psicológica ou social, gerando impactos importantes na vida do usuário e das pessoas em seu entorno. Dentre os critérios diagnósticos para a dependência de drogas do DSM-V, estão: falha no controle do consumo, prejuízos sociais, uso recorrente mesmo em situações que envolvam perigo físico ou critérios farmacológicos (presença da tolerância ou abstinência).

Com relação às bases neurobiológicas das drogas de abuso, foi durante a década de 1980 que surgiu a primeira importante hipótese neurobiológica na tentativa de explicar a ação das drogas no cérebro. Apoiada por inúmeros estudos anteriores, essa teoria foi sendo ampliada e muitos esforços foram e ainda são dedicados para compreender os efeitos neurobiológicos das drogas, especialmente aquelas associadas à dependência. Por meio do estudo do Sistema Nervoso Central (SNC), a neurobiologia busca compreender e identificar as áreas envolvidas com o comportamento de uso contínuo de drogas. O reconhecimento das diversas áreas do SNC relacionadas, permite que estratégias terapêuticas sejam desenvolvidas, proporcionando uma compreensão mais ampla da etiologia da dependência e promovendo uma percepção da dependência de drogas mais como um transtorno relacionado à saúde e menos associado a questões morais.

Assim, o objetivo deste capítulo é descrever os principais aspectos neurobiológicos envolvidos na dependência das drogas de abuso, auxiliando na compreensão da etiologia da dependência de drogas.

CONCEITOS BÁSICOS: PSICOFARMACOLOGIA E NEUROANATOMIA

O cérebro de um ser humano adulto possui aproximadamente 170 bilhões de células, sendo 86 bilhões de neurônios. Os neurônios são as principais células do SNC responsáveis pela transmissão de informações, sendo que uma característica particular dos neurônios é sua forma. Os neurônios são formados por um *corpo celular* que processa todas as atividades básicas de uma célula, sendo a região onde se localiza o núcleo da célula; os *dendritos*, que são as ramificações por onde são recebidas grande parte das informações provenientes de outros neurônios; e o axônio, um prolongamento da célula que é responsável por conduzir o impulso nervoso até outros neurônios. Uma vez que determinado estímulo chega em um neurônio, ele pode ativá-lo e promover a transmissão da informação recebida, encaminhando-a a outros neurônios em regiões diferentes do cérebro. Por exemplo, ao ver um bolo ou uma droga, o neurônio que recebe esta informação sensorial pode dispará-la para outros neurônios, que por sua vez podem evocar uma memória sobre o quão saboroso é aquele bolo ou o quanto foi bom o consumo de determinada substância.

Além disso, a maioria dos neurônios não se tocam fisicamente, de modo que a comunicação entre eles é permeada por *sinapses*. A sinapse é composta pelo conjunto de dois neurônios (um pré e outro pós-sináptico) e um espaço entre eles (fenda sináptica). As informações neste caso são transmitidas por meio de sinais químicos a partir dos neurotransmissores (NTs) que interagem com seus respectivos receptores. Uma vez que um sinal elétrico chega à extremidade final de um neurônio, chamada de terminal axonal, são liberados os NTs na *fenda sináptica*, permitindo que eles se liguem aos seus *receptores*. A ligação entre NTs e receptores ocorre através da atração química entre as moléculas. De maneira específica, um NT somente consegue se ligar a um receptor compatível com ele. A melhor analogia para se compreender a interação entre NTs e receptores é a da relação entre a chave e seu cadeado. Uma chave somente consegue abrir o cadeado para o qual ela foi feita, não funcionando em outros modelos diferentes. Assim, uma molécula de dopamina (DA), um tipo de neurotransmissor, somente consegue se ligar a receptores específicos de dopamina. Uma vez acoplado a seu sítio de ligação, o NT pode ativar ou inibir os receptores, propagando ou interrompendo a transmissão da informação ao neurônio pós-sináptico.

Assim como os NTs, as drogas de abuso são substâncias químicas que alteram o funcionamento do SNC direta ou indiretamente. Tais alterações podem levar a mudanças na atividade basal do cérebro. Por exemplo, algumas drogas podem aumentar a quantidade de NTs liberados na fenda sináptica ou mesmo aumentar o tempo que eles ficam disponíveis na fenda. Existem diversos mecanismos fisiológicos que permitem que as drogas exerçam suas modulações no cérebro. As drogas de abuso podem agir impedindo a *recaptação* dos NTs (retirada deles da fenda sináptica); ligando-se diretamente a receptores e agindo independentemente da presença de NTs; ligando os receptores em locais diferentes dos NTs (sítios alostéricos), modulando a ação dos NTs; inibindo a degradação dos NTs, ligando-se a enzimas específicas para esta função; ocupando o lugar dos NTs nas *vesículas sinápticas* (local onde são armazenados os NTs); ou ligando-se diretamente à membrana do neurônio pré-sináptico, promovendo a liberação de NTs.

NEUROBIOLOGIA E OS ASPECTOS COMPORTAMENTAIS

De acordo com a teoria neurobiológica sobre a dependência de drogas, o comportamento de busca contínua pela substância ou seus demais efeitos específicos (euforia, relaxamento, alterações motoras, sonolência etc.) decorrem das alterações promovidas pelas drogas na atividade cerebral, modificando, por exemplo, as quantidades ou tempo de ação dos NTs na fenda sináptica. O estudo da neurobiologia das drogas de abuso está diretamente relacionado ao estudo do comportamento. Do ponto de vista neurobiológico, o comportamento do consumo contínuo de drogas pode ser entendido como um aprendizado, no qual a droga age como um reforçador. Portanto, conceitos básicos do Behaviorismo, como estímulo, resposta, condicionamento operante, punição, reforço positivo e negativo são importantes para a compreensão das bases neurobiológicas do uso de drogas. Um *estímulo* pode ser definido como um evento ou algo que possa causar uma reação específica, chamada de *resposta*. Uma resposta pode ser de ordem biológica, psicológica ou comportamental. Retomando o exemplo anterior, um bolo e as drogas de abuso são considerados *estímulos* que podem desencadear uma *resposta*: a lembrança do quão saboroso o alimento é ou o prazer durante o consumo da droga. Quando um *estímulo* aumenta a frequência de uma *resposta,* ele é chamado de *reforço* ou *estímulo reforçador*. Já a *punição* diminui a frequência com que uma *resposta* ocorra. O *reforço* pode ser de dois tipos: *positivo* ou *negativo*. Um reforço é considerado *positivo* quando durante sua presença aumenta-se a frequência de uma resposta; reforço *negativo* é aquele que, quando retirado ou durante sua ausência, promove o aumento da frequência de uma resposta.

Se um indivíduo consumir uma droga (estímulo) e apresentar uma sensação de bem-estar (resposta) que favoreça uma maior chance de repetir o comportamento, a droga será considerada um *reforço positivo*. Já em outra situação em que estamos em um estado negativo, como uma síndrome de abstinência da droga, ao consumirmos a droga (estímulo) nos sentirmos relaxados e bem (resposta), a droga será um *reforço negativo*, pois aumenta-se a frequência do comportamento de usar a substância para aliviar os desconfortos de uma síndrome de abstinência. Assim, um *estímulo* não necessariamente desencadeia uma resposta. Neste caso ele é chamado de *estímulo neutro*. Entretanto, ele pode começar a desencadear uma resposta uma vez que a pessoa esteja condicionada a emitir a resposta. Este processo de aprendizagem é chamado de *condicionamento*. Existem dois tipos básicos de condicionamento: *clássico* e *operante*. No *condicionamento clássico*, um *estímulo neutro* é associado a um *estímulo incondicionado* (estímulo que produz uma resposta inata, como um alimento que nos faça salivar). Após seguidos pareamentos do *estímulo neutro* ao *estímulo incondicionado*, ocorre um tipo de aprendizado, no qual o *estímulo neutro* passa a eliciar a resposta. Assim, ele passa a ser chamado de *estímulo condicionado*. O outro tipo de condicionamento, chamado de *operante,* postula que o aprendizado ocorra através dos reforços e punições. Neste caso, diferentemente do condicionamento *clássico*, o condicionamento *operante* baseia-se no fato de que, dependendo do tipo de consequência associada ao comportamento, existe um aumento ou diminuição na chance de se obter uma resposta. Um aspecto importante do condicionamento operante é que ele trata dos comportamentos *voluntários*, como comer um pedaço de bolo ou consumir uma droga; já o condicionamento clássico baseia-se frequentemente em respostas *involuntárias*, como respostas fisiológicas (por exemplo: dor, salivação, sudorese etc.).

AÇÃO EM COMUM DAS DROGAS DE ABUSO: O SISTEMA DE RECOMPENSA CEREBRAL

Uma vez apresentados os aspectos comportamentais básicos associados ao consumo de substâncias, podemos compreender melhor quais são as bases neurobiológicas das drogas de abuso. Nesta seção, veremos quais as semelhanças em relação ao funcionamento cerebral quando há o consumo de drogas e como isto modifica a transmissão de informação no cérebro. Posteriormente, veremos algumas particularidades da ação para cada droga de abuso, explicando melhor como são gerados os diferentes efeitos para cada classe de droga (depressoras, estimulantes e alucinógenas). O uso de drogas pode variar desde um único uso na vida até o uso frequente e diário. Desse modo, nem todo uso inicial de drogas evoluirá a um quadro de dependência. Na realidade, apenas uma pequena parcela das pessoas que já consumiu algum tipo de droga na vida desenvolve a dependência. Como exemplo, o consumo na vida de álcool na população adulta brasileira chega a 74%, enquanto aproximadamente 12% preenche critérios diagnósticos para dependência. Assim, a forma pela qual a pessoa consome a droga também interferirá na chance de ela evoluir a um padrão de consumo mais grave. Por exemplo, a via de uso escolhida (aspirado/cheirado, inalado/fumado, intravenoso, oral etc.) e o próprio *padrão de uso* da substância podem aumentar ou diminuir a probabilidade de se desenvolver a dependência.

Todas as drogas psicoativas precisam chegar ao cérebro para causar seus efeitos. As diferentes vias de uso afetam diretamente o tempo que a substância leva para chegar ao cérebro. Algumas vias de uso proporcionam um rápido acesso da substância à corrente sanguínea, elevando rapidamente suas concentrações no sangue. Como consequência, isso favorece que ela consiga chegar ao cérebro de maneira quase imediata, causando efeitos mais rápidos. Em contrapartida, quanto mais rápido a droga chegar ao cérebro, menos duradouros serão seus efeitos. Drogas fumadas tendem a chegar ao cérebro rapidamente, pois a substância fumada é absorvida pelos alvéolos que possuem uma extensa quantidade de vasos sanguíneos. Esse sangue que está ricamente oxigenado é bombeado pelo coração que o espalha para diversos órgãos, incluindo o cérebro. Posteriormente, o sangue já com a substância segue ao coração, sendo bombeado diretamente para todo o corpo, incluindo o cérebro. Logo, uma grande concentração de droga está disponível para chegar ao cérebro rapidamente, proporcionando efeitos rápidos, porém transitórios. Em um estudo comparando doses equivalentes de cocaína em diferentes vias de uso (fumada, aspirada/cheirada e injetada) observa-se que as alterações decorrentes de alguns efeitos fisiológicos (aumento da pressão arterial, aumento da frequência cardíaca e midríase) ocorrem de maneira similar para o uso fumado ou injetado. Já em relação aos efeitos cognitivos-comportamentais (euforia, prazer e percepção da intensidade do efeito), esses são maiores no uso fumado. No uso de cocaína cheirada (cloridrato de cocaína), os efeitos cognitivos-comportamentais possuem início mais lento e os efeitos fisiológicos ocorrem de maneira mais lenta e menos intensa do que no uso fumado ou intravenoso. Em conjunto, esses dados indicam um maior potencial para abuso e de gerar dependência da cocaína em sua forma fumada (crack) e injetada, comparadas à sua forma cheirada (cloridrato de cocaína).

A dependência de qualquer droga de abuso não pode e não deve ser diagnosticada a partir do uso de somente uma substância. Como visto anteriormente, existem critérios diagnósticos que devem ser preenchidos a fim de caracterizar a dependência, como, por exemplo, os presentes no DSM-V. Todos eles estão relacionados ao uso recorrente ou contínuo da droga (uso por longos períodos, tentativas sem sucesso de cessar ou diminuir o uso, uso contínuo mesmo em situações que envolvam prejuízos físicos, psicológicos ou sociais a si ou a terceiros, tolerância, síndrome de abstinência e fissura). Além disso, a gravidade dos sintomas, caracterizada pelo número de critérios preenchidos, é um reflexo do aumento ou redução na frequência ou dose consumida. Dessa maneira, independentemente da via de uso da substância, não é possível se caracterizar um quadro de dependência em uma pessoa que tenha consumido droga somente uma vez.

Uma vez que deva haver o comportamento repetitivo de uso da droga para que possa ser caracterizada a dependência, o estudo das bases neurobiológicas das drogas é profundamente relacionado com aspectos comportamentais. Vários estudos, especialmente com animais, foram conduzidos a fim de determinar quais as regiões cerebrais envolvidas com a dependência de drogas. Apesar de existirem inúmeros modelos animais para estudá-la, um dos principais é o paradigma de *autoadministração*. Nele, um animal é colocado em uma caixa com acesso a uma alavanca (Caixa de Skinner). Ao se pressionar a alavanca, o animal pode receber uma série de recompensas, como água e comida, mas também drogas de abuso. Os animais, que normalmente estão em privação de água e comida, inicialmente exploram o ambiente e, com o tempo, aprendem que, ao pressionar a alavanca, conseguem a recompensa. Quando são apresentadas duas alavancas, uma que fornece água ou comida e outra que fornece alguma droga, muitos animais preferem pressionar a alavanca que fornece droga do que outras recompensas naturais. Uma vez que isso ocorre, assume-se que aquela substância é passível de autoadministração. Variações deste modelo incluem injeção de drogas diretamente na circulação, em regiões cerebrais e até estimulação elétrica em regiões pontuais do cérebro. Utilizando uma variação do modelo de autoadministração tradicional, através do uso de eletrodos que permitiam a estimulação elétrica do cérebro, no ano de 1954 James Olds e Peter Milner publicaram um estudo que teve como objetivo observar as características reforçadoras da estimulação elétrica em algumas regiões do cérebro de ratos. Os autores perceberam que, quando determinada região era estimulada (área septal), o animal pressionava várias vezes a alavanca, assim como acontecia com outros estímulos reforçadores naturais (comida e água). Assim, chegou-se à conclusão de que havia se localizado um sistema cerebral responsável pelo efeito reforçador dos comportamentos. Ao longo dos anos subsequentes, até a década de 1960, vários estudos foram conduzidos, sendo identificadas outras regiões associadas ao efeito reforçador, além de serem confirmados os dados de Olds e Milner em estudos. Dentre essas regiões, estavam a área tegmentar ventral (ATV), o *nucleus accumbens* (Nacc), regiões do *córtex pré-frontal* (CPF) e a *amígdala* (Wise, 1996). Essas regiões se destacaram inicialmente no estudo de uma via chamada "*via do reforço*" ou "*via do prazer*", exatamente aquela que explicaria o efeito reforçador dos comportamentos.

A *via do reforço* é composta de duas vias de neurônios dopaminérgicos: *via mesolímbica e mesocortical*, que em conjunto é chamada de sistema *mesocorticolímbico*. A via dos neurônios que partem da *ATV* para o *Nacc* é chamada de *via mesolímbica*. Ainda fazem parte da via mesolímbica outras regiões do sistema límbico, como a amígdala, que também está associada ao reforço ou prazer gerado pelas drogas de abuso, além de memórias associadas ao uso e respostas condicionadas. Os neurônios que partem da

ATV para o *CPF* formam a chamada *via mesocortical*. Essa via parece estar associada ao comportamento compulsivo do uso de drogas, baixo controle inibitório e a valência emocional da droga. A via do reforço é ativada por estímulos reforçadores naturais como comida, água e sexo, mas também por estímulos de ordem artificial, como as drogas de abuso. Toda vez que ela é ativada, promove a liberação de um componente importante para a compreensão das bases neurobiológicas da dependência de drogas: o neurotransmissor *dopamina*. Quando algum dos reforçadores é apresentado, ocorre a liberação da DA no Nacc, gerando uma sensação de prazer. Na realidade, uma vez liberada DA no Nacc, ocorre uma facilitação na resposta emitida ao estímulo, conferindo a ele maior saliência. Quando isso ocorre, existe a tendência de que o comportamento seja repetido, facilitando um aprendizado associativo. Isso confere um excessivo valor ao estímulo ou contextos associados ao consumo da droga. Por sua vez, também ocorre a liberação de DA no CPF. Nesse caso, essa liberação está envolvida com os processos cognitivos, como a regulação da atenção, memória, motivação e funções executivas.

Algumas substâncias, como cocaína e anfetaminas, conseguem promover a liberação de DA diretamente no Nacc, decorrente de suas ações diretas nessa região. Por outro lado, outras drogas promovem a liberação de DA no Nacc por meio de ativação de neurônios da via mesolímbica na *ATV*. A liberação de DA no Nacc parece ser importante para a sensação de prazer causada pelo uso de drogas, o comportamento compulsivo e motivação de busca pela substância. Quando a *via mesolímbica* é estimulada, além da liberação de DA no Nacc, pode ocorrer a liberação desse neurotransmissor na *amígdala* uma vez que ela está relacionada ao aprendizado das memórias envolvidas com o consumo de drogas. Um exemplo são as memórias de prazer causadas pelo uso da substância. Além disso, a amígdala pode ser ativada quando algo associado à droga está próximo, como a visão de um local em que se consumia a substância. Assim, a amígdala exerce um papel na facilitação do aprendizado de pistas associadas à droga e evocação de alguma lembrança associada ao consumo da substância.

Algumas regiões do CPF são apontadas como envolvidas na dependência de drogas, em especial, as porções do *córtex pré-frontal ventromedial*, envolvido com as emoções e estados afetivos; *córtex frontal dorsolateral*, relacionado com a memória e tomada de decisões *e córtex orbitofrontal,* associado à inibição de respostas. Essas regiões do CPF parecem regular de maneira geral a tomada de decisões em direção ou afastamento do consumo de drogas. Em resumo, diferentes informações parecem ser integradas no CPF, permitindo também a modulação das respostas por meio de suas conexões eferentes. Outro ponto interessante, é que particularmente o *córtex orbitofrontal* está ativado em indivíduos durante diferentes fases da dependência, como a intoxicação da droga, na fissura e abuso, enquanto está desativado durante a abstinência. Nesse caso, essa ativação estaria envolvida com a motivação, rastreio, modulação e atualização da saliência de um estímulo reforçador, como as drogas, em função do contexto, habilidades de controle e inibição das respostas associadas. Nesse caso, estímulos associados ao consumo da droga podem promover a evocação de memórias prazerosas associadas ao uso, favorecendo o reúso da substância. Ao mesmo tempo, as regiões do CPF também possivelmente ativadas podem promover a evocação de lembranças negativas sobre o consumo. Como o CPF também está relacionado à tomada de decisões e inibição de respostas, o comportamento pode ser suprimido, evitando assim um novo consumo da droga.

Como visto, tanto estímulos reforçadores naturais e não naturais podem promover a liberação de DA na via do prazer. Entretanto, esses reforçadores parecem atuar de maneira diferente no cérebro, em comparação aos reforçadores naturais (atividades básicas da sobrevivência, como alimentação e reprodução). Tais estímulos são inatos e incondicionados, promovendo a evocação de comportamentos de busca ou fuga, dependendo de suas características. Após repetidas exposições a um estímulo reforçador natural, pode-se atingir um estágio adaptativo chamado de *habituação*, no qual há uma diminuição ou paralisação das respostas ao estímulo. Em contrapartida, comportamentos associados a reforçadores não naturais, como as drogas de abuso, burlariam este mecanismo adaptativo. Assim, isso levaria a uma motivação excessiva dos estímulos condicionados à droga, favorecendo o desenvolvimento da dependência. Outro aspecto importante é que a resposta decorrente do consumo de drogas pode promover um grande aumento na quantidade de DA extracelular no núcleo do Nacc, sendo maior do que aquela gerada pelos alimentos, sexo ou outros reforçadores. Além disso, apesar de ambos os estímulos reforçadores, naturais e não naturais, promoverem a liberação de DA no Nacc, a ação dos diferentes tipos de reforçadores também seria diferenciada em relação às regiões neurobiológicas afetadas. Enquanto reforços naturais liberam DA na porção conhecida como *core* (núcleo) do Nacc, reforços não naturais promovem a liberação de DA na porção *shell* (concha) do Nacc.

Além da liberação de DA ocorrer enquanto o estímulo reforçador é apresentado, a iminência de se obter o reforço também causa liberação de DA no Nacc. Comportamentos associados aos estímulos reforçadores podem ser subdivididos entre *preparatório* (associados à antecipação do comportamento, funcionando como um incentivo que promove a aproximação da recompensa, facilitando a emissão da resposta) e *consumatório* (ocorre logo após o comportamento, por exemplo, o orgasmo após a relação sexual ou a mastigação após ter contato com um alimento). Ambos os comportamentos, preparatório e consumatório, promovem a liberação de DA no Nacc. Assim, sinais antecipatórios ao consumo da substância também levam à liberação de DA no Nacc, favorecendo a repetição do comportamento.

DIFERENÇAS NA AÇÃO DAS DROGAS NO SISTEMA DE RECOMPENSA CEREBRAL

Como visto, as drogas de abuso compartilham uma mesma ação no cérebro, causando a liberação de DA no Nacc e promovendo a chamada sensação de prazer, fazendo com que este estímulo eliciador seja percebido como mais saliente ao organismo. Essa liberação de DA no Nacc pode ocorrer por maneiras diversas, seja de maneira direta, como nos casos da cocaína e anfetamina, ou indireta, por meio da ação em regiões diversas do cérebro (ver a seguir).

Entretanto, as drogas de abuso também possuem efeitos diferentes dependendo de sua classe. As principais classes de drogas são: *depressoras, estimulantes e alucinógenas*. Esta classificação é feita baseada em seus efeitos principais. Drogas depressoras funcionam diminuindo a atividade cerebral, causando lentificação do SNC. Como exemplos temos o álcool, opioides e benzodiazepínicos. Drogas estimulantes agem de maneira oposta, aumentando a atividade do SNC. Dentre os exemplos, estão cocaína/crack, anfetamina e tabaco. Por sua vez, drogas alucinógenas são aquelas que alteram de maneira qualitativa o funcionamento do SNC, modificando as percepções do indivíduo, sendo um exemplo a maconha.

Do ponto de vista neurobiológico, o que faz com que essas substâncias causem esses efeitos diversos é o tipo de sistema de neurotransmissão envolvido, seus mecanismos de ação e as regiões cerebrais em que elas atuam. Assim, ao mesmo tempo em que a cocaína e a heroína causam a liberação de DA no Nacc, essas drogas possuem efeitos particulares. No caso da cocaína, seus efeitos são claramente estimulantes. Já no caso da heroína, seus efeitos principais são depressores do SNC.

Álcool

Os efeitos agudos do álcool no SNC são mediados principalmente pela potencialização da ação inibitória do GABA (principal neurotransmissor inibitório do SNC) e diminuição da ação estimulante do Glutamato (principal neurotransmissor excitatório do SNC). No uso crônico de álcool, parece ocorrer uma inversão, na qual há um aumento na atividade de receptores de glutamato e diminuição da função de receptores GABA. O consumo de álcool eleva a concentração de DA no Nacc por meio da ativação de neurônios na ATV. Essa liberação parece estar associada tanto à ação do álcool em receptores GABA quanto de receptores de glutamato. Ao ativar receptores GABA, ocorre a inibição de interneurônios gabaérgicos que se comunicam com a ATV. Como o GABA é o principal neurotransmissor inibitório do SNC, isso ocasiona a desinibição dos neurônios de DA da ATV, liberando DA no Nacc. Ao mesmo tempo, o álcool pode inibir receptores glutamatérgicos, diminuindo sua ação estimulante nos mesmos interneurônios gabaérgicos, o que novamente diminui o efeito inibitório do GABA na ATV. As ações reforçadoras do álcool também parecem envolver o sistema de opioides endógenos. Como visto, interneurônios de GABA na ATV mantêm inibida a liberação de dopamina no Nacc. Receptores opioides inibem os interneurônios de GABA, desinibindo a liberação de DA no Nacc. A ativação dos receptores opioides pode ocorrer tanto pela ação de β-endorfinas ou encefalinas (liberadas por neurônios oriundos do núcleo arqueado, por exemplo). O álcool parece atuar estimulando a liberação dessas substâncias.

Cocaína e crack

Cocaína e crack são as mesmas substâncias do ponto de vista de atuação no SNC. Suas principais diferenças residem no processo de fabricação da droga e suas vias de uso mais comuns. Sua ação no SNC é estimulante e ocorre através do bloqueio de transportadores das monoaminas (dopamina, serotonina e noradrenalina), especialmente bloqueando transportadores de DA. Assim, ao bloquear os transportadores de DA, responsáveis por retirar o neurotransmissor da fenda sináptica, ocorre um aumento na quantidade e tempo em que há disponibilidade de DA na fenda sináptica. Como consequência, existem maiores chances de que a DA se ligue aos receptores pós-sinápticos, potencializando os efeitos normais da DA. Essa maior disponibilidade de DA favorece com que sejam aprendidas associações entre os efeitos subjetivos e fisiológicos do uso da cocaína/crack, estímulos ambientais e comportamentais.

Os efeitos estimulantes gerados pelo uso de cocaína/crack, como a euforia, decorrem de seus efeitos em diversas regiões cerebrais, como a ATV, Nacc, amígdala, hipocampo e córtex frontal. Em particular, o Nacc parece ter fundamental importância no comportamento repetitivo de consumo da cocaína/crack, visto que a quantidade de DA liberada nessa região é muito grande, superando os níveis fisiológicos associados a atividades naturais como o sexo. Como consequência, uma maior saliência é conferida à droga quando comparada a outros reforços naturais. Outro aspecto importante é que a cocaína/crack, devido ao seu mecanismo de ação, pode estimular a liberação de DA diretamente nos terminais dopaminérgicos do Nacc.

Anfetamina

O grupo de drogas chamadas de anfetaminas inclui substâncias como a efedrina, metanfetamina, metilfenidato, dentre outras. Essas substâncias podem ser de origem natural, sintética, lícitas e ilícitas. Sua característica comum é a estimulação do SNC, assim como a cocaína/crack. A anfetamina se assemelha à cocaína/crack não somente em relação aos efeitos no SNC, mas a partir do bloqueio dos transportadores de noradrenalina, DA e serotonina. Porém, ela utiliza outros mecanismos, agindo como inibidora da monoamina oxidase (enzima responsável pela degradação das monoaminas), promovendo uma maior disponibilidade de DA; promovendo o deslocamento da DA para fora das vesículas sinápticas, ocupando seu local dentro das vesículas. Com isso, ocorre o aumento da concentração intracelular de DA, o que faz com que ela seja liberada na fenda sináptica. A ação da anfetamina é mediada pelas vias dopaminérgicas mesolímbica e mesocortical, e a liberação de DA pode ocorrer tanto no Nacc quanto na amígdala.

Opioides

Esta classe de substâncias inclui a heroína, codeína, morfina, ópio, entre várias outras. Algumas das drogas opioides podem ser obtidas diretamente da papoula (*Papaver-*

somniferum) e serem produzidas em laboratório. Seus efeitos principais são depressores e incluem analgesia, sedação, depressão respiratória e sensação de euforia. Assim como as anfetaminas, a classe dos opioides inclui tanto drogas lícitas (morfina, codeína) quanto ilícitas (heroína).

A ação dos opioides no SNC é mediada por diferentes tipos receptores opioides, sendo seu principal efeito no SNC a estimulação dopaminérgica na ATV e aumento da liberação de DA no Nacc. Esses receptores estão envolvidos tanto com os efeitos dos opioides exógenos (drogas) quanto dos opioides endógenos (substâncias naturais presentes no SNC, com ação semelhante à das drogas de abuso). Assim, os opioides ativam seus receptores na ATV, Nacc e amígdala e promovem a liberação de DA no Nacc por meio da ação da ATV ou no próprio Nacc.

Benzodiazepínicos

Benzodiazepínicos (BZD) são medicamentos utilizados no tratamento da ansiedade, convulsões e na indução do sono. Esses medicamentos surgiram como alternativa ao uso de barbitúricos, por serem mais seguros do ponto de vista terapêutico. O principal mecanismo de ação dos BZD ocorre por meio da sua ligação em receptores de GABA. Ao se ligar no receptor, os BZD modulam o funcionamento do neurônio, potencializando e prolongando os efeitos do GABA, promovendo a abertura dos canais de cloreto, aumentando a capacidade do GABA de permitir a entrada de íons cloreto no neurônio, inibindo o neurônio. A ação dos BZD faz com que menos GABA seja necessário para abrir o canal iônico.

O potencial dos BZD de causar dependência é amplamente discutido na literatura. Dentre os claros aspectos clínicos, estão o desenvolvimento rápido de tolerância a alguns dos efeitos e síndrome de abstinência. Entretanto, ainda são escassos os estudos que apontem a capacidade dos BZD de promover a sensação de prazer associada ao consumo de drogas, como aquelas observadas para a cocaína e anfetamina.

Maconha

A maconha é uma droga de abuso natural que produz efeitos alucinógenos no SNC. Existem também outros compostos sintéticos, como a maconha sintética, que produzem efeitos semelhantes aos dessa planta. Apesar de a maconha possuir dezenas de substâncias psicoativas chamadas de canabinoides, seus principais efeitos alucinógenos são provenientes do delta-9-tetrahidrocanabinol. Porém, os compostos dessa classe não são unicamente encontrados nas plantas. É interessante notar que a versão endógena (produzida no nosso organismo) dos canabinoides é chamada de endocanabinoides, sendo o principal exemplo a anandamida. Canabinoides e endocanabinoides se ligam em receptores específicos, sendo os dois principais subtipos o CB1, predominantemente presentes no SNC). Os receptores canabinoides estão presentes em uma série de regiões associadas ao reforço das drogas de abuso, incluindo CPF, Nacc e ATV.

A ação reforçadora dos canabinoides parece ocorrer por meio do aumento da atividade de neurônios dopaminérgicos da via mesolímbica; entretanto, receptores canabinoides não estão presentes diretamente nesses neurônios. Essa ação ocorre por meio de sua atividade em neurônios GABA e de glutamato.

Na ATV, a ativação dos receptores canabinoides parece promover a liberação de DA por meio da inibição de neurônios de GABA. No Nacc os receptores canabinoides presentes nos neurônios de glutamato (originados do CPF) inibem a liberação do glutamato. Essa inibição faz com que neurônios de GABA que se projetam do Nacc para a ATV também sejam inibidos, o que irá culminar na liberação de DA no Nacc pela via mesolímbica.

Tabaco

A ação do tabaco em quaisquer de suas formas (cigarros, charuto, rapé etc.) possui ação no SNC mediada pela nicotina. Essa atividade ocorre em uma série de receptores espalhados por diversas regiões cerebrais. A nicotina é um estimulante do SNC que consegue chegar ao cérebro de maneira muito rápida quando consumida por meio de cigarros. Além disso, grandes quantidades de nicotina são disponibilizadas no organismo a cada tragada em um cigarro.

A nicotina age em receptores nicotínicos da acetilcolina. A dependência de nicotina parece estar associada primariamente às suas propriedades reforçadoras decorrentes da ação em receptores de neurônios dopaminérgicos da ATV. Assim, a ação da nicotina promove a liberação direta ou indireta de DA no Nacc, aspecto apontado como fundamental para os efeitos comportamentais associados às propriedades reforçadoras. De maneira direta, a nicotina age em receptores dopaminérgicos presentes nos neurônios pós-sinápticos da ATV; de maneira indireta, a ação ocorre por meio da dessensibilização dos interneurônios gabaérgicos da ATV, reduzindo a liberação de GABA, que age inibindo os neurônios dopaminérgicos.

PRINCIPAIS TEORIAS NEUROBIOLÓGICAS SOBRE A DEPENDÊNCIA DE DROGAS

Apesar de diversos estudos indicarem que a hipótese do uso de drogas de abuso ativar regiões cerebrais relacionadas ao sistema de recompensa (vias mesolímbica e mesocortical), não existe definição completa sobre todos os mecanismos de ação das drogas no cérebro humano. Isso ocorre especialmente por restrições metodológicas ou técnicas que limitam os estudos. Assim, as afirmações são feitas baseadas em uma série de informações científicas testadas e replicadas ao longo de décadas e que corroboram as hipóteses formuladas.

Existem duas importantes teorias neurobiológicas sobre a dependência de drogas. Essas teorias são apresentadas a seguir.

DEPENDÊNCIA, DOPAMINA E A VIA MESOLÍMBICA

A primeira importante teoria neurobiológica das drogas de abuso foi apresentada em 1980 por Roy Wise, pesquisador do Departamento de Psicologia da Concordia University, em Montreal, Canadá. A hipótese de Wise era que vários tipos de reforços, incluindo as drogas de abuso, ativariam pelo menos parcialmente a via do reforço (relacionada ao sistema dopaminérgico). Esse sistema seria ativado diretamente por drogas como cocaína e anfetamina (naquele momento ainda era incerta a ação direta dos opioides). Por outro lado, outras drogas atuariam não por ativações diretas das fibras dopaminérgicas da via do reforço, mas por excitação ou inibição do sistema dopaminérgico por meio de suas aferências. Dentre as drogas, estariam os opiáceos, benzodiazepínicos, etanol e barbitúricos. Em 1987, em outro trabalho no qual dividiu a autoria com Michael Bozarth, Wise avança em sua teoria e indica que todas as drogas com potencial de causar dependência possuíam a capacidade de estimulação psicomotora. De acordo com essa teoria, todos os reforços positivos teriam um mecanismo biológico comum envolvendo vias dopaminérgicas. Dessa vez, Wise apontou que os opioides teriam uma ação comum à cocaína e anfetamina, ou seja, promovendo a atividade psicomotora diretamente na via do reforço. Por sua vez, nicotina, cafeína, barbitúricos, álcool, benzodiazepínicos, maconha e fenilciclidina possuíam ação psicoestimulante consequente da ativação direta das fibras dopaminérgicas da via do reforço ou por meio de circuitos associados a ela. Em resumo, nessa nova etapa de sua teoria, Wise e Bozarth apontam que todas as drogas de abuso possuem ação estimulante na atividade psicomotora, mediada por neurônios dopaminérgicos da via do reforço e suas conexões com outros sistemas.

Mais de 20 anos depois, outro estudo foi publicado com uma série de informações adicionadas à teoria original de 1980 e ampliadas em 1987. Nessa versão, mais completa e recente, Wise aponta a via mesolímbica dopaminérgica como ponto-chave dos circuitos cerebrais do reforço das drogas de abuso. Cocaína e anfetamina seriam reforçadores por liberar dopamina no Nacc. A nicotina teria sua atuação devida a ações em receptores colinérgicos presentes principalmente na ATV, e sua ativação também promoveria a liberação de DA no Nacc. Heroína e morfina, ambas opioides, agiriam de duas maneiras: inibindo neurônios de GABA, que normalmente mantêm a via mesolímbica inibida, desinibindo-a, e a outra via de ação seria inibindo neurônios que saem do Nacc. A maconha e o álcool parecem atuar por mecanismos desconhecidos, aumentando o disparo dos neurônios dopaminérgicos mesolímbicos. A cafeína, por sua vez, parece ter efeito reforçador por meio de um circuito independente. Por fim, os benzodiazepínicos e barbitúricos parecem ativar um ou mais circuitos de neurônios gabaérgicos, não necessariamente associados ao sistema dopaminérgico, gerando assim seus efeitos de hábito. Um ponto importante nessa nova versão da teoria de Wise é que o sistema mesolímbico poderia ser ativado tanto pela mensagem direta de que o reforço está presente, quanto por estímulos sensoriais que apontassem a proximidade de um reforço. Assim, não necessariamente a droga precisaria estar presente para que a via mesolímbica seja ativada, bastando apenas sinais de que a substância estaria próxima.

DEPENDÊNCIA COMO UM TRANSTORNO ASSOCIADO AO ESTRESSE

Outro importante pesquisador que propôs uma teoria para explicar a ação comum das drogas no cérebro, baseando-se nas perspectivas do reforço e prazer promovido pelo uso de substâncias é George Koob. Ele sugere que a via do reforço cerebral está associada a vários elementos neurofarmacológicos e com elementos neuroanatômicos em comum. São apontados três importantes sistemas de neurotransmissão envolvidos com a capacidade reforçadora das drogas: sistemas opioide, gabaérgico e dopaminérgico. Inicialmente a teoria de Koob considerava os opioides, hipnóticos/sedativos, cocaína e anfetamina. Todas essas drogas possuiriam ação importante no sistema mesocorticolímbico (vias mesolímbicas e mesocorticais).

A DA parece ser crítica nas propriedades reforçadoras da cocaína e anfetamina, no entanto seu papel não seria tão forte no caso dos opioides e hipnóticos/sedativos. Nestas situações, a DA teria uma contribuição para as propriedades reforçadoras, mas não de maneira essencial. Para os opioides, Koob sugere que receptores opioides localizados no Nacc e ATV seriam o ponto crítico para o reforço. No caso dos hipnóticos/sedativos, especialmente o álcool, os receptores de GABA seriam os sítios iniciais da ação reforçadora, especialmente aqueles presentes no Nacc e amígdala. A hipótese proposta por Koob difere de maneira importante da teoria proposta por Wise, pois para Koob a DA não possuía papel crítico essencial na ação reforçadora de todas as drogas como apontado por Wise.

Em 1997, Koob e Le Moal publicaram uma revisão sobre o uso de drogas, na qual apontam que a vulnerabilidade para a dependência envolveria uma sequência em espiral iniciada com o uso agudo de drogas (um padrão de uso *binge*/intoxicação), mas que envolve também estágios de abstinência/sentimentos negativos e de preocupação/antecipação. Como consequência, os autores concluem que o ciclo da dependência não pode ser somente explicado a partir da associação às respostas decorrentes do consumo inicial de drogas. Dessa forma, de acordo com a teoria proposta por Koob sobre a dependência de drogas, este estado é caracterizado como um transtorno crônico que envolve a recaída e possui três estágios específicos: 1) compulsão para busca e consumo da droga; 2) perda de controle em limitar o consumo; e 3) presença de estados emocionais negativos, como disforia, ansiedade e irritabilidade quando o acesso à droga é limitado. Essa visão confere particular importância aos esquemas de reforçamento *negativo* na manutenção da dependência, não sendo ela limitada somente ao *reforço positivo* (prazer gerado durante o consumo da substância). Mesmo que o primeiro uso de drogas possa ser promovido pelo prazer gerado por elas (reforço positivo), a manutenção do consumo ocorreria por meio da tentativa de aliviar as consequências negativas (físicas e emocionais) da ausência da droga (reforço negativo). Assim, chega-se a outro ponto importante na diferenciação entre as teorias de Wise e Koob, pois a hipótese de Wise é baseada especialmente no aspecto de reforçador positivo das drogas, enquanto para Koob elas podem atuar também como reforço negativo, especialmente nos casos de dependência da droga.

Durante a fase de intoxicação (aguda), os efeitos reforçadores das drogas fazem com que o sistema de recompensa favoreça a formação de hábitos a partir de uma ativação dos sistemas reforçadores. Isso envolveria tanto a ação da Dopamina quanto do sistema opioide no Nacc e estriado dorsal (relacionado ao processo de aprendizagem e à formação do hábito). Porém, devido à estimulação excessiva do sistema de recompensa (por meio de reforços positivos que levam à liberação de DA e peptídeos opioides) haveria uma ativação da ação da dinorfina (um opioide endógeno) no Nacc e ATV, suprimindo a liberação da DA. Como consequência, essa diminuição da liberação de DA favoreceria os estados negativos após retirada da droga.

Vários estudos de Koob e outros pesquisadores também possuem importantes considerações sobre o papel do sistema regulatório do sistema de estresse na via do reforço e manutenção da dependência. De acordo com George Koob, como consequência do consumo de drogas, existe a ativação do sistema cerebral do estresse. Para ele, tanto o sistema do estresse quanto o da dependência estão associados por meio de uma série de neuroadaptações decorrentes do uso prolongado das drogas. O uso de drogas, inicialmente provocado por motivos sociais, e a busca de reforço de maneira aguda levariam, então, alguns indivíduos a desenvolver um padrão de uso compulsivo que pode finalmente chegar à dependência. Durante esse processo de transição do uso social até a dependência, haveria uma estimulação excessiva e prolongada dos mecanismos de regulação de estresse. Assim, o uso de drogas a longo prazo promoveria alterações tanto na via do prazer quanto no sistema cerebral do estresse, que estaria ligado a importantes mudanças na motivação do consumo. De acordo com Koob e Le Moal, esse seria como o "lado negro" do consumo de drogas, denominado sistema antirreforço. Exatamente na segunda fase da espiral proposta por Koob, o mecanismo de estresse parece agir promovendo estados emocionais negativos. A hipótese de Koob é que na ativação do sistema cerebral do estresse durante a abstinência da droga, por meio da ação do fator de liberação de corticotrofina, noradrenalina e dinorfina, ocorreria uma sensibilização que promoveria tais estados negativos. Uma das regiões cerebrais associadas seria a amígdala.

Por fim, as fases de preocupação/antecipação tanto quanto o estágio de fissura têm sido apontados como elementos chave no processo de recaída. Esse estágio envolveria o processamento dos reforços condicionados na amígdala, das informações contextuais no hipocampo e o controle executivo dependente do CPF, que incluiria a representação de contingências e desfechos associados à droga, além do valor atribuído e estados subjetivos relacionados à substância.

CONSIDERAÇÕES FINAIS

O estudo da neurobiologia das drogas proporcionou a identificação de diversas regiões cerebrais associadas à dependência de substâncias, e, consequentemente consideradas como possíveis alvos terapêuticos. Além disso, a visão neurobiológica da dependência é fundamental para a melhor compreensão da dependência também enquanto um transtorno de saúde e não somente por meio de uma visão moralista. As principais drogas de abuso já foram apontadas como importantes na mediação da resposta emitida a determinado estímulo, favorecendo com que seja conferido especial valor a ele e haja uma maior chance do comportamento ser repetido. Do ponto de vista neurobiológico, isso é possível devido à liberação de dopamina no Nacc. Por outro lado, a maneira pela qual as drogas promovem a liberação desse neurotransmissor é muito variável, podendo ocorrer tanto de maneira direta ou através de vias associadas, como a via mesolímbica e mesocortical. Essas diferenças na maneira pela qual as drogas atuam no cérebro, permitem também que sejam compreendidos seus diferentes efeitos cognitivos, comportamentais e fisiológicos.

Ainda tão importante quanto o estudo das bases neurobiológicas da dependência de drogas é salientar que o consumo de substâncias deve ser sempre considerado como um transtorno multifatorial de ordem biopsicossocial. Isto significa dizer que, uma vez negligenciado qualquer um desses aspectos, o atendimento ao dependente de drogas será falho ou minimamente incompleto. Assim como fatores neurobiológicos podem ser preponderantes no desenvolvimento da dependência de certo sujeito, isso não garante que somente esse fator seja responsável por todo o processo da dependência.

BIBLIOGRAFIA CONSULTADA

1. Ashton, H. (2005). The diagnosis and management of benzodiazepine dependence. Curr Opin Psychiatry, 18(3), 249-255. doi: 10.1097/01.yco.0000165594.60434.84
2. Association, A. P. (2014). Manual diagnóstico e Estatístico de Transtornos Mentais-: DSM-5: Artmed Editora.
3. Azevedo, F. A., Carvalho, L. R., Grinberg, L. T., Farfel, J. M., Ferretti, R. E., Leite, R. E., . . . Herculano-Houzel, S. (2009). Equal numbers of neuronal and nonneuronal cells make the human brain an isometrically scaled-up primate brain. J Comp Neurol, 513(5), 532-541. doi: 10.1002/cne.21974
4. Bechara, A. (2005). Decision making, impulse control and loss of willpower to resist drugs: a neurocognitive perspective. Nat Neurosci, 8(11), 1458-1463. doi: 10.1038/nn1584
5. Besson, M., David, V., Baudonnat, M., Cazala, P., Guilloux, J. P., Reperant, C., . . . Granon, S. (2012). Alpha7-nicotinic receptors modulate nicotine-induced reinforcement and extracellular dopamine outflow in the mesolimbic system in mice. Psychopharmacology (Berl), 220(1), 1-14. doi: 10.1007/s00213-011-2422-1
6. Blackburn, J. R., Phillips, A. G., Jakubovic, A., & Fibiger, H. C. (1989). Dopamine and preparatory behavior: II. A neurochemical analysis. Behav Neurosci, 103(1), 15-23.
7. Buisson, B., & Bertrand, D. (2002). Nicotine addiction: the possible role of functional upregulation. Trends Pharmacol Sci, 23(3), 130-136. doi: 10.1016/S0165-6147(00)01979-9
8. Carlini, E. A., Galduróz, J. C., Noto, A. R., Carlini, C. M., Oliveira, L. G., & Nappo, S. A. (2007). II Levantamento domiciliar sobre o uso de drogas psicotrópicas no Brasil: estudo envolvendo as 108 maiores cidades do país - 2005. São Paulo: Páginas & Letras.
9. Cone, E. J. (1995). Pharmacokinetics and pharmacodynamics of cocaine. J Anal Toxicol, 19(6), 459-478.
10. Di Chiara, G. (2002). Nucleus accumbens shell and core dopamine: differential role in behavior and addiction. Behav Brain Res, 137(1-2), 75-114.

11. Di Chiara, G., & Bassareo, V. (2007). Reward system and addiction: what dopamine does and doesn't do. Curr Opin Pharmacol, 7(1), 69-76. doi: 10.1016/j.coph.2006.11.003
12. Di Chiara, G., & North, R. A. (1992). Neurobiology of opiate abuse. Trends Pharmacol Sci, 13(5), 185-193.
13. Di Chiara, G., Tanda, G., Bassareo, V., Pontieri, F., Acquas, E., Fenu, S., . . . Carboni, E. (1999). Drug addiction as a disorder of associative learning. Role of nucleus accumbens shell/extended amygdala dopamine. Ann N Y Acad Sci, 877, 461-485.
14. Engin, E., Bakhurin, K. I., Smith, K. S., Hines, R. M., Reynolds, L. M., Tang, W., . . . Rudolph, U. (2014). Neural basis of benzodiazepine reward: requirement for alpha2 containing GABAA receptors in the nucleus accumbens. Neuropsychopharmacology, 39(8), 1805-1815. doi: 10.1038/npp.2014.41
15. Fattore, L., Fadda, P., Spano, M. S., Pistis, M., & Fratta, W. (2008). Neurobiological mechanisms of cannabinoid addiction. Mol Cell Endocrinol, 286(1-2 Suppl 1), S97-S107. doi: 10.1016/j.mce.2008.02.006
16. Fibiger, H. C. (1993). Mesolimbic dopamine: an analysis of its role in motivated behavior. Paper presented at the Seminars in Neuroscience.
17. Gianoulakis, C. (1996). Implications of endogenous opioids and dopamine in alcoholism: human and basic science studies. Alcohol Alcohol, 31 Suppl 1, 33-42.
18. Gilpin, N. W., & Koob, G. F. (2008). Neurobiology of alcohol dependence: focus on motivational mechanisms. Alcohol Res Health, 31(3), 185-195.
19. Glickman, S. E., & Schiff, B. B. (1967). A biological theory of reinforcement. Psychol Rev, 74(2), 81-109.
20. Goldstein, R. Z., & Volkow, N. D. (2002). Drug Addiction and Its Underlying Neurobiological Basis: Neuroimaging Evidence for the Involvement of the Frontal Cortex. The American journal of psychiatry, 159(10), 1642-1652.
21. Gong, J. P., Onaivi, E. S., Ishiguro, H., Liu, Q. R., Tagliaferro, P. A., Brusco, A., & Uhl, G. R. (2006). Cannabinoid CB2 receptors: immunohistochemical localization in rat brain. Brain Res, 1071(1), 10-23. doi: 10.1016/j.brainres.2005.11.035
22. Herz, A. (1997). Endogenous opioid systems and alcohol addiction. Psychopharmacology (Berl), 129(2), 99-111.
23. Kalivas, P. W. (2007). Neurobiology of cocaine addiction: implications for new pharmacotherapy. Am J Addict, 16(2), 71-78. doi: 10.1080/10550490601184142
24. Koob, G. F. (1992). Drugs of abuse: anatomy, pharmacology and function of reward pathways. Trends Pharmacol Sci, 13(5), 177-184.
25. Koob, G. F., & Bloom, F. E. (1988). Cellular and molecular mechanisms of drug dependence. Science, 242(4879), 715-723.
26. Koob, G. F., & Le Moal, M. (1997). Drug abuse: hedonic homeostatic dysregulation. Science, 278(5335), 52-58.
27. Koob, G. F., & Le Moal, M. (2005a). Neurobiology of addiction: Academic Press.
28. Koob, G. F., & Le Moal, M. (2005b). Plasticity of reward neurocircuitry and the 'dark side' of drug addiction. Nat Neurosci, 8(11), 1442-1444. doi: 10.1038/nn1105-1442
29. Koob, G. F., & Le Moal, M. (2008). Addiction and the brain antireward system. Annu Rev Psychol, 59, 29-53. doi: 10.1146/annurev.psych.59.103006.093548
30. Koob, G. F., & Volkow, N. D. (2010). Neurocircuitry of addiction. Neuropsychopharmacology, 35(1), 217-238. doi: 10.1038/npp.2009.110
31. Koob, G. F., Buck, C. L., Cohen, A., Edwards, S., Park, P. E., Schlosburg, J. E., . . . George, O. (2014). Addiction as a stress surfeit disorder. Neuropharmacology, 76 Pt B, 370-382. doi: 10.1016/j.neuropharm.2013.05.024
32. Kreek, M. J., & Koob, G. F. (1998). Drug dependence: stress and dysregulation of brain reward pathways. Drug Alcohol Depend, 51(1-2), 23-47.
33. Laviolette, S. R., & van der Kooy, D. (2004). The neurobiology of nicotine addiction: bridging the gap from molecules to behaviour. Nat Rev Neurosci, 5(1), 55-65. doi: 10.1038/nrn1298

34. Maldonado, R., Valverde, O., & Berrendero, F. (2006). Involvement of the endocannabinoid system in drug addiction. Trends Neurosci, 29(4), 225-232. doi: 10.1016/j.tins.2006.01.008
35. Milner, P. M. (1991). Brain-stimulation reward: a review. Can J Psychol, 45(1), 1-36.
36. Nestler, E. J. (2005). The neurobiology of cocaine addiction. Sci Pract Perspect, 3(1), 4-10.
37. Noël, X., Van Der Linden, M., & Bechara, A. (2006). The Neurocognitive Mechanisms of Decision--making, Impulse Control, and Loss of Willpower to Resist Drugs. Psychiatry (Edgmont), 3(5), 30-41.
38. Olds, J., & Milner, P. (1954). Positive reinforcement produced by electrical stimulation of septal area and other regions of rat brain. J Comp Physiol Psychol, 47(6), 419-427.
39. Organization, W. H. (2004). Neuroscience of psychoactive substance use and dependence: World Health Organization.
40. Owen, R. T., & Tyrer, P. (1983). Benzodiazepine dependence. A review of the evidence. Drugs, 25(4), 385-398.
41. Petursson, H., & Lader, M. H. (1981). Benzodiazepine dependence. Br J Addict, 76(2), 133-145.
42. Piazza, P. V., & Le Moal, M. (1998). The role of stress in drug self-administration. Trends Pharmacol Sci, 19(2), 67-74.
43. Piazza, P. V., & Le Moal, M. L. (1996). Pathophysiological basis of vulnerability to drug abuse: role of an interaction between stress, glucocorticoids, and dopaminergic neurons. Annu Rev Pharmacol Toxicol, 36, 359-378. doi: 10.1146/annurev.pa.36.040196.002043
44. Przewlocki, R. (2004). Opioid abuse and brain gene expression. Eur J Pharmacol, 500(1-3), 331-349. doi: 10.1016/j.ejphar.2004.07.036
45. Robinson, J. B. (1985). Stereoselectivity and isoenzyme selectivity of monoamine oxidase inhibitors. Enantiomers of amphetamine, N-methylamphetamine and deprenyl. Biochem Pharmacol, 34(23), 4105-4108.
46. Samson, H. H., & Harris, R. A. (1992). Neurobiology of alcohol abuse. Trends Pharmacol Sci, 13(5), 206-211.
47. Seamans, J. K., & Yang, C. R. (2004). The principal features and mechanisms of dopamine modulation in the prefrontal cortex. Prog Neurobiol, 74(1), 1-58. doi: 10.1016/j.pneurobio.2004.05.006
48. Stahl, S. M. (2010). Psicofarmacologia: base neurocientífica e aplicações práticas (3ª ed.): Guanabara Koogan.
49. Tabakoff, B., & Hoffman, P. L. (2013). The neurobiology of alcohol consumption and alcoholism: an integrative history. Pharmacol Biochem Behav, 113, 20-37. doi: 10.1016/j.pbb.2013.10.009
50. Volkow, N. D., & Fowler, J. S. (2000). Addiction, a disease of compulsion and drive: involvement of the orbitofrontal cortex. Cereb Cortex, 10(3), 318-325.
51. Wang, J., & Ueda, N. (2008). Role of the endocannabinoid system in metabolic control. Curr Opin Nephrol Hypertens, 17(1), 1-10. doi: 10.1097/MNH.0b013e3282f29071
52. Weiss, F., Maldonado-Vlaar, C. S., Parsons, L. H., Kerr, T. M., Smith, D. L., & Ben-Shahar, O. (2000). Control of cocaine-seeking behavior by drug-associated stimuli in rats: Effects on recovery of extinguished operant-responding and extracellular dopamine levels in amygdala and nucleus accumbens. Proceedings of the National Academy of Sciences of the United States of America, 97(8), 4321-4326.
53. Wise, R. A. (1980). Action of drugs of abuse on brain reward systems. Pharmacol Biochem Behav, 13 Suppl 1, 213-223.
54. Wise, R. A. (1996). Addictive drugs and brain stimulation reward. Annu Rev Neurosci, 19, 319-340. doi: 10.1146/annurev.ne.19.030196.001535
55. Wise, R. A. (2002). Brain reward circuitry: insights from unsensed incentives. Neuron, 36(2), 229-240.
56. Wise, R. A., & Bozarth, M. A. (1987). A psychomotor stimulant theory of addiction. Psychol Rev, 94(4), 469-492.

SEÇÃO 2

Intervenções Inovadoras para o Tratamento de Drogas

CAPÍTULO 3

Inovações nos Tratamentos Farmacológicos para as Dependências

Luis Pereira Justo

INTRODUÇÃO

O uso problemático de substâncias como o álcool, maconha, cocaína, tabaco e outras tem determinado importante desestabilização no bem-estar de indivíduos e sociedades em diversos países, incluindo o Brasil. Além do risco de dependência, essas substâncias podem levar a vários tipos de agressão ao organismo e contribuem para o aumento significativo do aparecimento de doenças, de incapacitação e de mortalidade. Certamente os danos causados pelo consumo de álcool e de tabaco, que são substâncias de uso permitido legalmente, ou seja, lícitas, são mais frequentes e onerosos ao redor do mundo do que aqueles decorrentes do consumo de substâncias ilícitas, como maconha, cocaína, crack etc. Devemos ainda mencionar que alguns medicamentos prescritos por médicos podem se tornar drogas de abuso, como os benzodiazepínicos e analgésicos opioides, com consequências muito negativas para seus usuários. Os problemas associados a todas essas substâncias estão muito disseminados em populações de quase todo o mundo, atingindo os diferentes extratos que compõem uma sociedade, sem restrições de poder socioeconômico. Os prejuízos inerentes ao uso de drogas (incluímos aqui o álcool, tabaco e qualquer outra substância usada nos padrões de abuso) podem ser detectados tanto naqueles que fazem uso quanto em pessoas que com eles convivem, e mesmo outros que não têm contato direto e muitas vezes não chegam a ter consciência da extensão dos danos produzidos por essas substâncias. Um estudo realizado nos Estados Unidos revelou que 63% da população referia (no momento em que o estudo foi realizado) sofrer impacto negativo do consumo de álcool, tabaco ou drogas ilícitas, independentemente do contato direto. Portanto, não surpreende a grande preocupação por parte de diversos setores da sociedade, como profissionais de saúde que atuam diretamente com os indivíduos usuários, gestores de saúde pública encarregados da elaboração de políticas dirigidas à coletividade, governantes, líderes religiosos e da população geral, conforme vão compreendendo a gravidade da questão.

Quando são promovidas ações de abordagem dos problemas relacionados às drogas, surgem quase sempre mais interrogações do que respostas satisfatórias, pois a complexidade do tema é realmente muito grande. Ingerir álcool, maconha e algumas outras drogas é fato muito antigo na história da civilização. Algo da ordem de milhares de anos. Ao longo do tempo, o homem tem lidado de formas muito diferentes com seus semelhantes afetados por males que eventualmente podem surgir em decorrência do uso. Tem sido um desafio compreender a razão ou razões pelas quais o consumo dessas substâncias pode se constituir em problemas tão graves, especialmente no que toca à perda de controle sobre comportamentos que levam a esse consumo e que terminam por caracterizar a dependência. Neste bojo, os julgamentos de ordem moral têm tido grande peso e, deve-se dizer, atrapalhado muito na luta pelo aplacamento de dificuldades.

É necessário um olhar cuidadoso voltado para as pessoas usuárias ou dependentes de alguma droga ou de álcool. O cuidado implica não partir de premissas preconceituosas, mas sim buscar uma compreensão abrangente e humanizada sobre o indivíduo dependente e as circunstâncias da dependência. E, além disso, é preciso procurar soluções realmente viáveis para o tratamento. Adicionalmente, talvez o mais difícil e ao mesmo tempo fundamental seja não segregar a pessoa dependente de seu meio mais próximo e do restante da sociedade. Enfim, são tarefas que exigem mesmo muito esforço de todos os envolvidos.

O que chamamos de tratamento da dependência seria mais adequadamente chamado de tratamento do dependente, com eventual inclusão daqueles que constituem sua rede de relações mais imediata. Isso implica alguma sofisticação de abordagem. As pessoas são diferentes entre si, e as condições em que os problemas existem também o são. Então é preciso que se reconheçam as particularidades de cada caso antes de se lançar mão de recursos que sejam mais padronizados para grandes grupos, embora estes não devam ser dispensados, pois contam bastante no conjunto de medidas terapêuticas. Devemos somar os elementos de tratamento, que em princípio valem para muitos, com o conhecimento que temos da singularidade de cada caso ou pessoa.

As possibilidades de terapêuticas a serem utilizadas são variadas, e é desejável que modalidades diferentes sejam combinadas num mesmo tratamento, pois as chances de sucesso aumentam. Assim, podemos recorrer a diversas formas de psicoterapia com terapeutas bem preparados para isso, a grupos de ajuda mútua (como os Alcoólicos Anônimos), a métodos de psicoeducação, por meio de profissionais treinados para tal, a atividades com fins terapêuticos de variadas naturezas, como, por exemplo, um trabalho adequado às condições da pessoa no momento, participação em realizações de tarefas em grupo, expressão artística, exercícios físicos, meditação e muito mais. Também entram aqui os vários medicamentos, ou o que se costuma chamar de farmacoterapia. Eles podem auxiliar tanto nos tratamentos de síndromes de abstinência e desintoxicação, como também na manutenção do não consumo da(s) substância(s) de que se é dependente, além de aspectos gerais do bom funcionamento do organismo e da preservação da saúde mental. Vale dizer que, em muitas situações, quando tentamos tratar alguém dependente, descobrimos que há outros problemas de saúde, não decorrentes do uso das drogas, mas que têm relação com ele, a que chamamos de comorbidades. Para estes também pode ser necessário o emprego de remédios.

Reforçando o que foi acima exposto, os melhores esquemas terapêuticos de que dispomos no momento são os multidisciplinares, que envolvem vários profissionais de áreas distintas. O médico deve estar entre esses profissionais, pois sua avaliação é muito importante, assim como os medicamentos que pode prescrever. O conhecimento da neurobiologia relacionada à dependência de drogas nos permite pensar que esta é um fenômeno com forte determinação biológica, seja no que concerne à vulnerabilidade para se ficar dependente ao entrar em contato com uma substância, seja nas características comportamentais que um indivíduo passa a ter, uma vez que tenha ficado dependente. Contudo, não se pode dizer que os fatores ambientais e de funcionamento psicológico de cada pessoa sejam menos importantes nesse processo tão penoso aos por ele acometidos e também aos outros que convivem direta ou indiretamente com isso. Os medicamentos, apesar do que ainda falta descobrir para que sua atuação seja otimizada, podem representar componente fundamental dos tratamentos. Desafortunadamente, o que ocorre é que não há ainda medicamentos em relação aos quais uma eficácia específica significativa tenha sido demonstrada para tratar cada tipo de dependência química. Desse modo, embora os fármacos possam ajudar, eles não devem se constituir em forma exclusiva de tratamento. Também há grande variabilidade de resposta aos medicamentos, de pessoa para pessoa. Nenhum deles é universalmente eficaz e efetivo.

É relevante lembrar que quem faz prescrições de medicamentos é o médico. Ele detém o conhecimento necessário sobre o funcionamento normal e patológico do corpo e sobre a potencial ação dos medicamentos sobre este. Os especialistas na área de dependências costumam estar mais capacitados para tratar as condições mórbidas relacionadas à dependência, pois tiveram formação específica e, normalmente, mais experiência do que médicos generalistas ou de outras especialidades. Estes médicos especialistas são, em sua maioria, psiquiatras. Eles também devem ser capazes de estar alerta e de neutralizar as manifestações de intolerância e atitudes preconceituosas, frequentemente voltadas contra indivíduos usuários de álcool e de variadas drogas. A missão do médico não é impor seus valores morais particulares ou ser mensageiro das normas sociais ou de familiares da pessoa em tratamento. O dever primeiro do médico é auxiliar os seres humanos no alívio de seu sofrimento. Os tratamentos medicamentosos devem também ser norteados por esse compromisso.

Antes do início de qualquer tratamento, um diagnóstico deve ser feito. Para tal, o médico deve ter conhecimento geral dos problemas em jogo. É necessário que se conheça a história da pessoa em seus múltiplos aspectos, o seu percurso até chegar à droga, o tipo de droga usada, a frequência e as condições em que é usada, se há uso concomitante de outras drogas e se existem outros diagnósticos psiquiátricos ou de saúde geral. Espera-se também que o médico proceda de modo a estar sempre atualizado quanto a novas pesquisas sobre as drogas, problemas a elas relacionados e seus tratamentos, tornando-se conhecedor das mais recentes evidências científicas válidas. Desse modo, ele torna-se apto a aplicar o conhecimento mais genérico a cada situação particular, onde a consideração da singularidade de cada paciente é muito importante para balizar o conjunto de informações que determinarão as condutas médicas. Então, não há nenhum esquema medicamentoso que seja invariavelmente bom para todas as pessoas e, ainda nesta linha de raciocínio, o médico não tem soluções prontas para qualquer pessoa que demande seus serviços. Os tratamentos funcionam, pelo menos em parte, como ensaios terapêuticos e devem ser periodicamente checados para avaliação de sua efetividade.

Quando uma dependência se estabelece, isto significa que o organismo estará, na grande maioria dos casos, cronicamente afetado por ela. E, embora o uso de medicamentos não deva ser necessariamente crônico, outros cuidados deverão ser permanentes. Por exemplo, a pessoa não poderá mais consumir a substância em qualquer quantidade que seja e deverá evitar situações que anteriormente estavam associadas ao consumo. Há que se ter atenção especial para a ocorrência de comorbidades psiquiátricas, ou seja, doenças como depressão, ansiedade e síndromes psicóticas, entre outras, pois estas podem funcionar como fatores de risco para a volta ao uso da substância.

Neste capítulo, falaremos de alguns medicamentos utilizados no tratamento das dependências e das situações em que são prescritos para usuários de drogas, álcool ou mesmo no abuso de substâncias de prescrição médica.

TRATAMENTOS DE CURTO PRAZO: DESINTOXICAÇÃO

Quando alguém que está dependente de uma substância interrompe ou diminui significativamente a ingestão dela, pode passar a ter sintomas extremamente desconfortáveis e mesmo ameaçadores para a manutenção de boas condições da saúde. Estas manifestações são comumente denominadas síndromes de abstinência. Apresentam-se como conjuntos de sintomas que muitas vezes são característicos para determinadas substâncias. Em casos mais brandos, podem significar ansiedade, irritabilidade, desânimo, perda de prazer com coisas que habitualmente são gratificantes, agitação física, insônia e alterações no apetite, entre outros, e esses sintomas, por serem transitórios e desaparecerem espontaneamente, podem não implicar tratamento medicamentoso. Nos casos mais graves (e com algumas substâncias a gravidade da dependência é mais evidente e impactante), pode haver grande comprometimento da capacidade do organismo de manter-se equilibrado fisiologicamente, surgindo sintomas como convulsões, rebaixamento da consciência com perda de contato com a realidade, alterações do funcionamento cardiovascular e hidreletrolítico. Estes estados de ruptura da homeostase devem ser tratados rapidamente, tanto para segurança da pessoa no momento mais imediato, quanto para que não sejam seguidos pela retomada do consumo da substância, pois os sintomas podem funcionar como reforço negativo, ou seja, ressaltando a necessidade de ingerir a substância para cessar o mal-estar. Ao ingerir outra vez a substância, os sintomas de abstinência realmente desaparecem, o que subsequentemente gera a noção de que o indivíduo não pode passar sem ela. É nesse estágio que os chamados tratamentos de desintoxicação são importantes, pois garantem não só a segurança e conforto do usuário no momento, como preparam caminho para o posterior trabalho terapêutico de promoção da abstenção do consumo de modo duradouro.

Quando falamos de desintoxicação de um indivíduo que está dependente de álcool ou de outras drogas, podemos estar falando de coisas diferentes, conforme as substâncias consideradas, quantidades e frequência com que são ingeridas, condições de consumo e mesmo conforme o sentido que as pessoas dão à palavra. Então é preciso que definamos o que consideraremos desintoxicação, sendo aqui o processo de retirada de uma substância da qual o indivíduo encontra-se dependente, de modo seguro para a saúde global e também com o menor sofrimento possível para ele. É também um modo de iniciar condutas de prevenção de recaídas nos períodos que sucedem a imediata suspensão do consumo da substância de que se está dependente. Os tratamentos de desintoxicação variam conforme o caso. Algumas vezes são feitos com a retirada gradual da substância, outras vezes, a retirada total, mas com a administração de medicamentos que exerçam alguma ação de substituição, e em outras, ainda, diretamente com a cessação total do consumo da substância, sem uso de medicamentos com ação de substituição, mas tratando sintomas que possam ocorrer no período inicial dessa interrupção. Isso vai depender tanto do tipo de substância do qual a pessoa é dependente e da gravidade da dependência, quanto de suas condições de vida, como saúde global, onde e com quem vive, motivação para tratamento etc.

Como já mencionado, os tratamentos agudos de desintoxicação devem ser encarados como a fase inicial do tratamento geral para a dependência, e não um objetivo fechado em si mesmo. As recaídas logo após um período de desintoxicação são muito frequentes, por isso é desejável que já se comece a introduzir estratégias visando ao tratamento de longo prazo, especialmente com o intuito de se prevenir o retorno do indivíduo ao comportamento de consumo da substância.

É comum a noção de que a dependência de qualquer substância exige uma fase de desintoxicação. Isso não é exatamente assim. A desintoxicação pode ser uma etapa significativa do tratamento para certas substâncias como álcool, opioides, benzodiazepínicos e cocaína/crack. Estas podem causar síndromes de abstinência tão intensa e com tal envolvimento do organismo, que podem se tornar ameaçadoras à vida ou obrigar a pessoa dependente a voltar ao consumo da substância. Há outras drogas, como maconha, LSD e anfetamínicos, e mais algumas, que não produzem síndromes de abstinência de intensidade muito significativa, na maioria dos casos, e quando é assim não há necessidade de tratamento específico de desintoxicação, ou seja, a suspensão abrupta do consumo não obriga a intervenções terapêuticas agudas. Claro que há exceções no caso de pessoas dependentes destas últimas drogas citadas, que precisam de intervenções terapêuticas visando à desintoxicação. Síndromes de abstinência são conjuntos de sinais e sintomas, característicos para cada substância, que podem ocorrer quando há suspensão do consumo de forma total e de uma só vez, ou grande diminuição do mesmo ou ainda a intercorrência de uma doença aguda. Esses sinais e sintomas variam em intensidade e qualidade, de caso para caso. É bom lembrar que as síndromes de abstinência são autolimitadas, isto é, têm um período de duração limitado no tempo, mesmo que não haja tratamento medicamentoso.

O consumo de etanol, que é o tipo de álcool mais presente em bebidas, faz parte dos hábitos dietéticos da maioria das sociedades humanas. A maioria das pessoas não chega a ter problemas importantes por beber, mas uma parte dos indivíduos sim. Os problemas podem ser tanto agudos, como beber e dirigir, sem implicar necessariamente dependência, quanto podem ser crônicos, como no caso da dependência, que é bastante difícil de manejar.

Talvez o tipo mais conhecido de síndrome de abstinência seja a do álcool. Esta pode cursar de modo mais brando, somente com ansiedade, alguma agitação, sudorese leve, insônia e desejo de consumo, como pode ser ocorrência de grande gravidade, a ponto de levar a alterações profundas de consciência, com agitação motora, confusão nos pensamentos e no comportamento, ilusões, delírios e alucinações (frequentemente com a visão de animais que não estão presentes no ambiente da pessoa), além de sudorese e tremores intensos, modificação do ciclo sono/vigília e outros sinais físicos, como alterações de pressão arterial, batimentos cardíacos e temperatura corporal, podendo ocorrer também convulsões. Esses casos mais graves são chamados de *Delirium tremens*, e para eles é absolutamente necessária a hospitalização para a desintoxicação. Para os casos mais brandos, citados acima, se for necessário tratamento agudo, este poderá ser feito em regime ambulatorial. Sem emprego de medicamentos apropriados torna-se difícil e mesmo arriscado atravessar a síndrome de abstinência do álcool de tipo mais grave. Os medicamentos mais utilizados na desintoxicação do álcool são os benzodiazepínicos, como diazepam, clordiazepóxido e clonazepam, além de outros tipos menos empregados; mas também fazem parte do tratamento da fase aguda as vitaminas do complexo B, especialmente tiamina, vitamina C, e correção do balanço hidreletrolítico, com atenção para o magnésio. Dados de pesquisa clínica apontam para a utilidade do acamprosato, já durante a fase de tratamento da síndrome de abstinência do álcool, pois tem ação de controle sobre a excessiva excitabilidade cerebral desse período e, assim, protegeria contra danos neuronais e preveniria convulsões. Há médicos que também utilizam anticonvulsivantes como topiramato, carbamazepina, gabapentina ou valproato de sódio desde o início do tratamento, por acreditarem que, desse modo, contornam a toxicidade neuronal, e mais eventualmente antipsicóticos e anti-hipertensivos, como coadjuvantes. O uso de anticonvulsivantes para desintoxicação do álcool ainda é tema de controvérsia, pois as evidências produzidas pelas pesquisas clínicas não estabelecem bases sólidas para sua prescrição e possivelmente eles têm potencial para aliviar certos sintomas e prevenir alguns danos no cérebro, mas não parecem candidatos a substituir completamente os benzodiazepínicos na fase inicial do tratamento.

Os opioides são um grupo de substâncias derivadas do ópio herbal, quando naturais, ou também drogas sintéticas, que têm estrutura química e ações no organismo semelhantes às do ópio natural e seus derivados. Entre os exemplos de opioides, temos morfina e heroína, e mais uma grande variedade de sintéticos. No Brasil essas drogas têm pouca penetração para uso recreativo. Entretanto, podemos encontrar pessoas dependentes de opioides usados como analgésicos. O tratamento da dependência de opioides é difícil, pois ela costuma ser grave. Também aqui o tratamento de desintoxicação é importante. Ele é feito com redução gradual da substância da qual a pessoa está dependente, ou com substituição por outro opioide com perfil bioquímico mais favorável no que concerne à dependência e riscos para o usuário. Em geral, os tratamentos nesse campo são feitos em clínicas especializadas.

Os benzodiazepínicos são medicamentos muito usados, especialmente para controle da ansiedade e para indução do sono, embora possam ter muitos outros empregos na medicina. São bons remédios quando usados de forma correta, mas podem se constituir em problema quando isto não ocorre. Há muitos tipos diferentes no mercado, como diazepam, clonazepam, lorazepam, bromazepam, midazolam, oxazolam, flurazepam etc, com diversos nomes comerciais. São prescritos às vezes por períodos prolongados (mais de três meses consecutivos) e em doses relativamente altas, o que pode levar à dependência. Estas prescrições por longo tempo não deveriam ser feitas, a não ser em situações muito especiais, em que há uma razão definida para isso. Quando uma pessoa fica dependente de um benzodiazepínico, o próprio tratamento implica uma desintoxicação, pois o benzodiazepínico em uso deve ser retirado gradualmente ou substituído por outro, que também será retirado gradualmente na sequência. Os maiores problemas com os benzodiazepínicos tendem a acontecer quando as pessoas os usam para dormir, pois acabam temendo a insônia e resistem à sua retirada. Neste caso, é possível tentar a substituição temporária por substâncias que auxiliem no sono, mas sejam menos propensas a causar dependência, como zolpidem, melatonina, trazodona e amitriptilina e quetiapina (em baixas doses). Porém, é quase sempre indesejável que se use benzodiazepínicos prolongadamente, e, se houver persistência da insônia, seria mais apropriado tentar fazer outros tipos de tratamento. A retirada de um benzodiazepínico não deve ser abrupta devido à possibilidade de aparecimento de sintomas ansiosos e insônia, principalmente.

Quando se fala em tratamento de desintoxicação para cocaína em pó e principalmente para sua forma de uso em inalação (fumada), que é o crack, o que se pretende é, talvez, mais a modificação do ambiente e modo de vida do dependente, como a sua retirada do meio em que ele tem acesso à droga (o que facilita muito sua obtenção), do que a administração de tratamentos medicamentosos que tenham poder de inibir a apetência. Com frequência são prescritos medicamentos durante esse período de desintoxicação, com várias finalidades, como, por exemplo, acalmar, induzir o sono, diminuir a irritabilidade, agitação e agressividade, quando ocorrem. Deve ficar claro que não estamos falando numa desintoxicação que implique retirada gradual da cocaína ou do crack. Estas drogas devem ser retiradas de uma vez. Os sintomas de abstinência não funcionam do mesmo modo que aqueles que ocorrem na dependência do álcool, opioides e benzodiazepínicos. Os medicamentos empregados nesses casos são inespecíficos, ou seja, não são próprios para o tratamento da dependência de cocaína em si, e podem ser de tipos diferentes; comumente pertencem às classes dos benzodiazepínicos e dos antipsicóticos sedativos. Muito se tem pesquisado para se encontrar remédios com ação sobre a apetência pela cocaína/crack, mas até agora não foi possível identificar algum que tenha efeito robusto o suficiente para ser considerado eficaz. Entre as substâncias já tentadas e estudadas, temos o topiramato, amantadina, tiagabina, gabapentina, modafinil, bupropiona e dissulfiram, para citar algumas. O mesmo vale para outros estimulantes do sistema nervoso central, como as anfetaminas, que durante muito tempo foram medicamentos receitados para diminuição da fome e facilitação das dietas de emagrecimento.

A maconha também pode causar síndrome de abstinência quando é usada por tempo prolongado e em grandes quantidades. Os sintomas costumam aparecer em 48 horas após o último consumo e desaparecem após duas semanas a três meses sem novo uso. Também nesse caso, o tratamento de desintoxicação visa mais ao controle de sintomas como irritabilidade, ansiedade, insônia e desconforto subjetivo, e não há medicamentos específicos para o controle da vontade de consumir maconha. Há estudos sugerindo que dronabinol, um derivado da planta *Cannabis sativa*, da qual provém a maconha, poderia aliviar os sintomas de abstinência de maconha (que se devem a outro componente da *Cannabis*, chamado delta-9-THC). Valproato de sódio, bupropiona, fluoxetina, nefazodona e mirtazapina já foram estudados para esse fim, com pequeno efeito sobre a apetência, que, em todo caso, pareceu superior ao de placebos. Pessoas que usam pequenas quantidades ou de modo infrequente não passam por síndrome de abstinência quando interrompem o consumo de maconha. Há atualmente no mercado de drogas, formas sintéticas de delta-9--THC, muito mais potentes do que a maconha herbal, e que são chamados de *spice* e "K2", entre outros nomes de rua. Estas drogas ainda foram pouco estudadas, mas é possível que causem dependência mais grave, com síndrome de abstinência mais acentuada.

No caso do tabaco, o tratamento da dependência também tem muita relação com a desintoxicação. Algumas técnicas comportamentais e medicamentos vêm sendo tentados. Uma das maneiras de se tratar é a administração de bupropiona ou nortriptilina (sendo os dois antidepressivos), que em alguns casos diminuem a apetência pelo fumo. É comum usar a técnica de, conjuntamente com bupropiona ou nortriptilina, programar a diminuição progressiva do número de cigarros fumados diariamente até a interrupção completa. Quando não há sucesso somente com isso, recorre-se à reposição de nicotina administrada por outra via que não o fumo (por exemplo, por via transdérmica, através de adesivos aplicados à pele), e se vai reduzindo as concentrações dos adesivos, com retirada total em torno de três meses. É muito importante que as pessoas não façam uso do tabaco quando estiverem recebendo nicotina por via transdérmica, oral ou em aerossóis. Também é possível não fazer uso dos antidepressivos citados e somente substituir de uma vez a nicotina fumada por dose compatível de nicotina através de via alternativa, e proceder à redução gradual até a retirada. Há preparações de nicotina de uso oral ou por aerossóis, mas geralmente são mais usadas em tratamentos de manutenção, quando necessários. Outra modalidade terapêutica para o tabagismo é o uso da vareniclina, que é comercializada com fim específico para este tratamento. Alguns estudos mencionam também a utilidade da clonidina. Para alguns autores, a clonidina é considerada um tratamento de segunda linha. Às vezes pessoas que deixam de fumar apresentam sintomas depressivos, que, mesmo leves, devem ser tratados, especialmente com o objetivo de diminuir a chance de recaída. Para isso, pode-se administrar vários tipos diferentes de antidepressivos, como os da classe dos inibidores seletivos da receptação de serotonina (fluoxetina, citalopram, escitalopram, sertralina, entre outros), mas vale a pena considerar o uso de nortriptilina, que, mesmo causando mais efeitos colaterais, tem ação sobre a apetência pelo tabaco.

Outras drogas, entre as muitas existentes, como ecstasy, metanfetamina, LSD, psilocibina etc, não se caracterizam por produzir síndromes de abstinência e não se caracterizam pela necessidade de tratamentos de desintoxicação para quase a totalidade de usuários.

TRATAMENTOS DE LONGO PRAZO: PREVENÇÃO DE RECAÍDAS, REDUÇÃO DE DANOS, CONTROLE DE COMORBIDADES PSIQUIÁTRICAS

É muito mais exceção do que regra que uma pessoa dependente de álcool ou de alguma outra droga tenha seus problemas resolvidos somente com os tratamentos de desintoxicação. Como a dependência produz modificações no cérebro, que não são corrigidas pelos tratamentos de curto prazo, e talvez nunca venham a ser totalmente superadas, o problema deve ser considerado como crônico. Desse modo, haverá sempre o risco da recaída, mesmo que haja a determinação do dependente de não mais voltar ao uso da substância. Isto vai exigir que se estabeleçam tratamentos mais duradouros.

Os tratamentos de longo prazo para as dependências podem ter dois tipos distintos de objetivos: um deles é a prevenção de recaídas, em que o objetivo é a interrupção completa do uso do álcool ou outra droga, e o outro seria o das ações terapêuticas que visam à diminuição e algum controle sobre o modo do consumo, com a redução do prejuízo causado pela substância, também chamado de tratamento de redução de danos. Concomitante a isso é necessário que se investigue a existência de comorbidades psiquiátricas que funcionem como fatores de risco para o consumo de substâncias de abuso e que elas sejam adequadamente tratadas. Essas intervenções terapêuticas de longo prazo diferirão conforme o tipo de droga em uso, gravidade da dependência, possível existência de uma ou mais comorbidades e condições gerais da pessoa dependente.

Abordaremos a seguir os tratamentos medicamentosos que mostram maior efetividade para as dependências de algumas substâncias.

Com o fim de se prevenir a recaída na ingestão de álcool, o odissulfiram, aprovado para esse tipo de tratamento nos Estados Unidos em 1948, foi o primeiro medicamento usado. Uma vez que alguém se trate com dissulfiram, se tomar alguma bebida alcoólica terá reações físicas muito desagradáveis. Sempre que isso ocorrer, a situação se repete. A razão para isso é que o dissulfiram impede que o álcool seja metabolizado de modo fisiologicamente normal, e um dos metabólitos intermediários, que é o acetaldeído, acumula-se em quantidades tóxicas no organismo, causando o desconforto. Desse modo, espera-se que a pessoa desenvolva um tipo de aversão ao consumo de álcool. Por isso, esse tipo de tratamento é chamado de aversivo. É importante, por um princípio ético, que não se administre dissulfiram a uma pessoa sem que ela tenha conhecimento disso. A utilidade do dissulfiram parece ser maior naqueles que estão realmente empenhados em interromper o hábito de beber e contam com a supervisão de alguém de convivência próxima, pois, quando isso não ocorre, é difícil que concordem em tomar ou realmente tomem o medicamento.

Um medicamento que vem sendo cada vez mais prescrito para o controle da apetência pelo álcool é um antagonista de receptores de opioides (envolvidos nos mecanismos neurobiológicos da dependência) chamado naltrexona. Esse medicamento parece diminuir o mecanismo de "reforço positivo" ligado ao álcool, por diminuir a sensação de gratificação subjetiva associada à ingestão de bebidas, aumentando as chances de diminuição do comportamento de beber. Outra substância que também vem sendo experimentada, com algum sucesso, e agindo por mecanismos semelhantes, para diminuir a apetência pelo álcool a longo prazo é o nalmefene.

O acamprosato é outra substância que vem sendo utilizada na luta contra as recaídas, tão comuns entre os dependentes de álcool. Ele age através da inibição de um dos receptores num sistema neurotransmissor chamado glutamatérgico, que, ao que tudo indica, tem muita relação com alterações fisiológicas cerebrais que favorecem a recaída, mesmo em quem já está abstinente há tempo razoavelmente longo. Um possível evento desfavorável relacionado à administração do acamprosato ao longo do tempo é o desenvolvimento do fenômeno chamado de tolerância, pelo qual o medicamento passa a ter diminuída, ou mesmo perdida, sua ação terapêutica; assim, sua utilidade vem sendo questionada.

O topiramato, comercializado inicialmente como anticonvulsivante foi estudado e vem sendo usado no tratamento tanto de curto quanto de longo prazo para dependentes de álcool. Ele parece inibir os efeitos de recompensa produzidos agudamente pelo consumo de bebidas alcoólicas, diminuindo ou suspendendo a ingestão, e também parece reduzir reações cerebrais deletérias devidas à longa exposição ao álcool. O topiramato também tem a vantagem de não ser extensamente metabolizado pelo fígado, a não ser em doses altas, o que o tornaria mais seguro em alcoolistas, que com certa frequência já apresentam comprometimento hepático. Uma metanálise (que é uma análise de vários estudos para se obter uma síntese de estimativas) verificou que o topiramato, no tratamento do alcoolismo, parece ter efetividade superior a alguns outros medicamentos utilizados. Pelo menos um estudo recente mostra vantagens na associação de topiramato e naltrexona, anteriormente citada; pois é possível empregar-se doses menores de ambos, com bons resultados. Outros anticonvulsivantes também são utilizados no tratamento da dependência do álcool, como, por exemplo, a carbamazepina e gabapentina.

O baclofeno, substância que vem sendo estudada no tratamento do alcoolismo, parece levar a alguma diminuição da apetência por bebidas alcoólicas, mas é significativamente sedativo, efeito este que poderia ser indesejável, especialmente se o indivíduo ingerir álcool concomitantemente; os resultados dos estudos até agora não fornecem dados suficientes para sua indicação como tratamento de primeira escolha.

Os antidepressivos da classe dos inibidores seletivos da receptação de serotonina parecem ser úteis em alguns casos de dependência do álcool, mas não em todos, possivelmente por estes casos terem como componente causal uma variante genética que os torna um subtipo distinto de dependência do álcool.

O tratamento a longo prazo da dependência de opioides costuma ser difícil pela tendência à recaída que os dependentes manifestam. Várias modalidades terapêuticas são tentadas, inclusive a manutenção por longos períodos com opioides mais passíveis de controle, como a metadona, mas sempre sob estrita supervisão médica. O ideal seria que a pessoa dependente pudesse ficar totalmente abstinente de qualquer consumo, mas realmente isto pode ser bastante difícil, especialmente para os usuários de heroína e morfina.

Os tratamentos para dependência de psicoestimulantes, como cocaína/crack e anfetaminas e seus derivados, ainda não contam com medicamentos com efetividade robusta ou especificidade clara para esse fim. Como o consumo de cocaína e crack vem se tornando quase epidêmico em vários países, esforços não são poupados para que se encontrem soluções terapêuticas. Diversas substâncias que agem como ampliadores da neurotransmissão dopaminérgica (o que estes estimulantes também fazem) foram tentados, mas quase todos os estudos não puderam demonstrar eficácia na diminuição de apetência por cocaína/crack e por anfetamínicos em seres humanos. A bupropiona (um antidepressivo que também tem ação dopaminérgica) produziu algum benefício em dependentes de metanfetamina. Alguns resultados positivos parecem ser possíveis com anticonvulsivantes, como topiramato (especialmente em doses mais altas), tiagabina, vigabatrina, gabapentina e mesmo ácido valproico. O dissulfiram, mais conhecido pelo emprego no tratamento do alcoolismo, também parece ter eficácia no tratamento da dependência de cocaína, embora as evidências disponíveis ainda não sejam suficientes para se afirmar com segurança sua utilidade e nem os mecanismos pelos quais isso aconteceria. É preciso que mais estudos sejam empreendidos para esclarecimento sobre a eficácia e efetividade desses agentes e para que se verifique se há condições específicas em que eles possam cumprir com adequação o papel de agentes terapêuticos.

Como o sistema serotonérgico está implicado nas ações cerebrais dos psicoestimulantes, alguns agentes com atuação predominante nesse sistema também se tornaram potenciais instrumentos terapêuticos farmacológicos para o tratamento da apetência por cocaína, crack ou anfetamínicos. Os estudos realizados com sertralina, venlafaxina, fluoxetina, imipramina e paroxetina não mostraram resultados favoráveis. Já o citalopram, que é um agente serotonérgico, mostrou alguma eficácia.

Alguns antipsicóticos atípicos também têm sido tentados para tratar dependência de cocaína e crack, como risperidona e quetiapina, embora haja relatos de consumo abusivo deste último. Um agente anticolinérgico, o biperideno, foi estudado recentemente para esta dependência, e houve resultados positivos, especialmente no que se refere ao controle da apetência, com diminuição do consumo. Serão necessários mais estudos para que estes resultados possam ser confirmados e ampliados.

Vacinas têm sido criadas para tentar controlar os efeitos da cocaína e crack, mas estudos com elas não têm sido facilmente exequíveis para que se saiba se seriam úteis como tratamento; quanto à anfetamina, as vacinas têm aparecido com resultados mais promissores em alguns estudos. Também para o tabagismo tem se tentado produzir vacinas, mas, pelo menos por enquanto, os resultados não foram satisfatórios. Por enquanto não representam modalidade a ser empregada na clínica com seres humanos.

A maconha herbal continua sendo a droga ilícita mais usada no mundo. Até há alguns anos não se dispunha de informações científicas de boa qualidade que pudessem evidenciar seus potenciais malefícios ou benefícios para os usuários. Atualmente já se tem dados em quantidade suficiente para que se saiba que a *Cannabis sativa*, como um todo, é uma planta que produz uma grande quantidade de substâncias canabinoides e, entre elas, uma droga psicoativa que pode se tornar muito prejudicial para os humanos (delta-9-THC), embora também contenha canabinoides que podem ser transformados em possíveis medicamentos com algumas indicações terapêuticas. O uso pesado e frequente da maconha pode levar à dependência e causar síndrome de abstinência quando de sua retirada. Ainda não há medicamentos aprovados por órgãos reguladores de saúde para o tratamento específico de longo prazo desta dependência. Em todo caso, algo tem sido testado, com resultados ainda frágeis. Entre os medicamentos em estudo estão a gabapentina, o dronabinol, valproato de sódio, litium, buspirona e lofexidina.

CONCLUSÃO

Apesar de os tratamentos farmacológicos mostrarem alguma eficácia e efetividade e serem indispensáveis, no cenário atual das terapêuticas para dependência de substâncias, as prevalências de consumo e problemas com álcool e outras drogas ainda são muito elevadas e com grande ônus para a sociedade. Desse modo, será necessário muito investimento em pesquisas tanto de novos medicamentos que possam ser mais efetivos, como de outras intervenções psicossociais que também produzam resultados mais palpáveis e que possam ser úteis a populações expressivas de usuários. Mesmo que consideremos que as dificuldades de ordem social possam ser responsáveis, em parte, pelo grande problema que é a dependência de substâncias ou outros danos provocados por seu consumo, não podemos deixar de considerar que, mesmo em sociedades mais equilibradas socialmente, inclusive com maior distribuição de renda, não foi possível controlar satisfatoriamente a situação. Assim, o desafio continua.

BIBLIOGRAFIA CONSULTADA

1. Blodgett JC, Del Re AC, Maisel NC, Finney JW. A meta-analysis of topiramate's effects for individuals with alcohol use disorders. Alcoholism, Clinical and Experimental Research 2014;38(6):1481-1488
2. Blodgett JC, Del Re AC, Maisel NC, Finney JWA meta-analysis of topiramate's effects for individuals with alcohol use disorders Alcoholism, Clinical and Experimental Research 2014;38(6):1481-1488
3. Brennan JL, Leung JG, Gagliardi JP, Rivelli SK, Muzyk AJ. Clinical effectiveness of baclofen for the treatment of alcohol dependence: a review. Clinical Pharmacology: Advances and Applications 2013;5:99-107
4. De Sousa A. The role of topiramate and other anticonvulsants in the treatment of alcohol dependence: a clinical review.CNS&Neurological Disorders Drug Targets 2010;9(1):45-49
5. De Witte P, Littleton J, Parot P, Koob G. Neuroprotective and abstinence-promoting effects of acamprosate: elucidating the mechanism of action. CNS Drugs 2005;19(6):517-537
6. Diaper AM, Law FD, Melichar JK. Pharmacological strategies for detoxification. British Journal of Clinical Pharmacology 2013;77(2):302-314
7. Dieckmann LH, Ramos AC, Silva EA, Justo LP, Sabioni P, Frade IF, de Souza AL, Galduróz JC. Effects of biperiden on the treatment of cocaine/crack addiction: A randomised, double-blind, placebo-controlled trial. EuropeanNeuropsychopharcology 2014;24(8):1196-1202
8. Garrison GD, Dugan SE. Varenicline: a first-line treatment option for smoking cessation. Clinical Therapeutics 2009;31(3):463-491
9. Gourlay SG, Stead LF, Benowitz NL. Clonidine for smoking cessation. Cochrane Database of Systematic Reviews 2004;3:CD000058
10. Grant KA, Valverius P, Hudspith M, Tabakoff B. Alcohol withdrawal seizures and the NMDA receptor complex. European Journal of Pharmacology 1990;176:289-296
11. Greydanus DE, Hawver EK, Greydanus MM, Merrick J. Marijuana: current concepts. Frontiers in Public Health 2013;1:42
12. Gual A, Bruguera P, López-Pelayo H. Nalmefene and its use in alcohol dependence. Drugs of Today 2014;50(5):347-355
13. Havermans A, Vuurman EF, van den Hurk J, Hoogsteder P, van Schayck OC. Treatment with a nicotine vaccine does not lead to changes in brain activity during smoking cue exposure or a working memory task. Addiction 2014;109(8):1260-1267

14. Heinzerling KG, Swanson AN, Hall TM, Yi Y, Wu Y, Shoptaw SJ. Randomized, placebo-controlled trial of bupropion in methamphetamine-dependent participants with less than daily methamphetamine use. Addiction 2014; doi: 10.1111/add.12636. [Epub ahead of print]
15. Johnson BA, Rosenthal N, Capece JA, Wiegand F, Mao L, Beyers K, McKay A, Ait-Daoud N, Addolorato G, Anton RF, Ciraulo DA, Kranzler HR, Mann K, O›Malley SS, Swift RM; Topiramate for Alcoholism Advisory Board; Topiramate for Alcoholism Study Group.Improvement of physical health and quality of life of alcohol-dependent individuals with topiramate treatment: US multisite randomized controlled trial. Archives of Internal Medicine 2008;168(11):1188-1199
16. Johnson BA. Update on neuropharmacological treatments for alcoholism: scientific basis and clinical findings. Biochemical Pharmacology 2008;75(1):34-56
17. Jupp B, Lawrence AJ. New horizons for therapeutics in drug and alcohol abuse. Pharmacology & Therapeutics 2010;125:138-168
18. Jupp B, Lawrence AJ. New Horizons for therapeutics in drug and alcohol abuse. Pharmacology & Therapeutics 2010;125:138-168
19. Kampman KM, Pettinati HM, Lynch KG Xie H, Dackis C, Oslin DW, Sparkman T, Sharkoski T, O›Brien CP. Initiating acamprosate within-detoxification versus post-detoxification in the treatment of alcohol dependence. Addictive Behaviors 2009;34:581-586
20. Kattimani S, Bharadwaj B. Clinical management of alcohol withdrawal: a systematic review. Industrial Psychiatry Journal 2013;22(2):100-108
21. Kenna GA, Lomastro TL, Schiesl A, Leggio L, Swift RM. Review of topiramate: na antiepileptic for the treatment for the alcohol dependence. Current Drug Abuse Reviews 2009;2(2):135-142
22. Kennedy WK, Leloux M, Kutscher EC, Price PL, Morstad AE, Carnahan RM.Acamprosate. Expert Opinion on Drug Metabolism & Toxicology 2010;6(3):363:380
23. Krupitsky EM, Rudenko AA, Burakov AM, Slavina TY, Grinenko AA, Pittman B, Gueorguieva R, Petrakis IL, Zvartau EE, Krystal JH. Antiglutamatergic strategies for etanol detoxification: comparison with placebo and diazepan. Alcoholism, Clinical and Experimental Research 2007;31(4):604-611
24. Laaksonen E, Koski-Jännes A, Salaspuro M, Ahtinen H, Alho H. A randomized, multicentre, open--label, comparative trial of disulfiram, naltrexone and acamprosate in the treatment of alcohol dependence. Alcohol and Alcoholism 2008;43(1):53-61
25. Minozzi S, Amato L, Vechi S, Davoli M. Anticonvulsants for alcohol withdrawal. Cochrane Database Systematic Review 2010;(3)CD005064
26. Moeller FG, Schmitz JM, Steinberg JL, Green CM, Reist C, Lai LY, Swann AC, Grabowski J. Citalopram combined with behavioral therapy reduces cocaine use: a double-blind, placebo-controlled trial. The American Journal of Drug and Alcohol Abuse 2007;33(3):367-378
27. Moore CF, Protzuk OA, Johnson BA, Lynch WJ. The efficacy of a low dose combination of topiramate and naltrexone on ethanol reinforcement and consumption in rat models. Pharmacology, Biochemistry and Behavior 2014;116:107-115
28. Perry EC. Inpatient management of acute alcohol withdrawal syndrome. CNS Drugs 2014;28(5):401-410//Manasco A, Chang S, Larriviere J, Hamm LL, Glass M. Alcohol withdrawal. Southern Medical Journal 2012;105(11):607-612
29. Saitz R. TreatmentofAlcoholandOtherDrugDependence. LiverTransplantation 2007;11suppl2:S59--S64
30. Shorter D, Kosten TR. Novel pharmacotherapeutic treatments for cocaine addiction. BCM Medicine 2011; Nov 3;9:119. doi: 10.1186/1741-7015-9-119
31. Sinclair JD, Alho H, Shinderman M. Naltrexone for alcohol dependence. New England Journal of Medicine 2002;346(17):1329-1331
32. Zindel LR, Kranzler HR. Pharmacotherapy for alcohol use disorders: seventy years of progress. Journal of Studies on Alcohol and Drugs 2014;75(suppl17):79-88

CAPÍTULO 4

Uso da Fitoterapia no Tratamento da Dependência de Drogas

Fúlvio Rieli Mendes
Dianne da Rocha Prado

CONSIDERAÇÕES INICIAIS

O tratamento da dependência de drogas é complicado e a maioria das intervenções disponíveis, medicamentosas ou não, são pouco eficazes. As principais abordagens para o tratamento da dependência consistem em diminuir o desejo pela droga (fissura ou *craving*), diminuir ou evitar o seu poder reforçador (sensação prazerosa obtida com o uso da substância) e amenizar ou abolir os sintomas desagradáveis decorrentes da interrupção do uso, que caracterizam a síndrome de abstinência. Outra intervenção é a terapia de substituição, na qual é utilizado um medicamento que produz efeitos semelhantes às drogas, mas potencialmente menos danosos, especialmente em casos onde a interrupção do uso é difícil e pode gerar uma síndrome de abstinência muito intensa. Um exemplo é a substituição de morfina ou heroína (obtidas de forma ilegal) por metadona, um medicamento utilizado por via oral e que requer menos doses e possui uma síndrome de abstinência mais branda. Uma outra abordagem menos utilizada hoje em dia consiste na terapia de aversão, pela qual o uso de um medicamento faz com que o indivíduo se sinta muito mal ao tomar a droga, sendo o exemplo mais conhecido o dissulfiram, que acentua os sintomas negativos da intoxicação alcoólica.

O uso de terapias alternativas é uma opção como tratamento primário ou complementar e tem crescido como resultado do insucesso das abordagens puramente farmacológicas que utilizam drogas sintéticas. Entre as opções de terapia alternativa, a fitoterapia é considerada uma abordagem promissora, embora ainda pouco utilizada, como será visto ao longo deste capítulo.

O uso de plantas com finalidade medicinal pelo ser humano é uma prática milenar. Ao mesmo tempo o ser humano passou a utilizar diversas plantas ou preparações delas obtidas para experimentar sensações prazerosas, ou como parte de rituais e costumes de certas sociedades, e está claro que as plantas capazes de alterar a mente humana sempre despertaram interesse do homem. São exemplos o uso de plantas e cogumelos alucinógenos e também a preparação de bebidas fermentadas e destiladas a partir de diversas plantas para a produção de bebidas alcoólicas. Entretanto, o uso de certas plantas ou derivados pode ocasionar dependência, como é o caso do tabaco e do álcool, ou de substâncias isoladas a partir de plantas, como a cocaína, das folhas de coca, a morfina, proveniente da papoula, e seu análogo sintético, a heroína, apenas citando alguns poucos exemplos.

Como se vê, entre as drogas de abuso há substâncias sintéticas (produzidas pelo homem) e também substâncias naturais ou preparações delas derivadas. Por outro lado, a natureza também parece ser capaz de produzir plantas e princípios ativos úteis no tratamento da dependência química. As principais plantas conhecidas e seus princípios ativos com essa potencialidade serão discutidos neste capítulo.

PLANTA MEDICINAL × FITOTERÁPICO

Inicialmente é importante diferenciar uma planta medicinal de um fitoterápico. Considera-se como planta medicinal qualquer planta que é utilizada popularmente para tratamento de determinada doença ou sintoma, ou ainda profilaticamente, isto é, para a manutenção de um estado saudável. Nas preparações populares, diferentes partes das plantas podem ser empregadas, assim como a forma de preparação pode ser bastante distinta. A preparação de um chá de hortelã pela infusão das folhas em água fervente, do xarope de guaco em mel, ou de um gel de babosa são exemplos de diferentes formas de preparação com usos distintos. Em todos estes casos, a preparação é caseira, com receitas passadas de geração em geração, disseminadas pela cultura popular. Embora alguns desses usos sejam amplamente disseminados popularmente, eventualmente ainda não foram validados pela comunidade médica científica, ou seja, não há comprovação científica que ateste suas efetividades.

Já o fitoterápico é o produto fabricado por laboratório farmacêutico, normalmente apresentado na forma de preparações farmacêuticas características, como comprimidos, drágeas, cápsulas, xaropes, pomadas, *sprays* etc., com posologia definida. Um fitoterápico é um medicamento registrado no Ministério da Saúde como qualquer medicamento sintético, mas com algumas particularidades. Um medicamento fitoterápico novo deve ter comprovação de segurança e eficácia para ser registrado, embora um grupo especial denominado Produto Tradicional Fitoterápico possa ser registrado baseado na tradição de uso, desde que bem documentada pela literatura científica. O fitoterápico deve ser prescrito conforme os medicamentos sintéticos e deve apresentar bula, com descrição da composição química conhecida, indicações e prazo de validade. Como será visto neste capítulo, diversas plantas são utilizadas popularmente para o tratamento de dependência de drogas, mas poucas foram de fato estudadas e geraram algum medicamento fitoterápico clinicamente aprovado para essa finalidade.

PLANTAS UTILIZADAS PARA O TRATAMENTO DA DEPENDÊNCIA DE DROGAS

O interesse no uso e pesquisa de plantas para o tratamento de dependência tem aumentado nos últimos anos, o que reflete no aumento de publicações avaliando a potencialidade de extratos brutos, princípios ativos isolados e associações de plantas para o tratamento da dependência. Embora exista um número considerável de plantas citadas como úteis no tratamento da dependência de drogas, poucas espécies foram consistentemente estudadas e apenas uma minoria foi avaliada em estudos clínicos. De fato, a maioria das evidências experimentais sobre plantas capazes de reduzir o consumo de drogas, a síndrome de abstinência e a recaída (reinstalação do uso) foram obtidas em animais de laboratório. Não é objetivo deste capítulo discutir em profundidade os mecanismos de ação dessas plantas, e sim mostrar um panorama geral dos estudos realizados e suas possíveis indicações. As principais plantas com suporte científico para o tratamento de drogas são citadas a seguir.

Iboga (*Tabernanthe iboga*) e ibogaína

A ibogaína é um alcaloide indólico psicoativo obtido das raízes da iboga (*Tabernanthe iboga*), planta africana com propriedade alucinógena utilizada há séculos em rituais de certas tribos e povos africanos (Figura 4.1). As raízes raladas são utilizadas em pequenas doses para combater fadiga, fome e sede, e em doses elevadas como um sacramento na religião "Bwiti" no Gabão e África Centro-ocidental para experiências espirituais, de forma semelhante ao que ocorre no Brasil com a ayahuasca. A iboga possui outros alcaloides semelhantes, mas a ibogaína é o mais estudado e parece ser o mais potente. A literatura científica indica que a ibogaína é efetiva no tratamento de diferentes drogas de abuso, como morfina, heroína, cocaína e nicotina.

Inovações no Tratamento da Dependência de Drogas

Figura 4.1 Arbusto com frutos da planta *Tabernanthe iboga*, de cujas raízes é extraída a ibogaína.
Fonte: Wikipedia.org

O primeiro relato do uso da ibogaína é de um estudo conduzido em 1962 em que vários alucinógenos foram experimentados em condições controladas e os indivíduos que fizeram o uso de ibogaína não relataram sintomas da síndrome de abstinência à heroína. A partir de então, vários estudos com animais e também estudos clínicos foram realizados com preparações a partir da iboga, com a ibogaína isolada e também com análogos sintéticos. Os alcaloides da iboga não induzem autoadministração em animais e o tratamento repetido não leva à síndrome de abstinência quando interrompido, o que sugere que a ibogaína não produza dependência. A maioria dos estudos realizados com animais indicou atenuação da síndrome de abstinência a opioides com o uso da iboga ou da ibogaína. Também foi mostrado diminuição da autoadministração de morfina, cocaína, álcool, anfetamina, metanfetamina e nicotina e acredita-se que o efeito se deva ao seu metabólito noribogaína. O mecanismo de ação da ibogaína permanece incerto e a literatura é um pouco controversa. A ibogaína e seu metabólito noribogaína se ligam com diferente potência a diversos receptores (como os receptores da dopamina e serotonina), interferem com a secreção de hormônios e em diferentes vias intracelulares. Acredita-se que a introspecção vivenciada durante o efeito da ibogaína, que muitas vezes inclui a sensação de reviver toda a vida, seja um fator psicológico importante para a decisão de deixar de usar drogas.

Alguns estudos clínicos foram conduzidos com a ibogaína em dependentes de drogas e mostraram resultados satisfatórios, principalmente na redução da síndrome de abstinência opioide. Muitos relatos publicados são estudos de caso, que descrevem uma diminuição ou bloqueio da síndrome de abstinência durante a retirada de drogas (período de desintoxicação) e abandono do uso ou maior período de abstinência, mas também houve casos de recaídas. Um estudo retrospectivo realizado na Unifesp com usuários de álcool, maconha, cocaína e crack que tinham se submetido ao tratamento com ibogaína associada à psicoterapia apontou que 61% dos participantes estavam abstinentes no momento da entrevista, isto é, haviam deixado de usar droga. Os pacientes que receberam uma única dose de ibogaína apresentavam um tempo médio de abstinência de cinco meses e meio, enquanto o tratamento com múltiplas doses levou a uma abstinência média de mais de oito meses. Não foram observadas reações adversas sérias, sugerindo que o tratamento supervisionado com ibogaína seja seguro e efetivo para a dependência de outras drogas, além da morfina e heroína.

Tratamentos à base de ibogaína para dependência de drogas podem ser encontrados em clínicas da Europa e América do Norte, principalmente no México, mas o custo do tratamento é elevado. Além disso, o uso da ibogaína em muitas dessas clínicas é feito de forma não oficial, com anúncios publicados na internet, já que o comércio e uso clínico de ibogaína não é regulamentado em muitos países, como é o caso do Brasil. O tratamento com ibogaína é procurado principalmente por dependentes de heroína e outros opioides, mas também é um recurso procurado por dependentes de álcool, crack e outras drogas. O tratamento é feito com dose única ou eventualmente doses repetidas de 10 a 25 mg/kg. Um levantamento que procurou avaliar a cultura de uso da ibogaína mostrou que, entre os grupos fornecedores de ibogaína, encontram-se médicos, fornecedores sem uma credencial médica oficial, ativistas e grupos de autoajuda, além dos grupos cujo uso ocorre dentro de contextos religiosos. Como relatado anteriormente, em muitos desses casos o uso da ibogaína para tratamento de drogas ocorre de forma não oficial, o que aumenta o risco de saúde por tratar-se de substância psicoativa potencialmente tóxica. Daí a necessidade de mais estudos clínicos e políticas para a regulamentação do uso da substância no tratamento da drogadição.

Kudzu (*Pueraria lobata*)

O kudzu (Figura 4.2) é uma planta originária da Ásia e suas raízes e folhas são usadas na medicina tradicional chinesa há mais de dois mil anos. O uso do chá das raízes é descrito na Matéria Médica de Shen Neng (200 anos A.C.) como droga com propriedades antipirética, antidiarreica, diaforética e antiemética. O uso das raízes e folhas contra o abuso e intoxicação alcoólica foi descrito séculos mais tarde, entre 600 e 1200 D.C. Uma mistura contendo kudzu e outras plantas é usada na China para preparar um chá conhecido como chá da sobriedade (*tea of sobriety*). Além do kudzu, a medicina tradicional chinesa descreve inúmeras drogas para parar de beber, a maioria delas agindo baseado

Inovações no Tratamento da Dependência de Drogas

Figura 4.2 Ramo florido de Kudzu (*Pueraria lobata*). A parte empregada no tratamento do alcoolismo é a raíz, enquanto as flores têm sido utilizadas para aliviar a ressaca alcoólica.
Fonte: Wikipedia.org

na terapia de aversão, mas essas plantas caíram em desuso devido à sua inefetividade ou ocorrência de efeitos colaterais indesejados. Ao contrário, o kudzu ganhou *status* internacional de planta antiálcool e atualmente é bastante estudada.

O trabalho original que investigou a propriedade antiálcool do kudzu foi realizado com uma espécie de *hamster* que possui uma preferência natural ao álcool (ou seja, quando oferecido simultaneamente álcool e água, estes animais consomem mais álcool). O consumo de álcool desses *hamsters* é equivalente ao consumo de um usuário pesado de álcool (*heavy drinker*). A administração de um extrato de kudzu na dose de 1,5 g/kg por via intraperitoneal (ip) ao longo de seis dias reduziu o consumo de álcool dos *hamsters* em um modelo de livre escolha de etanol. Após o fim do tratamento, os animais aumentaram gradualmente o consumo de álcool, mostrando que o efeito do kudzu é reversível e ocorre apenas durante o tratamento. Também foram avaliadas as principais isoflavonas da planta: puerarina, daidzina e daidzeína. A daidzina na dose de 150 mg/kg (ip) diminuiu o consumo de álcool em mais de 50%. A puerarina, que é a isoflavona mais abundante na planta, também parece ser importante para a redução do consumo de álcool.

Em um estudo bastante amplo foram testadas três concentrações (0,5 – 0,75 – 1 g/kg) de kudzu a partir de um medicamento comercial. Nesse estudo, ratos foram submetidos a um regime de 30 dias de ingestão de álcool antes de o tratamento com kudzu ser iniciado (para mimetizar o desenvolvimento da dependência e tolerância) e, então, passaram a receber o kudzu. O etanol continuou a ser ofertado diariamente até o dia 70, quando deixou de ser oferecido por 10 dias, para indução de síndrome de abstinência, sendo ofertado novamente do 80º ao 90º dia. Houve redução do consumo de etanol durante todo o período em que os animais receberam kudzu, e os melhores resultados foram obtidos com a dose de 0,5 g/kg que reduziu entre 50% e 60% o consumo de álcool e evitou os sinais da síndrome de abstinência, sem afetar consideravelmente o peso dos animais.

A daidzina inibe de forma potente e seletiva a enzima aldeído desidrogenase mitocondrial, enzima envolvida com a metabolização do acetaldeído (metabólito do etanol) e também com a metabolização de monoaminas, enquanto a daidzeína e a puerarina possuem grande afinidade pelo sítio benzodiazepínico do receptor GABA. Estes diferentes mecanismos podem colaborar para o efeito antiálcool do kudzu, por meio de um efeito semelhante ao do dissulfiram, associado a uma redução da ansiedade e compulsão pela ligação aos sítios benzodiazepínicos. Já os extratos das flores são utilizados para aliviar os sintomas da ressaca alcoólica e parecem acelerar a remoção do acetaldeído.

Apesar da grande quantidade de estudos com o kudzu realizados em animais, há poucos estudos clínicos com a planta. Em um primeiro estudo, o tratamento com kudzu não foi capaz de reduzir a fissura por álcool e promover sobriedade nos participantes, mas estudos posteriores mostraram a eficácia do extrato em diminuir moderadamente o consumo de álcool pelos participantes. O uso do extrato por uma semana reduziu o consumo de álcool em homens e mulheres. Estudo posterior realizado com homens com consumo elevado de álcool, diagnóstico de abuso/dependência de álcool e que não estavam em tratamento prévio, avaliou o efeito do tratamento por quatro semanas com um extrato padronizado de kudzu com 250 mg de isoflavonas, três vezes ao dia, comparado com o placebo. O tratamento não diminuiu a fissura pelo álcool, mas reduziu o consumo em 34% a 37%, reduziu o número de dias de consumo abusivo e aumentou a porcentagem de dias que os participantes ficaram sem beber, sem produzir efeitos adversos sérios ou alterações nas funções hepática e renal. A administração de puerarina (1.200 mg) por uma semana diminuiu o consumo de cerveja por *heavy drinkers* em uma condição controlada e modificou a forma de beber dos participantes, que tomaram goles menores e demoraram mais para terminar cada cerveja. Esses resultados sugerem que o kudzu e seus princípios ativos apresentam efetividade moderada no tratamento da dependência de álcool, mas ainda são necessários mais estudos.

Erva-de-São-João ou hipérico (*Hypericum perforatum*)

A planta europeia conhecida como erva-de-São-João (St. John's wort) ou hipérico (Figura 4.3) foi extensivamente estudada para o tratamento da depressão leve a moderada e existem diversos fitoterápicos à base da planta disponíveis no Brasil. O hipérico não cresce no Brasil e não deve ser confundido com outra planta conhecida no país como erva-de-São-João, pois esta é uma planta completamente diferente (*Ageratum conyzoides*) e não apresenta as mesmas propriedades medicinais. O hipérico possui como princípios ativos flavonoides, hipericina e hiperforina, que estão envolvidos com sua atividade antidepressiva e ansiolítica, mas não se sabe exatamente qual ou quais dessas substâncias teriam papel na dependência de drogas, assim como seus mecanismos de ação antidependência não são bem conhecidos.

Os primeiros estudos sobre a potencialidade do hipérico no tratamento da dependência basearam-se no conhecimento de que existe uma grande comorbidade entre depressão e alcoolismo. O estudo inicial foi realizado com ratos de linhagens genéticas que apresentam uma preferência natural ao álcool, ou seja, consomem grande quantidade de álcool quando este é ofertado livremente. Os autores avaliaram o efeito da administração oral aguda de doses de 100 a 800 mg/kg e da administração por 15 dias da dose de 400 mg/kg do extrato de folhas e flores de hipérico. As doses de 200 a 800 mg/kg (agudamente) diminuíram o consumo agudo de álcool, sendo que o efeito se manteve por 24 horas com as doses maiores. Já a administração crônica reduziu o consumo de álcool ao longo de todo o período observado e não afetou o consumo de alimento e água.

Figura 4.3 Ramo florido do hipérico (*Hypericum perforatum*), conhecido na Europa como erva-de-São-João e utilizado principalmente para o tratamento da depressão.
Fonte: Wikipedia.org

Em outro estudo, foi avaliado o efeito da administração intragástrica de hipérico e naltrexone isoladamente ou em combinação ao longo de sete dias em ratos que tinham acesso ao álcool duas horas por dia. O naltrexone é um antagonista de receptores opioides usado clinicamente no tratamento do alcoolismo e da dependência de opiáceos. Foram avaliadas duas doses de cada tratamento; o hipérico se mostrou ativo em reduzir o consumo de etanol com a dose de 125 mg/kg, mas não com a dose de 7 mg/kg, enquanto o naltrexone foi ativo na dose de 3 mg/kg e inativo com 0,5 mg/kg. Contudo, a associação das doses subefetivas dos dois tratamentos (hipérico 7 mg/kg e naltrexone 0,5 mg/kg) foi efetiva em reduzir a ingestão de etanol desde o primeiro dia e se manteve pelos 12 dias avaliados, portanto não houve tolerância ao efeito antiálcool. A interrupção do tratamento levou os animais a reestabelecerem o consumo de álcool, mostrando que o efeito não ocorreu devido a uma aversão condicionada ao etanol. Esses dados indicam que o uso do hipérico pode ser promissor, especialmente no tratamento do alcoolismo em pacientes sofrendo de depressão, assim como um adjuvante na terapia com outros fármacos, agindo sinergicamente.

Outros autores também avaliaram o papel do hipérico na dependência e síndrome de abstinência à morfina e heroína. Para avaliar esses aspectos foi utilizado um modelo onde ratos foram tratados repetidamente com a droga (morfina ou heroína) em doses crescentes, duas vezes ao dia, ao longo de sete a oito dias. Após a última administração da droga, os animais receberam uma dose de naloxone, bloqueador de receptor opioide, que levou à precipitação imediata de uma síndrome de abstinência, caracterizada por tremores, diarreia, comportamento de saltar etc. Em um dos estudos, a administração de hipérico por via oral concomitante às injeções de morfina levou à redução da intensidade dos sinais avaliados na síndrome de abstinência. No outro estudo, diferentes extratos preparados com hipérico reduziram os sinais físicos da síndrome de abstinência à heroína, como diarreia e contorções abdominais (contrações do abdome indicativas de sensação dolorosa).

Embora os estudos em animais suportem o uso do hipérico no tratamento do alcoolismo, não foram encontrados estudos clínicos com dependentes de álcool. Por outro lado, a efetividade do hipérico foi avaliada em dependentes de nicotina por meio de um estudo duplo-cego. Doses de hipérico de 300 ou 600 mg três vezes ao dia foram fornecidas aos fumantes, porém o tratamento com a planta não aumentou o número de indivíduos que deixaram de fumar e nem diminuiu os sintomas da síndrome de abstinência durante o período do estudo.

Ayahuasca (*Banisteriopsis caapi* e *Psychotria viridis*)

A ayahuasca é uma bebida psicoativa, originalmente utilizada por indígenas em rituais xamânicos e geralmente preparada pela decocção de duas plantas nativas da região da Bacia Amazônica, o cipó *Banisteriopsis caapi* e folhas do arbusto *Psychotria viridis* (Figura 4.4). A *Psycotria viridis* possui em sua composição o alcaloide indólico dimetiltriptamina (DMT) que age sobre os receptores da serotonina, enquanto a *Banisteriopsis caapi* possui em sua composição alcaloides com estrutura betacarbolina (harmina, harmalina e tetra-hidro-harmalina) com ação inibidora da monoaminoxidase (MAO). O efeito alucinógeno da ayahuasca ocorre devido ao sinergismo das substâncias presentes nas duas plantas, decorrente da inibição da MAO intestinal, o que favorece a absorção de DMT, que é responsável pelos efeitos alucinogênicos da bebida. O impacto do uso recorrente da ayahuasca foi avaliado em um estudo longitudinal realizado com 127 usuários e 115 controles e não foram encontradas evidências de desajuste psicológico, deterioração da saúde mental ou disfunção cognitiva no grupo de usuários de ayahuasca.

No Brasil, apenas o uso religioso da bebida é regulamentado pelo Conselho Nacional de Políticas sobre Drogas (CONAD). Para o uso terapêutico ainda há a necessidade de experimentações em modelos animais e em humanos para avaliar se este uso é eficaz e seguro. Entretanto, é de conhecimento popular que diversos indivíduos procuram esses grupos religiosos em busca de auxílio no tratamento de doenças e transtornos como depressão e a dependência química.

O pré-tratamento oral com ayahuasca (500 mg/kg) foi capaz de bloquear o efeito reforçador do etanol (1,8 g/kg) em camundongos em um modelo de preferência de lugar condicionada à droga, que simula a influência do ambiente ou contexto sobre a fissura (o desejo de usar a droga). Entretanto, a ayahuasca isoladamente produziu condicionamento de lugar, sugerindo que a preparação possui efeito reforçador. Isto poderia sugerir que o uso da ayahuasca por dependentes funciona como terapia de substituição, mas esta hipótese ainda precisa ser investigada. Um estudo recentemente publicado mostrou que o tratamento com ayahuasca foi capaz de bloquear a sensibilização ao efeito estimulante produzido por etanol em camundongos), corroborando com os achados anteriores de que o chá possa ser útil no tratamento da dependência de álcool.

Figura 4.4 (A) Partes picadas das plantas utilizadas na preparação da ayahuasca: cipó conhecido como jagube ou mariri (*Banisteriopsis caapi*) e folhas da chacrona ou rainha (*Psychotria viridis*). Outras espécies podem ser utilizadas na preparação da bebida. (B) Cozimento das duas plantas para preparação do chá de ayahuasca.
Fontes: http://upload.wikimedia.org/wikipedia/commons/c/c9/Ayahuasca_and_chacruna_cocinando.jpg
http:Wikipedia.org

A maioria dos estudos clínicos disponíveis sobre a ayahuasca são estudos observacionais e retrospectivos, em que frequentadores das religiões ayahuasqueiras são entrevistados e avaliados. Grob e col. avaliaram um grupo de quinze usuários de ayahuasca e onze relataram ter um histórico de uso moderado a grave de álcool antes de entrar na União do Vegetal (um grupo religioso que utiliza ayahuasca nas cerimônias), sendo que destes onze, cinco relataram episódios de compulsão associados a comportamento violento, quatro indivíduos também relataram envolvimento anterior com outras drogas de abuso, incluindo cocaína e anfetamina, e oito eram dependentes de nicotina, e todos eles descontinuaram o uso das drogas de abuso, sem relatos de recaídas, pouco tempo depois do início do uso recorrente de ayahuasca. Labigalini Jr. avaliou um grupo de quatro indivíduos que haviam apresentado dependência e que também descontinuaram o uso das drogas de abuso após começarem a frequentar os rituais. Em outro trabalho, adolescentes pertencentes a uma religião ayahuasqueira apresentaram menor uso de álcool e outras drogas em relação a jovens de mesma faixa etária que nunca fizeram uso do chá de ayahuasca e foram observados alguns casos de abstinência do uso de crack entre os integrantes das religiões ayahuasqueiras.

Em um estudo observacional recente foi avaliado o efeito da participação em duas sessões de terapia assistida com ayahuasca em combinação com quatro sessões em grupos de aconselhamento sobre o consumo de substâncias de abuso e outros parâmetros. Foi relatada diminuição do uso de álcool, tabaco e cocaína pelos participantes, mas não de maconha e morfina. Também foi observada melhora nas escalas de humor e qualidade de vida e foi sugerido que a terapêutica empregada produziu mudanças psicológicas e comportamentais positivas nos participantes.

Mercante (2013) realizou o estudo em três comunidades no Brasil (Centro Espiritual Céu da Nova Vida, Centro Espiritual Céu Sagrado e Centro de Recuperação Caminho de Luz) e uma no Peru (Takiwasi) que utilizam a ayahuasca para tratar a dependência. Através das observações e entrevistas realizadas, o autor relata que o tratamento com ayahuasca se difere de uma terapia de substituição, como, por exemplo, a terapia com metadona para dependentes de heroína, pois no tratamento com ayahuasca também são trabalhadas questões sociais, portanto este tratamento proporciona uma transformação social e pessoal, o que dificulta as chances de recaída. O potencial terapêutico da ayahuasca no tratamento da dependência de drogas também foi avaliado em um estudo qualitativo realizado com profissionais de saúde e curandeiros indígenas e apontou evidências da efetividade da ayahuasca. Os dados apresentados sugerem que a ayahuasca pode ser um forte aliado no tratamento da dependência química, entretanto é necessário reforçar que ainda há a necessidade de estudos clínicos controlados que comprovem a eficácia e segurança dessa bebida para o tratamento da dependência química, assim como é fundamental avaliar qual é a importância da religião e contexto de uso no tratamento dos indivíduos dependentes. Os possíveis mecanismos de ação da ayahuasca na dependência de drogas, considerando tanto seus efeitos bioquímicos como os efeitos psicológicos são discutidos por Liester & Prickett.

Danshen ou sálvia chinesa (*Salvia miltiorrhiza*)

O danshen, conhecido no Brasil como sálvia vermelha ou sálvia chinesa, é uma planta amplamente utilizada na medicina tradicional chinesa para problemas cardíacos, insônia, hepatite, hemorragias, desordens menstruais etc, com dados recentes que indicam sua utilidade contra a dependência de drogas. Extrato padronizado preparado com as raízes de danshen inibiu a aquisição, manutenção e reinstalação do consumo de álcool em ratos com preferência ao etanol.

Estudos sugerem que o efeito do danshen se deve ao princípio ativo miltirona, mas outras substâncias presentes na planta também parecem ter atividade. Um extrato contendo 4,3% de miltirona nas doses de 50 a 200 mg/kg diminuiu a autoadministração de álcool por ratos em dois modelos, um que mede o poder reforçador e outro que mede a motivação para uso do etanol. A administração da substância pura ou de extratos com diferentes concentrações de miltirona produziram diminuição do consumo de álcool em animais de modo proporcional à concentração do princípio ativo. Além disso, o extrato de danshen e a miltirona diminuíram a alcoolemia dos animais, mas, apenas quando administrados intragastricamente (e não por via ip), sugerindo que atuem por diminuir a absorção do etanol. Apesar dos dados positivos em animais de laboratório, não foram encontrados estudos clínicos controlados que confirmem o efeito antiálcool da planta. O potencial efeito contra outras drogas de abuso não foi estudado.

Ginseng ou ginseng coreano (*Panax ginseng*)

O ginseng coreano é usado há milênios na China, onde é considerado uma planta real, sendo nativo do leste asiático, especialmente da Coreia. As raízes do ginseng são utilizadas em diversos países asiáticos como tônico, antiestresse, rejuvenescedor, e muitas outras finalidades, sendo a planta considerada um adaptógeno típico. Os princípios ativos do ginseng são saponinas triterpênicas com estrutura semelhante aos hormônios esteroidais, conhecidas como ginsenosídeos. As raízes de ginseng também são utilizadas para o tratamento da intoxicação alcoólica, o que levou a investigações dessa propriedade.

Estudos com extratos de ginseng e seus ginsenosídeos mostraram diminuição da preferência condicionada induzida pela metanfetamina e pela cocaína, assim como atenuação da síndrome de abstinência à morfina. Alguns trabalhos sugerem que o ginseng pode alterar a absorção do etanol, enquanto outros postulam que ele acelera sua metabolização.

Estudo com humanos mostrou que o ginseng diminuiu a concentração plasmática de etanol e reduziu os sintomas da embriaguês e ressaca nos voluntários, sugerindo que os ginsenosídeos estimulam o sistema enzimático de oxidação do etanol e a enzima aldeído desidrogenase, acelerando o metabolismo e eliminação do etanol. Também foi postulado que o efeito do ginseng contra a dependência se dê por modulação do sistema dopaminérgico, contudo não há comprovação desse mecanismo. Dada sua característica como droga adaptógena, capaz de aumentar a resistência ao estresse e melhorar a cognição, o uso do ginseng poderia ser especialmente útil no tratamento de certos problemas relacionados ao alcoolismo, tais como fadiga, perda de memória, irritabilidade etc.

Ginseng indiano ou ashwagandha (*Withania somnifera*)

O ginseng indiano é uma planta utilizada na medicina Ayurveda (medicina tradicional indiana), onde é conhecido como ashwagandha. É empregado como tônico, afrodisíaco, contra o estresse, para melhora da memória, problemas geriátricos, entre muitos outros usos. Assim como o ginseng coreano (*Panax ginseng*), é classificado como uma planta adaptógena e acredita-se que seu efeito antiestresse pode ser útil no tratamento da dependência, diminuindo o número de recaídas dos pacientes.

Poucos estudos avaliaram o efeito do ginseng indiano em modelos de dependência de drogas. Foi relatado que a planta diminui o desenvolvimento de tolerância ao efeito analgésico da morfina e aboliu o comportamento de saltar nos camundongos, característico da síndrome de abstinência precipitada por naloxone. Doses de 50 e 100 mg/kg de um extrato padronizado da planta preveniram a aquisição e expressão da preferência condicionada ao lugar induzida pela morfina em camundongos. Usando o modelo de autoadministração em ratos, Peana e col. mostraram que o tratamento com o extrato de raízes de ginseng indiano reduziu a aquisição e manutenção da autoadministração de etanol e também reduziu a reinstalação do uso após um período de privação forçada de etanol, sendo sugerido que o efeito ocorra por mecanismo gabaérgico. Apesar destes recentes estudos indicando resultado satisfatório no tratamento da dependência de etanol e morfina, não foram encontrados estudos clínicos com a planta.

Alucinógenos e tratamento da dependência

Observa-se atualmente um aumento do número de pesquisas e interesse pelo uso terapêutico de substâncias alucinógenas. Entre as possíveis aplicações terapêuticas dos alucinógenos, destaca-se seu uso contra a dependência de drogas. Alguns exemplos incluem a ibogaína e o DMT (componente da ayahuasca), já discutidos neste capítulo, e a mescalina, componente do peyote. Apesar de estas substâncias alterarem a percepção da realidade e serem utilizadas ilicitamente como drogas de abuso, o perfil de uso costuma ser esporádico e estas drogas não induzem no indivíduo um quadro de dependência típica, como o que é produzido por outros psicotrópicos.

O peyote (*Lophophora williamsii*) é um pequeno cacto mexicano considerado um presente dos deuses pelos povos nativos da América. Possui como princípio ativo a mescalina, uma substância alucinogênica que causa alterações visuais e perceptuais. O peyote é utilizado principalmente em contextos ritualísticos, incluindo práticas para o tratamento do alcoolismo. Segundo Sessa & Johnson, estudos clínicos estão em andamento avaliando o potencial da psilocibina contra a dependência de álcool e também da ibogaína e da ayahuasca para a dependência de drogas. Um estudo recém-publicado mostrou que dependentes de álcool sob tratamento com psilocibina apresentaram diminuição do consumo de álcool, maiores períodos de abstinência e diminuição do desejo pela bebida.

OUTRAS PLANTAS POTENCIALMENTE ÚTEIS CONTRA A DEPENDÊNCIA DE DROGAS

Recentemente, estudos em animais de laboratório tem sugerido que a raiz de ouro ou rodiola (*Rhodiola rosea*) pode ser útil para reduzir a fissura e vulnerabilidade do uso de drogas. Extrato preparado com as raízes da planta impediu o desenvolvimento de preferência de lugar condicionada à morfina em camundongos e facilitou a extinção (perda) da preferência, avaliada em uma situação em que os animais deixaram de receber a droga, mas continuaram sendo expostos ao mesmo contexto. Utilizando modelos semelhantes, foi demonstrado que a rodiola e seu princípio ativo salidroside inibiram a preferência condicionada ao lugar pela nicotina e preveniram a recaída (reinstalação do uso) em camundongos, mas a planta produziu resultado apenas moderado no modelo de condicionamento com cocaína.

A kava-kava (*Piper methysticum*) é uma planta famosa pela sua propriedade como ansiolítica e para o tratamento da insônia, finalidades para as quais já foi extensivamente estudada e existem medicamentos fitoterápicos aprovados. É utilizada popularmente em algumas ilhas do Pacífico para ajudar a parar de fumar e beber e acredita-se que este efeito possa estar relacionado com sua propriedade ansiolítica, diminuindo o desejo pela droga. Seu efeito ansiolítico se deve a kavalactonas, que interagem com vários neurotransmissores. Suspeitas de efeito hepatotóxico devido ao uso de medicamentos à base de kava-kava levaram muitos países a retirar os fitoterápicos do mercado, mas a correlação de casos de hepatotoxicidade com o uso de kava-kava não ficou completamente comprovada e ainda é tema de debate.

Uma planta que poderia ser útil para tratar os danos hepáticos decorrentes do alcoolismo crônico é a *Schizandra chinensis*. Extrato da planta foi administrado a animais submetidos a ingestão de uma dose elevada de etanol (1g/kg, ig) por cinco semanas e promoveu efeito hepatoprotetor. Várias outras plantas, incluindo o kudzu, têm sido relatadas como benéficas para a prevenção e tratamento da cirrose alcoólica.

Jupp & Lawrence citam o uso da reserpina (princípio ativo da *Rauvolfia serpentina*) para diminuir consumo de cocaína. Shi e col. citam diversas plantas e misturas de plantas usadas na medicina tradicional chinesa para o tratamento da dependência opioide e afirmam que dez formulações são aprovadas para uso clínico no país, sendo que estudos clínicos estavam sendo conduzidos com seis dessas formulações. Outras espécies com uso tradicional ou com alguns estudos que apoiam o uso contra a dependência ou síndrome de abstinência são: *Thunbergia laurifolia, Carydolis yanhusuo, Oenothera biennis, Scutellaria laterifolia, Hovenia dulcis, Thymus vulgaris, Trigonella foenum-graecum*, entre outras.

Um trabalho que procurou identificar o uso de plantas brasileiras para o tratamento do alcoolismo a partir de pesquisa em bancos de dados científicos e em 76 livros sobre plantas medicinais encontrou 11 plantas empregadas para combater a dependência do álcool ou aliviar os sintomas decorrentes do seu uso. Entre as plantas citadas estão o guaraná (*Paullinia cupana*), utilizado para aliviar a ressaca alcoólica, a daminana (*Turnera diffusa*), planta comum no México e também encontrada no nordeste do Brasil, cujas folhas são citadas no combate ao alcoolismo, e o maracujá-açu (*Passiflora quadrangularis*), citado como útil contra o alcoolismo crônico e delírio tremens. Também foi listado o uso do tucupi, preparação popular do Pará feita a partir do sumo extraído da mandioca brava (*Manihot esculenta*), e folhas do jambu (*Spilanthes acmella*) para aliviar os sintomas desagradáveis do porre alcoólico. O trabalho também cita o uso do chá de ayahuasca (discutido anteriormente neste capítulo) para o tratamento do alcoolismo, assim como de plantas empregadas para tratar a intoxicação com ayahuasca, sendo exemplos o giimo (*Capsicum chinense*) e *Ilex guaysa* (espécie da família da erva-mate).

CONSIDERAÇÕES FINAIS

O tratamento da dependência de drogas é complexo e a maioria das abordagens hoje utilizadas apresentam baixa efetividade, principalmente quando utilizadas isoladamente. A indústria farmacêutica ainda procura por drogas mais eficazes e que apresentem menos efeitos colaterais. Dentre as possíveis alternativas, estão os produtos fitoterápicos. Muitas plantas e princípios ativos já foram avaliados em estudos pré-clínicos quanto à potencialidade para o tratamento da dependência, mas poucos estudos clínicos foram conduzidos e ainda não existem fitoterápicos aprovados para esses tratamentos no Brasil. Este cenário indica a necessidade de mais estudos clínicos para que produtos fitoterápicos possam ser desenvolvidos e utilizados no tratamento da dependência química.

BIBLIOGRAFIA CONSULTADA

1. Abenavoli, L., Capasso, F., & Addolorato, G. (2009). Phytotherapeutic approach to alcohol dependence: new old way? Phytomedicine, 16(6), 638-644.
2. Alper, K. R., Lotsof, H. S., & Kaplan, C. D. (2008). The ibogaine medical subculture. Journal of Ethnopharmacology, 115(1), 9-24.
3. ANVISA - Agência Nacional de Vigilância Sanitária (2014a). Instrução normativa no 4, de 18 de junho de 2014.
4. ANVISA - Agência Nacional de Vigilância Sanitária (2014b) Lista comparativa de entorpecentes, substâncias psicotrópicas, precursores e outras substâncias sujeitas a controle especial. Recuperado em 27 Abril de 2015 em www.anvisa.gov.br/medicamentos/controlados/lista_especial_IV.pdf.
5. Attele, A. S., Wu, J. A., & Yuan, C. S. (1999). Ginseng pharmacology: multiple constituents and multiple actions. Biochemical Pharmacology, 58, 1685-1693.
6. Benlhabib, E., Baker, J. I., Keyler, D. E., & Singh, A. K. (2004). Kudzu root extract suppresses voluntary alcohol intake and alcohol withdrawal symptoms in P rats receiving free access to water and alcohol. Journal of Medicinal Food, 7(2), 168-179.
7. Bogenschutz, M. P., Forcehimes, A. A., Pommy, J. A., Wilcox, C. E., Barbosa, P., & Strassman, R. J. (2015). Psilocybin-assisted treatment for alcohol dependence: a proof-of-concept study. Journal of Psychopharmacology, 29(3), 289-99.
8. Bogenschutz, M. P., & Johnson, M. W. (2015). Classic hallucinogens in the treatment of addictions. Progress in Neuro-Psychopharmacology and Biological Psychiatry. Acessado em 27 de abril de 2015, de http://www.sciencedirect.com/science/article/pii/S0278584615000512

9. Bouso, J. C., González, D., Fondevila, S., Cutchet, M., Fernández, X., Barbosa, P. C. R., et al. (2012). Personality, psychopathology, life attitudes and neuropsychological performance among ritual users of ayahuasca: a longitudinal study. PLoS One, 7(8), e42421.
10. Brown, T. K. (2013). Ibogaine in the treatment of substance dependence. Current Drug Abuse Reviews, 6(1), 3-16.
11. Callaway, J., McKenna, D., Grob, C., Brito, G. S., Raymon, L., Poland, R., et al. (1999). Pharmacokinetics of Hoasca alkaloids in healthy humans. Journal of Ethnopharmacology, 65(3), 243-256.
12. Carai, M. A., Agabio, R., Bombardelli, E., Bourov, I., Gessa, G. L., Lobina, C., et al. (2000). Potential use of medicinal plants in the treatment of alcoholism. Fitoterapia, 71, S38-S42.
13. Carlini, E. A., (2003). Plants and the central nervous system. Pharmacology, Biochemistry and Behavior, 75(3), 501-512.
14. Carlini, E. A., Rodrigues, E., Mendes, F. R., Tabach, R., & Gianfratti, B. (2006). Treatment of drug dependence with Brazilian herbal medicines. Revista Brasileira de Farmacognosia, 16, 690-695.
15. Colombo, G., Serra, S., Vacca, G., Orrù, A., Maccioni, P., Morazzoni, P., et al. (2006). Identification of miltirone as active ingredient of Salvia miltiorrhiza responsible for the reducing effect of root extracts on alcohol intake in rats. Alcoholism: Clinical and Experimental Research, 30(5), 754-762.
16. Ding, R.-B., Tian, K., He, C.-W., Jiang, Y., Wang, Y.-T., & Wan, J.-B. (2012). Herbal medicines for the prevention of alcoholic liver disease: a review. Journal of Ethnopharmacology, 144(3), 457-465.
17. Doering-Silveira, E., Grob, C. S., De Rios, M. D., Lopez, E., Alonso, L. K., Tacla, C., & Da Silveira, D. X. (2005) Report on psychoactive drug use among adolescents using ayahuasca within a religious context. Journal of Psychoactive Drugs, 37(2), 141-144.
18. Dworkin, S. I., Gleeson, S., Meloni, D., Koves, T. R., & Martin, T. J. (1995). Effects of ibogaine on responding maintained by food, cocaine and heroin reinforcement in rats. Psychopharmacology, 117(3), 257-261.
19. Feily, A., & Abbasi, N. (2009). The inhibitory effect of Hypericum perforatum extract on morphine withdrawal syndrome in rat and comparison with clonidine. Phytotherapy Research, 23(11), 1549-1552.
20. Gianfratti, B. (2009). Avaliação Farmacológica do chá de Ayahuasca em modelos pré-clínicos de dependência do etanol. Dissertação de mestrado, Universidade Federal de São Paulo, São Paulo, Brasil.
21. Glick, S. D., & Maisonneuve, I. M. (1998). Mechanisms of antiaddictive actions of ibogaine. Annals of the New York Academy of Sciences, 844(1), 214-226.
22. Grob, C. S., Mckenna, D. J., Callaway, J. C., Brito, G. S., Neves, E. S., Oberlaender, G., et al. (1996). Human psychopharmacology of hoasca, a plant hallucinogen used in ritual context in Brazil. The Journal of Nervous and Mental Disease, 184(2), 86-94.
23. Jupp, B., & Lawrence, A. J. (2010). New horizons for therapeutics in drug and alcohol abuse. Pharmacology & therapeutics, 125(1), 138-168.
24. Keung, W. M., & Vallee, B. L. (1998). Kudzu root: an ancient Chinese source of modern antidipsotropic agents. Phytochemistry, 47(4), 499-506.
25. Kreek, M. J., LaForge, K. S., & Butelman, E. (2002). Pharmacotherapy of addictions. Nature Reviews Drug Discovery, 1(9), 710-726.
26. Kulkarni, S., & Dhir, A. (2008). Withania somnifera: an Indian ginseng. Progress in Neuro-Psychopharmacology and Biological Psychiatry, 32(5), 1093-1105.
27. Kulkarni, S. K., & Ninan, I. (1997). Inhibition of morphine tolerance and dependence by Withania somnifera in mice. Journal of Ethnopharmacology, 57(3), 213-217.
28. Labate, B. C., & Cavnar, C. (2013). The therapeutic use of ayahuasca. Berlin/Heidelberg: Springer.
29. Labigalini Jr, E. (1998). O uso de ayahuasca em um contexto religioso por ex dependentes de álcool - um estudo qualitativo. Dissertação de mestrado, Universidade Federal de São Paulo, São Paulo, Brasil.
30. Lee, M.-H., Kwak, J. H., Jeon, G., Lee, J.-W., Seo, J.-H., Lee, H.-S., et al. (2014). Red ginseng relieves the effects of alcohol consumption and hangover symptoms in healthy men: a randomized crossover study. Food & Function, 5(3), 528-534.

31. Liester, M. B., & Prickett, J. I. (2012). Hypotheses regarding the mechanisms of ayahuasca in the treatment of addictions. Journal of Psychoactive Drugs, 44(3), 200-208.
32. Loizaga-Velder, A. & Verres, R. (2014). Therapeutic effect of ritual ayahuasca use in the treatment of substance dependence – qualitative results. Journal of Psychoactive Drugs, 46(1), 63-72.
33. Lu, L., Liu, Y., Zhu, W., Shi, J., Liu, Y., Ling, W., et al. (2009). Traditional medicine in the treatment of drug addiction. The American Journal of Drug and Alcohol Abuse, 35(1), 1-11.
34. Lukas, S. E., Penetar, D., Su, Z., Geaghan, T., Maywalt, M., Tracy, M., et al. (2013). A standardized kudzu extract (NPI-031) reduces alcohol consumption in nontreatment-seeking male heavy drinkers. Psychopharmacology, 226(1), 65-73.
35. Lukas, S. E., Penetar, D., Berko, J., Vicens, L., Palmer, C., Mallya, G., et al. (2005). An extract of the Chinese herbal root kudzu reduces alcohol drinking by heavy drinkers in a naturalistic setting. Alcoholism: Clinical and Experimental Research, 29:756-762.
36. Maccioni, P., Vargiolu, D., Falchi, M., Morazzoni, P., Riva, A., Cabri, W., et al. (2014). Reducing effect of the Chinese medicinal herb, Salvia miltiorrhiza, on alcohol self-administration in Sardinian alcohol-preferring rats. Alcohol, 48(6), 587-593.
37. Mačiulaitis, R., Kontrimaviciute, V., Bressolle, F., & Briedis, V. (2008). Ibogaine, an anti-addictive drug: pharmacology and time to go further in development. A narrative review. Human & Experimental Toxicology, 27(3), 181-194.
38. Mattioli, L., Titomanlio, F., & Perfumi, M. (2012). Effects of a Rhodiola rosea L. extract on the acquisition, expression, extinction, and reinstatement of morphine-induced conditioned place preference in mice. Psychopharmacology, 221(2), 183-193.
39. McGregor, N. R. (2007). Pueraria lobata (Kudzu root) hangover remedies and acetaldehyde-associated neoplasm risk. Alcohol, 41(7):469-78.
40. McKenna, D. J. (2004). Clinical investigations of the therapeutic potential of ayahuasca: rationale and regulatory challenges. Pharmacology & therapeutics, 102(2), 111-129.
41. Mendes, F. R., Negri, G., Duarte-Almeida, J. M., Tabach, R., & Carlini, E. A. (2012). The action of plants and their constituents on the central nervous system. Plant Bioactives and Drug Discovery: Principles, Practice, and Perspectives, 17, 161.
42. Mercante, M. S. (2013). A ayahuasca e o tratamento da dependência. Mana, 19(3), 529-558.
43. Oliveira-Lima, A., Santos, R., Hollais, A., Gerardi-Junior, C., Baldaia, M., Wuo-Silva, R., et al. (2015). Effects of ayahuasca on the development of ethanol-induced behavioral sensitization and on a post-sensitization treatment in mice. Physiology & Behavior, 142, 28-36.
44. Overstreet, D. H., Keung, W. M., Rezvani, A. H., Massi, M., & Lee, D. Y. (2003). Herbal remedies for alcoholism: promises and possible pitfalls. Alcoholism: Clinical and Experimental Research, 27(2), 177-185.
45. Park, H. J., Lee, S.-J., Song, Y., Jang, S.-H., Ko, Y.-G., Kang, S. N., et al. (2014). Schisandra chinensis prevents alcohol-induced fatty liver disease in rats. Journal of Medicinal Food, 17(1), 103-110.
46. Peana, A. T., Muggironi, G., Spina, L., Rosas, M., Kasture, S. B., Cotti, E., et al. (2014). Effects of Withania somnifera on oral ethanol self-administration in rats. Behavioural Pharmacology, 25(7), 618-628.
47. Penetar, D. M., Toto, L. H., Farmer, S. L., Lee, D. Y.-W., Ma, Z., Liu, Y., et al. (2012). The isoflavone puerarin reduces alcohol intake in heavy drinkers: a pilot study. Drug and Alcohol Dependence, 126(1), 251-256.
48. Perfumi, M., Mattioli, L., Cucculelli, M., & Massi, M. (2005). Reduction of ethanol intake by chronic treatment with Hypericum perforatum, alone or combined with naltrexone in rats. Journal of Psychopharmacology, 19(5), 448-454.
49. Rezvani, A. H., Overstreet, D., Yang, Y., & Clark Jr, E. (1999). Attenuation of alcohol intake by extract of Hypericum perforatum (St John's Wort) in two different strains of alcohol-preferring rats. Alcohol and Alcoholism, 34(5), 699-705.
50. Rezvani, A. H., Overstreet, D. H., Perfumi, M., & Massi, M. (2003). Plant derivatives in the treatment of alcohol dependency. Pharmacology Biochemistry and Behavior, 75(3), 593-606.

51. Ruiu, S., Longoni, R., Spina, L., Orrù, A., Cottiglia, F., Collu, M., et al. (2013). Withania somnifera prevents acquisition and expression of morphine-elicited conditioned place preference. Behavioural Pharmacology, 24(2), 133-143.
52. Sarris, J. & Kavanagh, D. J. (2009). Kava and St. John's Wort: current evidence for use in mood and anxiety disorders. Journal of Alternative and Complementary Medicine,15(8), 827-836.
53. Schenberg, E. E., de Castro Comis, M. A., Chaves, B. R., & da Silveira, D. X. (2014). Treating drug dependence with the aid of ibogaine: a retrospective study. Journal of Psychopharmacology, 28(11), 993-1000.
54. Sessa, B., & Johnson, M. W. (2015). Can psychedelic compounds play a part in drug dependence therapy? The British Journal of Psychiatry, 206(1), 1-3.
55. Shebek, J. & Rindone, J. P. (2010). A pilot study exploring the effect of kudzu root on the drinking habits of patients with chronic alcoholism. Journal of Alternative and Complementary Medicine, 6, 45-48.
56. Shi, J., & LU, L. (2006). Traditional Chinese medicine in treatment of opiate addiction1. Acta Pharmacologica Sinica, 27(10), 1303-1308.
57. Sood, A., Ebbert, J. O., Prasad, K., Croghan, I. T., Bauer, B., & Schroeder, D. R. (2010). A randomized clinical trial of St. John's wort for smoking cessation. The Journal of Alternative and Complementary Medicine, 16(7), 761-767.
58. Subhan, F., Khan, N., & Sewell, R. D. (2009). Adulterant profile of illicit street heroin and reduction of its precipitated physical dependence withdrawal syndrome by extracts of St John's wort (Hypericum perforatum). Phytotherapy Research, 23(4), 564-571.
59. Takahashi, M., & Tokuyama, S. (1998). Pharmacological and physiological effects of ginseng on actions induced by opioids and psychostimulants. Methods and Findings in Experimental and Clinical Pharmacology, 20(1), 77-84.
60. Teschke, R., Qiu, S. X., Xuan, T. D. & Lebot, V. (2011) Kava and kava hepatotoxicity: requirements for novel experimental, ethnobotanical and clinical studies based on a review of the evidence. Phytotherapy Research, 25(9),1263-1274.
61. Thomas, G., Lucas, P., Capler, N. R., Tupper, K. W., & Martin, G. (2013). Ayahuasca-assisted therapy for addiction: results from a preliminary observational study in Canada. Current Drug Abuse Review, 6(1), 30-42.
62. Titomanlio, F., Manzanedo, C., Rodríguez-Arias, M., Mattioli, L., Perfumi, M., Miñarro, J., et al. (2013). Rhodiola rosea impairs acquisition and expression of conditioned place preference induced by cocaine. Evidence-Based Complementary and Alternative Medicine, 2013. http://dx.doi.org/10.1155/2013/697632
63. Titomanlio, F., Perfumi, M., & Mattioli, L. (2014). Rhodiola rosea L. extract and its active compound salidroside antagonized both induction and reinstatement of nicotine place preference in mice. Psychopharmacology, 231(10), 2077-2086.
64. Tomczyk, M., Zovko-Koncic, M., & Chrostek, L. (2012). Phytotherapy of alcoholism. Natural Product Communications, 7(2), 273-280.
65. Topping, D. M. (1998). Ayahuasca and cancer: one man's experience. Bulletin of the Multidisciplinary Association of Psychedelic Studies, 8, 22-26.
66. Tylš, F., Páleníček, T., & Horáček, J. (2014). Psilocybin – summary of knowledge and new perspectives. European Neuropsychopharmacology, 24(3), 342-356.
67. Uzbay, T. I. (2008). Hypericum perforatum and substance dependence: a review. Phytotherapy Research, 22(5):578-582.
68. Whiskey, E., Werneeke, U., & Taylor, D. (2001). A systematic review and meta-analysis of Hypericum perforatum in depression: a comprehensive clinical review. International Clinical Psychopharmacology,16, 239-252.
69. Winkelman, M. (2015). Psychedelics as medicines for substance abuse rehabilitation: evaluating treatments with LSD, peyote, ibogaine and ayahuasca. Current Drug Abuse Reviews, 7(2):101-116.

CAPÍTULO 5

O EMDR no Uso, Abuso e Dependência de Drogas

Susan Brown
Julie Stowasser
Francine Shapiro

INTRODUÇÃO

O uso abusivo de drogas é um problema social e médico persistente. Segundo um recente relatório, este é o principal problema de saúde na América do Norte. Segundo alguns relatórios, ao se considerar os gastos diretos de saúde a partir do uso de drogas, mortes decorrentes de acidentes, infecção por HIV ou atos criminosos violentos relacionados ao uso de substâncias, existem "mais mortes, doenças e incapacitações pelo abuso de substância do que por qualquer outro problema de saúde evitável".

Atualmente, é consenso entre a maioria dos especialistas (incluindo as autoras deste capítulo) que o abuso de substância consiste em uma complexa interação entre componentes genéticos, ambientais e a experiência dos indivíduos. "A dependência de drogas não é uma falta de força de vontade nem de caráter e sim um transtorno mental que pode afetar qualquer ser humano. Esta doença configura-se como é um distúrbio crônico e recidivante, muitas vezes concomitante a outras condições físicas e mentais".

Entretanto, uma questão persiste: "por que constatamos que, ao longo do curso da história humana, sempre que as pessoas e culturas têm acesso ao álcool e a outras substâncias que alteram as funções mentais, somente alguns se tornam dependentes e o restante consegue controlar seu uso?"

Estamos perto de responder a esta pergunta, com base em pesquisas atuais que demonstraram a existência de uma relação nítida entre primeiras experiências de vida adversas e posteriores à dependência.

Além disso, as substâncias que os usuários escolhem não são ao acaso, mas resultam de uma interação entre a ação psicofarmacológica da substância e os sentimentos dolorosos dominantes com os quais eles lutam. Edward Khantzian, M.D., professor de Psiquiatria Clínica na Universidade de Harvard, observou que os opiáceos frequentemente são os preferidos por sua poderosa ação entorpecente sobre os afetos de raiva e agressão. A cocaína, por sua vez, atrai usuários por sua característica em aliviar o sofrimento associado à depressão. Apesar de fadados ao fracasso, "os dependentes descobrem que os efeitos em curto prazo de suas drogas de escolha os ajudam a enfrentar esses estados subjetivos angustiantes e uma realidade externa que, de outro modo, é vivenciada como incontrolável ou angustiante". Assim, surge uma nova hipótese que propõe que o uso de substâncias psicoativas pode acontecer como uma busca de controlar sintomas dolorosos resultantes de traumas psicológicos. Isso é referido como "automedicação".

Alguns estudos conduzidos nos Estados Unidos indicaram que mais de 50% das pessoas com transtornos mentais também sofrem de problemas relacionados ao uso de substâncias, em comparação com os 6% da população geral. Este capítulo foi escrito a partir do nosso interesse em fornecer tratamento integrado para a complexa interação biológica, ambiental, de traumas e dor emocional, que atuam como força motriz por trás de comorbidades psiquiátricas relacionadas ao Transtorno por Uso de Substâncias (TUS).

COMORBIDADES PSIQUIÁTRICAS E TRANSTORNO POR USO DE SUBSTÂNCIAS (TUS)

"Ninguém jamais morreu por causa de seus sentimentos, mas milhões de pessoas morreram por usarem drogas, álcool e outras substâncias tóxicas que os ajudassem a fugir de seus sentimentos..."

Weinhold & Weinhold

Os problemas coexistentes de saúde mental e abuso de substância não levam em consideração a idade, sexo, intelecto, estado civil, situação econômica, classe social, raça e nacionalidade, sendo que ninguém está imune ao impacto dessas condições. As comorbidades psiquiátricas e TUS deixam os indivíduos em estado de sofrimento extremo, trazendo consequências pessoais, familiares, sociais e econômicas impressionantes.

A correlação existente entre os traumas e outras experiências adversas, em especial quando vivenciadas na primeira infância, bem como a ocorrência concomitante de problemas de saúde mental e TUS, está fortemente estabelecida na literatura. Uma definição estrita dos estados de comorbidades mentais é que uma ou mais condições psiquiátricas ou médicas coexistem além do TUS. Nesta condição, não apenas se manifestam sintomas sobrepostos, mas são diferentes entre si e podem ser diagnosticados de modo independente um dos outros.

Entre os exemplos de diagnósticos que frequentemente ocorrem de modo concomitante com o TUS, estão: o Transtorno de Estresse Pós-Traumático (TEPT) e outros transtornos de ansiedade, além do Transtorno Afetivo Bipolar (TAB), Transtorno de Personalidade Boderline e Transtornos Depressivos. As muitas possibilidades de manifestações dos sintomas clínicos do TUS e outras condições psiquiátricas coexistentes muitas vezes levam a um quadro clínico complexo que é de difícil manejo, especialmente quando o papel da origem do trauma é negligenciado.

As comorbidades psiquiátricas também estão associadas com:

- Falta de motivação, baixa resposta terapêutica em comparação com indivíduos com um único transtorno psiquiátrico.
- Maior frequência de recaídas e quantidades maiores de substância usada.
- Baixo suporte social.
- Subemprego.
- Fracasso profissional ou escolar.
- Condições gerais de saúde mais precárias.
- Comprometimento das relações familiares.
- Abuso e violência.
- Dificuldades legais.

Do ponto de vista histórico, essas áreas de saúde mental percorrem diferentes percursos de tratamento, educação, treinamento e financiamento, criando barreiras significativas ao recebimento de serviços de tratamento integrados. Atualmente, o desenvolvimento e implementação de serviços de tratamento integrados efetivos representam um desafio de saúde pública internacional.

O propósito deste capítulo é:

- Apresentar as relações entre trauma e outras experiências de vida adversas, transtornos mentais e o desenvolvimento do uso e abuso de substância com base em processos mentais e comportamentais.
- Descrever as conexões existentes entre o TUS e os processos comportamentais.
- Descrever o modelo de Processamento Adaptativo de Informação (PAI) como estrutura teórica para conceitualização de caso na terapia de EMDR

- Proporcionar uma compreensão básica acerca dos princípios, protocolos e procedimentos que definem a terapia EMDR.
- Ilustrar quando e como usar a terapia EMDR como abordagem de tratamento integrado para comorbidades psiquiátricas com o TUS.

RELAÇÃO ENTRE TRAUMA, PSICOPATOLOGIAS E TRANSTORNO POR USO DE SUBSTÂNCIAS (TUS)

"Nada é predestinado: os obstáculos do seu passado podem se tornar passagens que o conduzem a novos começos."
Ralph Blum

O trauma muitas vezes é um gatilho a partir do qual emerge o TUS e as doenças mentais. Com o trauma, *o passado é presente*. Em um estudo americano (*Adverse Childhood Experiences Study*) realizou-se uma análise retrospectiva e prospectiva do efeito das experiências de vida traumáticas vivenciadas nos primeiros 18 anos de vida, sobre o bem-estar, função social, riscos à saúde, carga patológica, despesas com assistência médica e expectativa de vida. O estudo foi realizado em mais de 17 mil indivíduos, primariamente americanos.

As 10 categorias de referência vivenciadas durante a infância são listadas na Tabela 5.1, com sua prevalência entre parênteses.

A pontuação nesta avaliação é simples: a exposição a qualquer categoria acima era marcada com 1 ponto. Desta forma, um indivíduo que relatasse ter sido molestado sexualmente por alguém marcaria a mesma pontuação que uma pessoa que tivesse sido alvo de múltiplos ataques sexuais cometidos por várias pessoas (grupo). Como resultado, esses achados tendem a ser subestimados (em vez de superestimados). Mesmo assim, foram observados diversos resultados surpreendentes relacionados à importância do trauma inicial e outras experiências adversas na infância, bem como o desenvolvimento posterior da dependência de substâncias ou padrões comportamentais problemáticos. O estudo identificou "relações fortes e proporcionais entre o número de categorias de experiências adversas na infância e o uso de várias substâncias psicoativas ou comportamentos de risco, incluindo o uso abusivo de álcool e o uso de drogas injetáveis". A relação fica evidente no aumento exponencial da probabilidade de um indivíduo exibir uma resposta mal adaptativa em relação à sua pontuação. Por exemplo, qualquer indivíduo com pontuação na infância igual ou maior a 4 vivenciou um aumento de 500% no potencial de ser dependente de álcool, sendo que os filhos de um homem adulto com escores acima de 6 apresentaram maior probabilidade (4.600%) de se tornarem usuários de drogas injetáveis.

De modo não surpreendente, o trauma na infância e a negligência podem romper e desequilibrar os sistemas cerebrais de processamento da informação. Os fatores de risco menos conhecidos no desenvolvimento neural de uma criança e na busca pelo

Tabela 5.1 Experiências adversas na infância.

Categoria	Comportamento	Prevalência
Abuso		
1. Emocional	Humilhação recorrente	11%
2. Físico	Bater, sem espancar	28%
3. Abuso sexual	Abuso por contato sexual	
• Mulheres		28%
• Homens		16%
• Geral		22%
Disfunção doméstica		
4. Mãe	Tratada com violência	13%
5. Membro de casa	Alcoólatra ou usuário de droga	27%
6. Membro de casa	Aprisionado	6%
7. Membro de casa	Com depressão crônica, suicida com doença mental, em hospital psiquiátrico	17%
8. Membro de casa	Não criado por pais biológicos	23%
Negligência		
9. Física	Falta de alimentos, roupas, abrigo adequado	10%
10. Emocional	Isolamento, falta de interação	15%

Adaptada de *op. cit.*

domínio da regulação emocional são os papéis significativos exercidos pela qualidade da atenção e sintonização parental. Indivíduos incapazes de controlar as respostas emocionais aos estressores do dia a dia são levados a buscar formas de controlar ou entorpecer seus afetos.

Os comportamentos de risco relacionados ao uso de drogas e outros comportamentos compulsivos modificam temporariamente a experiência de emoções e sensações corporais dolorosas, proporcionando assim uma sensação transitória de alívio. Frequentemente referido como automedicação, isto pode ser visto pelo usuário como uma forma efetiva de controlar o sofrimento, produzindo então um ciclo vicioso de estratégias de enfrentamento relacionadas ao TUS. Esses ciclos criam desafios no decorrer do tratamento, porque o indivíduo que experimenta a substância tem a percepção incorreta de que ela esteja atuando como regulador benéfico que ameniza seu desconforto. Uma ilustração de como isso funciona é mostrada na Figura 5.1.

Inovações no Tratamento da Dependência de Drogas

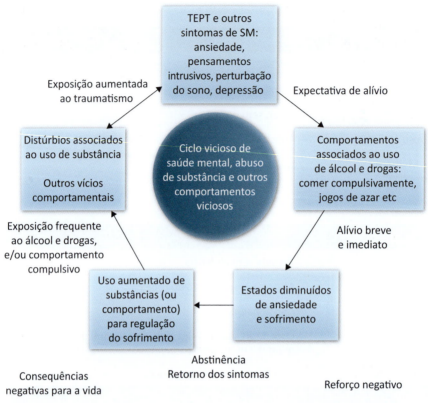

Figura 5.1 Ciclo vicioso de saúde mental, abuso de substância e outros comportamentos compulsivos para regulação emocional.

ASSOCIAÇÃO ENTRE O TUS E DEPENDÊNCIAS COMPORTAMENTAIS

"A embriaguez — ira feroz para o veneno lento e garantido, que passa por cima de qualquer outra consideração; que coloca de lado a esposa, filhos, felicidade e posição; e precipita loucamente suas vítimas na degradação e na morte."

Charles Dickens

Alguns estudos sugerem a existência de uma forte ligação neurológica entre a dependência química e outras comportamentais. No entanto, é a neuroquímica associada à "recompensa" ou às "vias prazerosas" a que o indivíduo se torna dependente, e não à substância nem ao comportamento.

O comportamento impulsivo parece ter uma predisposição subjacente, que pode ou não estar relacionada a condições existentes de saúde mental ou médicas. Pesquisas conduzidas ao longo da última década destacaram o abuso de drogas como uma das principais comorbidades dos Transtornos do Controle do Impulso, Transtornos do Humor,

Transtornos de Ansiedade, Transtornos Alimentares, Transtornos de Personalidade e outros Transtornos do Controle do Impulso específicos. A dependência e as compulsões são, em parte, distúrbios do 'controle do impulso', sejam comportamentais ou químicas e seguem ciclos sintomáticos similares, conforme descrito na Tabela 5.2:

Tabela 5.2 Transtorno por uso de substância, compulsões e similaridades entre eles.

Uso de drogas e compulsões	Sintomas e ciclos
Abuso de álcool e outras substâncias	Preocupação (obsessão)
Jogos de azar	Antecipação (fissura)
Compras	Modificação do humor (regulação)
Sexo	Uso contínuo, apesar das graves consequências adversas para a vida (compulsão)
Pornografia	Comprometimento grave nas principais áreas funcionais da vida
Internet	
Compulsão alimentar e restrição alimentar	
Prática compulsiva de exercícios	Tentativas de interromper o ciclo comportamental ou da dependência
Cortar, perfurar a pele e puxar o cabelo	Recaída

A ABORDAGEM EMDR – TRATAMENTO DE TEPT E TRAUMAS

A terapia EMDR (*Eyes Movement Dessensitization and Reprocessing*) em português conhecida como *Dessensibilização e Reprocessamento por Meio dos Movimentos Oculares*, consiste em uma abordagem de tratamento ampla, integradora e empiricamente comprovada para o TEPT. Existem 23 estudos clínicos publicados em periódicos revisados por pares atestando a eficácia do EMDR em casos de TEPT e traumas (ver revisão em Shapiro, 2014). A terapia de EMDR tem sido considerada equivalente à terapia de exposição prolongada (EP), bem como a outras terapias cognitivo-comportamentais (TCC), em termos de redução dos sintomas de TEPT. No entanto, também foi demonstrado que o EMDR é mais eficiente e amplamente tolerado sem que o cliente necessite de 1-2 horas de tarefa de casa diária, como ocorre na EP.

O EMDR é amplamente reconhecido como tratamento cientificamente embasado para eventos traumáticos. Os recentes *guidelines* publicados pela Organização Mundial da Saúde (OMS) indicaram que a TCC focada no trauma e a terapia EMDR são as únicas psicoterapias recomendadas para crianças, adolescentes e adultos com TEPT. Conforme observado nas diretrizes práticas da OMS (2013), *"O [EMDR] se baseia na ideia de que os pensamentos, sentimentos e comportamentos negativos resultam de memórias não processadas. O tratamento envolve procedimentos padronizados que incluem o foco simultâneo em (a) associações espontâneas de imagens traumáticas, pensamentos, emoções e sensações corporais; e (b) estimulação bilateral mais comumente administrada na forma de movimentos oculares repetitivos. Assim como o TCC que enfoca um trauma, o EMDR tem o objetivo de minimizar o sofrimento subjetivo e fortalecer as cognições adaptativas relacionadas ao evento traumático. Diferente do TCC focado no trauma, o EMDR não envolve (a) descrições detalhadas do evento, (b) desafio direto das crenças, (c) exposição prolongada ou (d) tarefa de casa".*

Assim como é válido para todas as psicoterapias, o mecanismo de ação responsável pela efetividade do EMDR ainda é desconhecido. Uma recente metanálise conduzida por Lee & Cuijpers, em 2013, identificou 26 estudos randomizados e controlados que compararam o componente movimento ocular do EMDR a uma condição de exposição, enquanto os participantes se concentravam em uma memória perturbadora. As diferenças antes e após o EMDR para ambas as condições apresentaram reduções significativas na intensidade das emoções negativas e vivacidade destas imagens traumáticas. Estudos adicionais examinaram o efeito dos movimentos oculares no EMDR e descobriram que esses movimentos intensificam a recuperação de memórias episódicas e aumentam o reconhecimento da informação verdadeira. Uma hipótese relacionada ao desenvolvimento de TEPT seria a falha em processar a memória episódica, deixando assim as memórias perturbadoras "emperradas" no passado, em vez de serem integradas às redes semânticas. Para uma revisão mais completa dos mecanismos de ação sugeridos como estando envolvidos no EMDR, consulte Solomon & Shapiro, 2008.

O modelo de psicoterapia a partir do EMDR inclui um protocolo estruturado de 8 fases que integra elementos de terapias psicodinâmicas, cognitivo-comportamentais, vivenciais, interpessoais e corpo-orientadas. A orientação teórica da terapia de EMDR é baseada no modelo de Processamento Adaptativo da Informação descrito a seguir.

BASE TEÓRICA DA TERAPIA DE EMDR: O MODELO DO PROCESSAMENTO ADAPTATIVO DA INFORMAÇÃO (PAI)

"Um hábito antigo de não pensar em uma coisa como sendo errada, lhe confere uma aparência superficial de ser certa."
Thomas Paine

O modelo PAI explica fenômenos clínicos, prevê os efeitos de tratamentos eficazes e orienta a prática geral de EMDR ao longo de uma ampla gama de aplicações terapêuticas. Este modelo baseia-se no pressuposto que o cérebro possui uma capacidade intrínseca de simultaneamente processar uma informação, interpretá-la e integrá-la às percepções vigentes e às redes de memória existentes. O cérebro também processa memórias angustiantes a uma resolução adaptativa. Assim, níveis elevados de perturbação podem interferir nas capacidades de processamento de informação natural do cérebro, não só no momento como também quando indícios ou deflagradores ativarem a perturbação, posteriormente.

De acordo com o PAI, os sintomas resultam de memórias não processadas, fisiologicamente armazenadas e disfuncionais. Algumas ou todas as partes da memória (imagens, emoções, sensações corporais, pensamentos, crenças, atitudes e percepções) permanecem fragmentadas, distorcidas e não são assimiladas nas redes neurais mais adaptativas. Estas distorções podem influenciar negativamente os pensamentos, sentimentos e comportamentos de um indivíduo, até serem reprocessadas e integradas a um todo mais fluido e adaptativo.

As situações atuais podem deflagrar essas memórias, fazendo com que o indivíduo experimente os afetos e perspectivas perturbadoras armazenadas em seu cérebro. Isto, por sua vez, influencia as percepções que ele tem acerca do seu presente. Externamente, um deflagrador (gatilho) pode ser uma visão, som, cheiro, pessoa ou evento. Internamente, pode ser uma emoção, sensação corporal, humor ou sonho. O propósito da terapia EMDR é acessar o material traumático, ativar o sistema de processamento de informação e permitir que o cérebro reprocesse esta informação para um estado mais adaptativo.

A terapia EMDR se diferencia entre traumas mais ou menos intensos. Quando o diagnóstico de TEPT é estabelecido, os traumas mais fortes são aqueles designados como eventos de critério A. Entre os exemplos que poderiam causar sensações intensas de medo, desespero ou terror, estão a experiência, testemunhar ou ouvir situações que impliquem em uma ameaça imediata real à vida ou à segurança do próprio indivíduo ou de alguém que ele ama, tais como: abuso físico, emocional ou sexual; violência doméstica; acidente de automóvel; combate; terrorismo; ou desastre natural. Entretanto, uma pessoa também pode ser seriamente afetada por experiências de vida adversas menos intensas, como problemas de apego ou sintonia com os pais e/ou irmãos, *bullying* na escola, problemas com pares, a morte de um animal de estimação, o divórcio dos pais ou o rompimento de um romance. No EMDR, as memórias traumáticas não processadas e outras experiências de vida adversas podem ser consideradas como sintomas de diferentes psicopatologias.

Sustentando esse conceito, 832 pessoas recentemente avaliadas relataram que seus sintomas de TEPT estavam mais relacionados a eventos angustiantes comuns da vida do que aos eventos do critério A. Os pesquisadores chegaram à conclusão de que os eventos angustiantes da vida mais cotidianos podem gerar pelo menos a mesma quantidade de sintomas de TEPT que os eventos designados "traumáticos" de acordo com o critério A. No EMDR, essas experiências podem ser referidas como traumas menos intensos, não por serem menos traumáticos, e sim por fazer parte das nossas experiências do cotidiano e serem frequentemente negligenciadas como causa de problemas posteriores. A terapia EMDR tem por objetivo identificar, avaliar e reprocessar memórias identificadas como base em disfunções emocionais.

SAÚDE MENTAL E ABUSO DE SUBSTÂNCIA COMPREENDIDA A PARTIR DO MODELO PAI

Apresentação de caso

A maior parte dos atuais estudos utilizando uma metodologia randomizada controlada sobre terapia EMDR foca no tratamento de TEPT. Entretanto, uma quantidade crescente de evidências oriundas de estudos de caso usando a terapia EMDR para outros transtornos mentais e uso de substâncias revela uma história de trauma e outras experiências de vida adversas atuando como fator desencadeador para o desenvolvimento da condição traumática.

Dentre os exemplos de diagnósticos e distúrbios (que não o TEPT) tratados com terapia EMDR, estão:

- Transtorno dismórfico corporal.
- Transtorno de personalidade borderline.
- Comportamentos autolesivos.
- Perpetração de violência doméstica e vitimização.
- Transtornos alimentares.
- Transtorno obsessivo compulsivo.
- Fobias.
- Transtorno do pânico.
- Patologia de jogos de azar.
- Dor do membro fantasma.
- Transtorno por uso de substância.

Mais estudos randomizados são necessários em todas essas áreas, para determinar os efeitos do EMDR para esses transtornos, que são implicados como causais ou relacionados ao abuso de substância e outros comportamentos associados à dependência de drogas. Entretanto, com base na literatura atual, isto não parece ser uma questão de considerar ou não o uso do EMDR para tratar distúrbios complexos com base em traumas e outras experiências adversas da vida, mas é uma questão de quando, como e com quem.

DESSENSIBILIZAÇÃO E REPROCESSAMENTO POR MEIO DOS MOVIMENTOS OCULARES (EMDR): PRINCÍPIOS, PROTOCOLOS E PROCEDIMENTOS

"O homem é feito de suas crenças. Ele crê, ele é."
Goethe

A técnica EMDR é ensinada para especialistas clínicos do mundo inteiro, em associações como a EMDRIA (*Eye Movement Desensitization and Reprocessing International*

Association), EMDR Iberoamerica e nos Centros de Treinamento EMDR-Europa que são certificados. Esses treinamentos consistem em pelo menos seis dias inteiros de instrução e prática, com mais dez horas adicionais de consultas, e são considerados como um treinamento básico.

O EMDR utiliza uma abordagem de 3 etapas, em conjunto com um modelo de 8 fases, tendo sequencialmente como alvo:

1. fatores desencadeadores de experiência *passada* que servem como fundamento para os sintomas atuais;
2. deflagradores do *presente* que ativam sintomas cognitivos, afetivos e/ou somáticos; e
3. estados e comportamentos desejados no *futuro*.
(Ver Tabela 5.3).

Tabela 5.3 Visão geral das fases da EMDR (Shapiro, 2005)

Fase	Propósito	Procedimentos
1. História do cliente	<ul><li>Coletar informação de antecedentes</li><li>Avaliar a conveniência para EMDR</li><li>Identificar alvos específicos para o tratamento, a partir da história</li></ul>	<ul><li>Tomada de história padrão, tendo PIA em mente</li><li>Rever inclusões/exclusões. Recursos do cliente de EMDR</li></ul>Obter:<ul><li>1) eventos passados relacionados com os sintomas; 2) deflagradores do presente; e 3) futuros resultados desejados</li></ul>
2. Preparação	<ul><li>Preparar os pacientes para o processamento de EMDR</li><li>Estabilizar e aumentar o acesso aos afetos positivos</li></ul>	<ul><li>Orientar acerca do desenvolvimento de sintomas</li><li>Ensinar técnicas de estabilização, como "lugar seguro/calmo"</li></ul>
3. Avaliação	<ul><li>Ativar os alvos escolhidos para reprocessamento</li></ul>	Deflagrar:<ul><li>Imagem angustiante</li><li>Crença negativa atualmente sustentada (acessar SUD 0-10)</li><li>Crença positiva desejada (acessar VOC 1-7)</li><li>Emoções atuais</li><li>Sensações físicas atuais</li></ul>
4. Dessensibilização	<ul><li>Processar experiências passadas e deflagradores atuais, para uma resolução adaptativa (SUD 0)</li><li>Dessensibilizar completamente todos os canais</li></ul>	<ul><li>Processar o passado, presente e futuro</li><li>Protocolos EMDR padronizados, incluindo conjuntos de estimulação bilateral; permitir a emergência espontânea de ideias, emoções, sensações e outras memórias</li></ul>

(Continua)

(Continuação)

Tabela 5.3 Visão geral das fases da EMDR (Shapiro, 2005)

Fase	Propósito	Procedimentos
4. Dessensibilização	• Incorporar modelos positivos futuros	• Se o processamento se tornar bloqueado, usar entrelaçado cognitivo para ativar mais informação adaptativa • "Ficar fora do caminho" do processamento natural do cliente
5. Instalação	1. Aumentar as conexões com as redes cognitivas positivas 2. Aumentar os efeitos de generalização junto às memórias associadas	• Fazer o cliente identificar a melhor cognição positiva (inicial ou emergente) • Continuar o processamento até a cognição chegar a 7 na escala VOC
6. Varredura corporal	• Concluir o processamento de quaisquer angústias residuais associadas ao alvo	• Concentração nas sensações físicas e processamento de qualquer angústia residual
7. Fechamento	• Garantir a estabilidade do cliente ao final de uma sessão de EMDR, tenha ou não ocorrido reprocessamento total	• Usar relaxamento ou imagens orientadas para deixar o cliente em estado confortável para deixar o consultório • Pedir ao cliente para monitorar aquilo que acontece entre as sessões
8. Reavaliação	• Avaliação dos efeitos do tratamento, para garantir reprocessamento abrangente	• Explorar o que emergiu desde a última sessão, reavaliando o alvo anterior • Avaliar a integração após o processamento de todos os alvos

Reimpresso com permissão (c) EMDR Institute, Watsonville, CA.

Seguindo os princípios do PAI, o EMDR é um tratamento que reconhece que as Crenças Negativas Falsas ou Cognições Negativas (CN) sobre si próprio resultam de memórias não processadas, disfuncionalmente armazenadas, e das emoções, sensações corporais e padrões comportamentais que estas memórias podem gerar decorrente destas crenças. As CNs são aglomeradas sob os títulos de responsabilidade, segurança e escolhas. Essas crenças negativas não são a causa da disfunção, mas sim um sintoma das memórias não processadas na etiologia (causa) dos traumas. Em vez de desafiar diretamente as crenças, como ocorre na TCC, por exemplo, a terapia EMDR identifica essas crenças centrais, irracionais e negativas, bem como as memórias que lhes deram origem. Sabe-se que, mesmo quando um cliente reconhece as crenças como sendo falsas em um nível intelectual, isto não necessariamente irá interromper o uso abusivo de substância, o processo da dependência em si ou outros comportamentos compulsivos destes indivíduos. Em contraste com as CNs associadas à memória-alvo do reprocessamento, as cognições positivas (CPs) desejadas em que o cliente preferiria acreditar e sentir que são verdadeiras, são identificadas e medidas em um "nível visceral" pela escala de Validade de Cognição (VOC). Para que uma mudança genuína ocorra, as memórias geradoras (por exemplo) da crença incorreta "não sou bom o suficiente" devem ser totalmente reprocessadas em níveis cognitivo, afetivo e somático, de modo que a crença correta "estou bem do jeito que sou" ou "sou bom o bastante" seja integrada ao sistema nervoso, até ser vivenciada como verdade em um nível de "senso sentido".

O uso da estimulação bilateral na terapia EMDR

O protocolo padrão do EMDR incorpora Estimulação Bilateral Alternada (EBA) dos sentidos, também conhecida como estimulação dupla da atenção (EDA), usando os movimentos oculares, toques ou sons de áudios específicos. A EBA é empregada durante a fase de preparação para instalar e/ou fortalecer os recursos e estados afetivos positivos do cliente, como no exercício da visualização de um Lugar Seguro. Nesta fase, são utilizadas baterias lentas e breves de EBA, de modo a não promover o acesso e estimulação de material associado, e possivelmente negativo, que possa ocorrer de forma natural quando um EBA mais rápido é conduzido.

O EMDR organizado em torno dos princípios de um modelo centrado no cliente, implica as vias internas deste na sobreposição curativa das interpretações e diretivas do terapeuta. No EMDR, os clínicos não assumem que conhecem precisamente o modo como o cliente precisa ser curado, porque suas memórias estão ligadas de maneiras nem sempre evidentes. Nas fases 3-6, de dessensibilização e reprocessamento, o clínico emprega protocolos padronizados que incentivam e sustentam as associações internas do cliente relacionadas a suas memórias-alvo.

Durante a dessensibilização e reprocessamento (fases 3-6), baterias mais longas e rápidas de EBA são usadas para acessar, ativar, dessensibilizar e reprocessar os elementos angustiantes do alvo. Este tipo de ativação, avaliação e movimentação proposital de material cognitivo e da memória libera reações e comportamentos de um indivíduo que estavam até então no nível inconsciente, até o material ser mantido como uma narrativa coerente e, então, ser integrado como um todo adaptativo sintetizado no momento presente. Esta resolução permite que o impulso intrínseco do próprio indivíduo busque sua saúde mental, física e espiritual, fortalecendo comportamentos mais adaptativos.

TRATAMENTO DE COMORBIDADES PSIQUIÁTRICAS COM A TERAPIA EMDR

O conceito do modelo de 3-etapas para tratamento de traumas complexos foi introduzido pela primeira vez por Pierre Janet, em 1907, e novamente por Judith Herman, em 1992. As tarefas deste tipo de modelo são: 1) segurança e estabilização; 2) processamento do trauma e da tristeza; e 3) reconexão e reintegração. No caso do uso de drogas, uma parte essencial do 3º estágio inclui a prevenção a recaídas. É importante destacar que, com alguns pacientes que exigem um tratamento complexo, nem as fases do protocolo de EMDR padrão, nem o modelo de três estágios para trauma complexo devem ser rígidos, mas sim adaptados a situações específicas de acordo com a necessidade de cada um, ao longo do tratamento.

O EMDR é um procedimento bastante eficaz, no entanto, também pode evocar memórias emocionais intensas em suas fases iniciais, o que pode aumentar o risco para o consumo de substâncias em um primeiro momento devido a uma necessidade de automedicação. Portanto, é necessária uma atenção especial e alinhada com a segurança, suporte e recursos ao cliente. Neste sentido, tanto os pacientes quanto os familiares necessitam de uma psicoeducação sobre a relação existente entre trauma e o consumo de drogas. O terapeuta deve explicar que o EMDR atende a urgências e o uso de substâncias ou outros comportamentos tais como sintomas de trauma não resolvidos. Pesadelos, *flashbacks* e hiperexcitação neural podem aumentar a vontade de automedicação com drogas e/ou álcool. É proposto que, uma vez que a terapia EMDR reprocesse as memórias traumáticas perturbadoras, estas deixam de manter quaisquer sofrimentos físico, emocional ou cognitivo e, com isso, passa a haver menos interesse na automedicação, reduzindo, portanto, os riscos de recaída. Nem todos os transtornos psiquiátricos ameaçam a vida dos pacientes. Entretanto, como o uso e abuso de substâncias podem ser ameaçadores, recomenda-se que o EMDR seja utilizado como um "modelo em estágios", juntamente ao protocolo padronizado de 8 fases.

PROPÓSITO DE UM MODELO INTEGRADO EM ETAPAS NA TERAPIA EMDR: ESTÁGIO 1 (FASES 1-2)

- História, avaliação, motivação, segurança e estabilização.
- Habilidades de segurança e estabilização.
- Motivação.
- Obtenção da história clínica e avaliação diagnóstica.

Fase 1 da terapia EMDR: história do cliente

A história do cliente é obtida por meio do protocolo PAI, empregando a abordagem de 3-etapas projetada para identificar (i) as experiências passadas (antecedentes) causadoras do trauma; (ii) as situações atuais que deflagram a perturbação (gatilhos); e (iii) identificar situações (metas) para o processamento de eventos positivos da vida, ajudando no fortalecimento de comportamentos adaptativos. Também é importante identificar, fortalecer e melhorar os pontos fortes internos e recursos externos aos quais o cliente tenha acesso, bem como descobrir experiências adversas. Isto garante que ele estará preparado para as fases de reprocessamento dos processos de memória. O reprocessamento é definido como o fortalecimento de conexões neurofisiológicas entre a memória-alvo e redes mais adaptativas. Se o cliente não tiver acesso às redes de memórias positivas, pode haver pouca informação para ser conectada ao seu material disfuncionalmente armazenado, e o reprocessamento pode ocorrer de forma mais truncada.

Os terapeutas são treinados para obter a história de maneira mais detalhada ao se depararem com um caso de trauma duradouro e complexo, com o intuito de minimizar potenciais deflagradores de material emocional. A coleta da história do cliente feita de modo gradual e ritmado é recomendável porque o modo "muito apressado" pode aumentar o risco de recaída. Neste sentido, são recomendadas as seguintes diretrizes:

- Avaliar e fornecer quaisquer tipos de técnicas de autocontrole ou controle emocional.
- Obter a história biopsicossocial do cliente, incluindo seu estado mental, pontos fortes, história cronológica do trauma, TEPT, ansiedade e outros sintomas depressivos.
- Avaliar a presença de comorbidades psiquiátricas.
- Avaliar a presença de sintomas dissociativos, usando a escala de experiências dissociativas ou outros instrumentos de triagem apropriadas para dissociação, como Entrevista Clínica Estruturada para o DSM-V (SCID-V). É importante notar que a presença de um distúrbio dissociativo é contraindicada para tratamento com EMDR, devido tanto à falta de conhecimento da maioria dos terapeutas sobre estes sintomas quanto pelo nível de prontidão do cliente.
- Obter uma história detalhada sobre o uso/abuso e a gravidade da dependência de substância, além de possíveis comportamentos compulsivos:
    1. Anote todas as substâncias utilizadas bem como o padrão de uso de cada uma delas (exemplo: compulsão, uso regular, quantidades crescentes, tempo sem uso).
    2. Primeiro uso: "O que estava acontecendo no momento em que o cliente começou a usar a substância pela primeira vez?".
    3. Avaliar os atuais gatilhos para o uso de cada droga que mantêm estes comportamentos desadaptativos.
    4. Avaliar as situações que levam a recaídas.
    5. Avaliar as tentativas prévias de tratamento e os resultados alcançados.
    6. Avaliar o nível de prontidão para a mudança (motivação): pré-contemplação, contemplação, preparação e ação. Esta avaliação pode ser feita pela Escala de Prontidão para Mudança (RCQ).
    7. Realizar uma psicoeducação dos familiares sobre os comportamentos envolvidos na dependência de drogas, como fatores neurobiológicos e o papel dos traumas não tratados para a manutenção do comportamento de uso — isto é considerado decisivo para o êxito do tratamento.
    8. Avaliar o nível de suporte familiar, de amigos e colegas de trabalho — incluindo o papel de cada familiar, dando suporte ou agravando o processo de tratamento do paciente; abordar e tratar sempre que possível.

Exemplo de caso: TEPT, transtorno afetivo bipolar coexistente, abuso de maconha e álcool, e uso compulsivo de pornografia

Sheila encaminhou seu marido de 33 anos, John (nome fictício), para a terapia EMDR, por estar com medo de seu companheiro devido ao seu "estado emocional em rápida deterioração". Segundo ela, durante os últimos seis meses, John havia se tornado cada vez mais depressivo, ansioso, isolado, física e emocionalmente abusivo, além de ocasionalmente expressar ideação suicida. O casamento deles corria risco de fracassar.

John relatou que, há um ano atrás, comparecera a uma reunião familiar em que, de modo inesperado, encontrou um primo mais velho que o molestara quando ele tinha entre 11 a 13 anos. Fazia dez anos que não via aquele primo e ele pensava que "já tinha conseguido lidar com aquela situação de abuso". John ficou frustrado por descobrir que aquelas memórias retornaram diante daquelas reações. Seus pais rejeitaram seu sofrimento e lhe perguntavam por que algo "acontecido há tanto tempo" o aborreceria agora. Buscando "lidar com" os sintomas (que serão descritos mais adiante neste relato), John utilizava álcool e maconha como forma de automedicação, além de ver pornografia de vez em quando, desde quando sofrera as agressões sexuais, no início da adolescência. Estes comportamentos e seu humor foram intensificados após o encontro com seu primo e estavam ameaçando seu emprego e seu casamento.

Fase 1 da terapia EMDR: a história de John

Sintomas descritos pelo cliente

- Perturbação do sono.
- Problemas maritais, acompanhado de explosões emocionais e físicas de raiva.
- Oscilações do humor.
- Comportamentos impulsivos autolesivos.
- Uso compulsivo de pornografia.
- Abuso de maconha e álcool.

Passado: a ser reprocessado durante o estágio inicial do protocolo de 3 etapas

- História familiar de uso de álcool, depressão e suicídio.
- Intensa falta de afeto e negligência emocional por parte dos pais (p. ex., as condições de isolamento e falta de segurança de John em casa o amedrontavam e ele sentia-se diminuído). Quando ele tentava comunicar seu medo aos pais, estes o minimizavam e lhe diziam "o quanto aquilo tinha sido fácil para ele, em comparação ao que fora para eles".
    - Esta contínua negação foi revelada posteriormente como sendo o primeiro gatilho para a hiper-reatividade atual às comunicações de sua esposa com ele.

- Períodos prolongados de isolamento e solidão.
- Abuso sexual entre os 11-13 anos, por parte do primo que na época tinha 18 anos.

John relatou que a sua vontade pela pornografia e o uso de drogas se intensificaram pouco após o evento abusivo. Essa é a relação temporal mais comumente relatada entre trauma e abuso de substância.

Seria esperado que a turbulenta relação emocional com os pais, a negligência parental e os longos períodos de isolamento reduzissem a capacidade em desenvolvimento de John de controlar o afeto na infância e na fase adulta. No modelo PAI, os sintomas de John seriam vistos como expressão de seus fatores genéticos, ambientais e suas vivências, que impulsionaram o posterior desenvolvimento de transtornos do humor e de abuso por uso de substância.

As crenças negativas irracionais (CNs) que frequentemente emergem de uma história como a de John são um foco de tratamento na terapia de EMDR. Ambos, o nível SUD e o VoC, são reavaliados após as fases de reprocessamento e instalação 3-6 da terapia EMDR. Uma diminuição na classificação SUD para "0", bem como um VOC para um nível 6 ou 7 indicam um efeito positivo do tratamento, como resultado do reprocessamento de material traumático no EMDR.

As categorias das CNs e VoCs de John relacionadas ao abuso sexual são listadas a seguir. Cada crença foi detectada por meio da abordagem de 3 etapas completas dos fatores desencadeadores do passado, deflagradores do presente, e estados e comportamentos futuros desejados.

Tabela 5.4 Crenças positivas e negativas de John e categorias "de John".

Cognições negativas (CNs)	Crenças positivas (VoC)	Tipos de aglomerados
"Estou permanentemente prejudicado"	"Estou bem sendo quem sou"	Responsabilidade
"Existe algo realmente errado comigo"	"Não há nada de errado comigo"	Responsabilidade
"Não estou seguro"	"Agora, consigo me manter seguro"	Segurança
"Não posso confiar"	"Posso aprender a confiar"	Segurança
"Sou impotente"	"Agora, tenho escolhas"	Escolhas
"Não consigo suportar"	"Posso lidar com isso"	Escolhas

Deflagradores do presente: a serem processados durante a 2ª fase do protocolo de 3 etapas

1. Sentindo-se "criticado"
2. Sentindo-se "incompreendido" e "incapaz de ser ouvido"
3. Sentindo-se "sem importância" para a esposa

Fase 2 da terapia EMDR: preparação
Segurança, estabilização e desenvolvimento de recurso

O preparo para o reprocessamento da terapia EMDR (fases 3-6) inclui:

- Capacidade de acessar e usar habilidades eficazes de enfrentamento para amenizar altos níveis de sofrimento.
- Capacidade de ter consciência dupla do material traumático do passado e, ao mesmo tempo, manter a orientação no momento presente.
- Disposição para engajamento de recursos disponíveis, como um programa em 12 etapas, vida sóbria, família e/ou outros sistemas de suporte pessoal — isto é essencial quando os pacientes ainda usam substâncias.
- Abstinência/ redução do uso por um período mínimo de 30 dias ou até os sintomas de abstinência estarem controlados, sempre que possível — esta recomendação tem exceções; veja a seção *Tratamento de Trauma Inicial em Uso de Drogas: Diretrizes e Exceções*, adiante, neste mesmo capítulo.

Em qualquer população, a segurança e estabilização vêm em primeiro lugar no tratamento. Entretanto, devido à natureza potencialmente evocativa do EMDR e considerando o risco de recaída com distúrbios concomitantes, o tempo de reprocessamento (fases 3-6) é avaliado cuidadosamente. Quando o EMDR é usado para tratar traumas isolados, como um acidente de carro, mordida de cachorro ou assalto, o reprocessamento com EMDR pode ser uma intervenção extremamente breve e eficaz, consistindo em 1-3 sessões (90 minutos). Também existem pacientes com pontos fortes e recursos poderosos, que não precisarão necessariamente de uma fase de preparação prolongada.

Entretanto, aqueles que têm queixas confusas provenientes de complexos traumas, com duração desde a infância, exibindo um curso mais grave e crônico de sintomas, uma preparação mais longa é necessária para garantir uma experiência 'mais segura' de reprocessamento. Nesse caso, a terapia com EMDR pode ter uma fase mais longa de preparação e de reprocessamento.

EMDR para pacientes com histórias complexas de trauma

A instalação de recursos cognitivos adicionais é necessária quando os pacientes estão perdendo recursos que podem interferir em sua capacidade de tolerar o reprocessamento. O desenvolvimento e instalação de recursos, por exemplo, pode ajudar neste processo. Assim, exercícios de percepção e relaxamento podem incluir visualizações, em que as pessoas conseguem se imaginar assumindo um comportamento de forma mais positiva e adaptativa. Esse modo de preparação para o tratamento do trauma consiste em uma variação do modelo de 3 etapas, ou Modelo de Futuro, do EMDR.

Intervenções mais estruturadas podem ser integradas à terapia EMDR em ambientes onde a experiência de trabalho em grupo ou uma experiência preparatória individualizada mais intensiva são necessárias antes do processamento do trauma individual. São exemplos: *Seeking Safety©*, Entrevista Motivacional (EM), *Desensitization of Triggers and Urge Reduction* (DeTUR™), e *Dialectical Behavior Therapy* (DBT).

Fase 2 da terapia EMDR: preparação de John

Pontos fortes e recursos pessoais

- Criativo e artístico.
- Inteligente.
- Sensível e caloroso.
- Amizades de longa data, desde o colegial.
- Esposa resiliente.

Recursos necessários

- Habilidade de autorrelaxamento (técnica do "Lugar Seguro").
- Motivação para se comprometer em ficar abstinente.

Inicialmente, quando John buscou um tratamento, ele não estava sóbrio e apresentava pensamentos suicidas. O abuso de substância pode confundir as avaliações e deflagrar ou prolongar sintomas, por isso um psiquiatra conduziu uma avaliação médica e concluiu, em colaboração com o terapeuta responsável pelo tratamento, que John necessitava de estabilização por meio de medicamentos controlados antes de iniciar qualquer processamento de trauma com terapia EMDR. John concordou em tomar a medicação e entrar em um grupo de ajuda para a manutenção do seu quadro clínico. Ele conseguiu permanecer abstinente por 30 dias e foi confirmado o diagnóstico de Transtorno Afetivo Bipolar, TEPT e Transtorno por Uso de Substância.

John conseguiu realizar a técnica do "Lugar Seguro" que fortalece e permite a avaliação da capacidade do cliente de mudar de um estado de sofrimento intenso para um estado de calma, bem como outras técnicas de autorrelaxamento. Assim, essas condições permitiram avançar no procedimento e reprocessar seu primeiro alvo utilizando o EMDR.

ETAPA 2 (FASES 3-6)

Reprocessamento da memória

As fases 3 a 6 na terapia EMDR (avaliação, dessensibilização, instalação, escaneamento corporal), aplicam as 3 etapas: passado, presente, futuro.

- Avaliar, dessensibilizar e reprocessar todas as experiências de vida adversas do *passado*, bem como os sintomas e deflagradores do presente, até que estes parem de causar sofrimento cognitivo, afetivo ou físico.

- Ensinar as habilidades necessárias e testar com imagens as reações e comportamentos futuros com EBA, para desenvolver modelos *futuros* destinados a escolhas mais adaptativas.

Fase 3 da terapia EMDR: avaliação

John colaborou com o planejamento de seu tratamento e escolheu o abuso sexual como seu alvo primeiro e mais angustiante do reprocessamento da memória. A fase 3 é realizada a partir do acrônimo ICES (Imagem; Crenças positivas e negativas; Emoções; Sensações corporais).

Estabelecimento do alvo

- Identificar a imagem mais perturbadora associada ao evento: a primeira vez que seu primo mais velho o prendeu dentro de um armário e o abusou sexualmente.
- Identificar a crença negativa irracional (CN) relacionada ao evento: "Tem alguma coisa realmente errada comigo".
- Identificar a crença positiva desejada (VoC), mais precisa relacionada ao evento: "Estou bem como sou".
- Avaliar o VoC quando o incidente é mantido na mente, em uma escala de 1-7, em que 1 é totalmente falso, e 7 verdadeiro *agora*: John relatou VOC = 2.
- Avaliar o SUD em uma escala de 0 a 10, em que 0 é ausência de perturbação e 10 é o nível mais alto imaginável: John relatou um SUD = 9.
- Identificar em que local do corpo a angústia é percebida: John relatou aperto no peito, náusea, cólicas estomacais e 'cabeça girando'.

Fase 4 da terapia EMDR: dessensibilização

A fase de dessensibilização e reprocessamento inicialmente usa ciclos de EBA de 18-24 movimentos, enquanto é solicitado ao cliente para "apenas perceber" conscientemente o que ocorre entre os movimentos ocupares. A duração das baterias subsequentes é baseada nas avaliações do clínico e nas respostas afetivas e cognitivas do cliente. O cliente respira profundamente uma vez, quando os movimentos são interrompidos, ele então relata seus *insights*, sensações e lembranças. Em seguida, o terapeuta o ajuda a guiá-lo para o foco de atenção da próxima bateria. Após cerca de 20 ciclos completos, John declarou com forte convicção que tinha apenas 11 anos de idade, que seu primo era "quase um adulto" com 18 anos, e que ele não poderia imaginar uma criança de 11 anos "causando ou sendo responsável por seu próprio abuso". John percebeu ainda que a "falta de supervisão de seus pais" durante grande parte de sua infância o deixou exposto a um risco maior de ser abusado. O reprocessamento daquelas redes revelou CNs adicionais de John, como: "Não sou importante" e "Não posso confiar", além da ideia de que ele controlava os "sentimentos de incompreensão ou de ser indevidamente criticado" se tornando explosivo e abusivo com a esposa.

Tratamento dos disparadores do presente e desejo de uso de drogas

Os disparadores do presente de John e sua vontade em consumir álcool, maconha, pornografia e de abusar da esposa foram reprocessados. Deve ser enfatizado que, para evitar recaídas, é necessário processar quaisquer outras memórias e seus disparadores que também possam contribuir para a manutenção de comportamentos desadaptativos.

Tabela 5.5 Disparadores e comportamentos compulsivos.

Disparadores	Comportamentos compulsivos
Percepção de ser criticado	Maconha (relaxante)
Sentimento de ser incompreendido	Maconha, álcool (relaxante, alivia a tensão)
Eventos sociais	Maconha e álcool (sentia-se mais social)
Solidão e isolamento	Pornografia (sentia-se mais conectado)

Ao explorar os disparadores de John, foi observado que estes estavam diretamente associados às experiências e emoções que ele sentiu pela primeira vez quando era criança, em resposta ao comportamento dos pais. As respostas insensíveis (negação) que seus pais lhe davam frequentemente o faziam se sentir incompreendido, não ouvido, sem importância e extremamente frustrado.

No protocolo padrão da terapia EMDR, os disparadores são identificados e reprocessados como um alvo individual. Exemplificando, o "sentimento de ser incompreendido" foi estabelecido da seguinte forma:

Imagem-alvo:	discussão com a esposa
CN:	"Não sou importante"
VoC:	"Sou importante e mereço ser ouvido"
VoC (Escala):	3
SUD:	Frustração extrema, raiva, tristeza, medo
SUD (Escala):	8
Sensação corporal:	Aperto no peito, estômago

O alvo foi reprocessado para SUD = 0 e VoC = 7, com escaneamento corporal.

Como resultado, John percebeu que seus pais eram "pessoas boas" que costumavam se comunicar de forma crítica devido à própria ansiedade deles e não por causa de suas falhas e limitações. Eles também o deixavam sozinho por longos períodos porque ambos trabalhavam durante muitas horas para sustentá-lo pois o amavam, e não porque ele não era importante. Esses *insights* surgiam de maneira espontânea durante o processamento e foram decisivos para que John estabelecesse conexões emocionais positivas.

As consequências adicionais do reprocessamento incluíram a dessensibilização dos disparadores que deixaram de influenciar na fissura que John sentia para usar substâncias ou recorrer à pornografia, e seu sistema nervoso foi depurado dos "sentimentos antigos" de "eu não tenho importância". Como esperado, ele também já não percebia mais as intenções da esposa como sendo críticas, humilhantes ou desconfiadas. John então conseguiu responder de forma mais adequada e não defensiva às comunicações e necessidades dela, e o casamento dos dois melhorou.

Fase 5 da terapia EMDR: instalação

Uma vez relatado um SUD = 0 (ou com algumas exceções ecológicas, um SUD = 1), a instalação da crença positiva deve ser continuada até um VoC = 7 ser alcançado. A CN original de John era "é minha culpa". A VoC de John evoluiu para "eu era apenas uma criança; não foi minha culpa", e foi relatada como sendo um VoC = 7.

Fase 6 da terapia EMDR: escaneamento corporal

- **Escaneamentoa corporal:** o cliente traz o alvo original e a crença positiva, e faz uma varredura do corpo para detectar quaisquer sofrimentos ou sensações remanescentes. Se algo, ainda que discreto, for detectado, o reprocessamento deve continuar até não haver mais desconforto ou até que nenhuma sensação corporal perturbadora possa ser identificada. John relatou que estava sem quaisquer sensações perturbadoras.

- **Projeção para o futuro:** neste passo, o terapeuta solicita ao paciente que ele pense sobre esta dificuldade na forma de imagem ou um vídeo. No caso de John, ele foi solicitado a pensar em um momento futuro no qual ele pudesse se encontrar com o primo, e então "perceber" se ainda havia qualquer tipo de sofrimento conectado àquela situação do passado. John conseguia imaginar a cena sem grandes dificuldades, até que o terapeuta sugeriu que ele visualizasse seu primo conversando com outro homem jovem membro da família. Isto disparou algum sofrimento e sentimentos de "proteção". John declarou que, como adulto, ele faria qualquer coisa que fosse necessário para manter uma criança a salvo de seu primo. A visualização prosseguiu até que John conseguisse imaginar a si mesmo pensando, sentindo e se comportando conforme ele desejava: de forma calma e assertiva, sem perturbação física, emocional ou cognitiva.

Fase 7 da terapia de EMDR: fechamento

Feche sessões completas ou incompletas usando o Lugar Seguro e recursos positivos desenvolvidos e fortalecidos pelo paciente na fase de preparação. A sessão de John sobre o ataque sexual foi fechada como uma sessão completa, alcançando um SUD = 0 e um VoC = 7 para a CP "eu era apenas uma criança; não foi minha culpa", com um escaneamento corporal sem sensações perturbadoras.

Fase 8 da terapia de EMDR: seguimento

Os alvos do tratamento são reavaliados na sessão seguinte, para ver se ocorreu alguma mudança. O paciente é solicitado a "trazer a memória" que foi trabalhada e "notar o que chega até sua mente hoje". Se ele relatar quaisquer imagens, pensamentos, sentimentos ou sensações corporais perturbadoras, isto então é reprocessado até a conclusão (SUD = 0, VoC = 7) usando os mesmos procedimentos observados durante a avaliação e dessensibilização. Quando mais nenhuma perturbação for relatada, a fase 3 é revisitada e o próximo alvo no plano de tratamento é selecionado.

Na sessão de reavaliação de John, o alvo foi reavaliado e permaneceu em um SUD = 0 e VoC = 7, com um escaneamento corporal sem perturbações. Ele relatou ainda que vivenciou uma sensação de "leveza" entre as sessões, quando deveria pensar no abuso, como se o peso de uma pedra fosse tirado de si.

ETAPA 3 (INTEGRAÇÃO DO MODELO DE 3 ETAPAS COM AS 8 FASES) REAVALIAÇÃO, INTEGRAÇÃO E PREVENÇÃO DE RECAÍDAS

Envolve todas as fases da terapia EMDR, e é particularmente ativa durante a Projeção para o futuro ou na 3ª etapa do protocolo padrão.

As reconexões e reintegrações neurais ocorrem em todas as fases do processo de EMDR e, de forma mais eficaz, na Projeção para o futuro. Quando as memórias traumáticas são reprocessadas com êxito e os VoC e os recursos pessoais do indivíduo são totalmente acessíveis, frequentemente observa-se uma reconexão com o centro emocional próprio da pessoa. Isso, então, permite que essa experiência emocional libertária seja reconectada à família, aos amigos, aos colegas de trabalho e à sociedade em um nível superior de funcionamento cognitivo, afetivo, fisiológico e comportamental.

A etapa 3 envolve e pode resultar em:

- Um senso de pertencimento e integração consigo mesmo, aliado a uma capacidade aumentada de se conectar ou se reconectar com os outros, sendo considerado um resultado natural do reprocessamento e integração do material angustiante.
- Uso da técnica de Projeção para o futuro (visualização de imagens processadas e codificadas), e 3ª etapa da terapia EMDR: a 3ª etapa proporciona ao paciente uma oportunidade de *imaginar* sistematicamente seu futuro, como em um filme, com situações potencialmente deflagradoras de recaída envolvendo pessoas ou lugares lembrados por ele. Esses alvos são reprocessados com estimulação bilateral, até serem visualizados sem angústia e as afirmativas de crenças positivas a respeito de si (p. ex., "eu mereço") serem sentidas como verdade em um nível sincero consigo mesmo".
- Preparação das redes neurais para futura ação adaptativa — sem o uso de substâncias ou outros comportamentos autodestrutivos.

Técnica de Projeção para o futuro: 3º passo do protocolo de 3 etapas

O terapeuta pergunta: "Com relação a essas questões, como você gostaria de se ver pensando, sentindo e se comportando no futuro?"

- Um diálogo mais equilibrado e racional com a esposa.
- Capaz de ouvir e receber *feedbacks* sem interpretar tudo como sendo "crítica".
- Abstinente e sóbrio tanto do uso de substâncias quanto das experiências com pornografia.
- Capaz de estar sozinho ou conectado a outros e se sentir confortável em ambas as situações.

Exemplo de Projeção para o futuro com John

Alvo da Projeção para o futuro: permanecer calmo quando discordar da esposa

John foi solicitado a visualizar uma cena de filme em que ele e a esposa discordavam quanto aos planos de uma atividade qualquer que ela tinha feito primeiro sem consultá-lo. Isso dispara a crença "eu não tenho importância" acompanhada de raiva e tensão, sentido por ele na região do tórax. A imagem, a emoção e a sensação foram reprocessadas até que ele relatasse que se tornaram neutras e não o perturbassem mais. Ao ser perguntado se houve qualquer vontade para usar alguma substância a partir daquela cena visualizada, John respondeu "não". Espera-se que o uso bem-sucedido desta técnica venha reduzir o risco de recaída, uma vez que reduz ou elimina os fatores motivadores identificados na automedicação.

TRATAMENTO INICIAL DO TRAUMA E OUTRAS EXPERIÊNCIAS DE VIDA NEGATIVAS RELACIONADAS AO USO DE DROGAS: DIRETRIZES E EXCEÇÕES

Os especialistas responsáveis pelos tratamentos devem ter experiência em dependência química e terapia EMDR, ou devem estar sob estreita supervisão de alguém que tenha estas qualificações. No tratamento da dependência, a diretriz comum tem sido aguardar por um período de estabilização do usuário, geralmente durante 30 dias, antes de trabalhar com as memórias perturbadoras do cliente. Por outro lado, embora haja riscos no tratamento do trauma antes da abstinência, também existem casos em que o reprocessamento de uma memória traumática pode minimizar a interferência do trauma não resolvido sobre as tentativas de manter o controle do uso.

Exemplo de caso: uso abusivo de maconha e álcool iniciado na infância após traumas de menor intensidade. Terapia EMDR antes do usuário permanecer em abstinência

Jeannie (nome fictício) teve uma infância difícil, com pais adotivos que haviam decidido que "realmente não queriam um filho homem". Ela era fisicamente bem cuidada, mas emocionalmente negligenciada e verbalmente censurada. Dependente de álcool e cocaína desde a adolescência, ela agora tinha 41 anos de idade, era casada e tinha um filho adolescente.

Aos 15 anos, seus pais, que brigavam com frequência aparentemente por causa dela, divorciaram-se de forma tumultuada. Ela se culpava constantemente pelo fracasso do casamento deles. Jeannie vivia com sua mãe, que deixava claro que, na sua ausência, ela estava proibida de abrir a porta para o pai. Este, que sofria de enfisema grave, apareceu um dia, arrastando um tanque de oxigênio com dele. Ele ficou muito nervoso quando Jeannie se recusou a abrir a porta sendo que quanto mais alterado ele ficava, mais comprometida ficava sua respiração. Aterrorizada pela mãe, Jeannie não deixou seu pai entrar. Após alguns dias e ainda durante a mesma semana, seu pai foi internado e morreu pouco tempo depois. Assim, ela passou a se culpar pela morte do pai, e sua mãe também a culpava. Jeannie logo começou a usar drogas para enfrentar aqueles eventos da infância, e seu comportamento de uso logo entrou em um ciclo vicioso que fugiu ao seu controle. Ela se viu incapaz de lidar com as coisas sem usar substâncias.

Jeannie fez diversas tentativas de obter aconselhamento e de se manter sóbria (abstinente). Entretanto, quando ficava sóbria, os *flashbacks* e ansiedades oriundos de sua infância a angustiavam. Decorridos vários meses de preparação a partir de algumas fases (ensino de habilidades de enfrentamento seguro, fortalecimento de recursos internos e desenvolvimento de habilidades de controle emocional) Jeannie ainda não conseguia se manter abstinente por mais de alguns dias seguidos, e não conseguia manter um programa de recuperação eficaz. Embora a sobriedade seja preferível antes das fases de reprocessamento da terapia de EMDR, no caso de Jeannie, ela e seu terapeuta decidiram em comum acordo prosseguir e estabelecer como alvo a sua crença negativa (CN) de que ela fora responsável pela morte do pai, na esperança de que a diminuição do sofrimento causado por aquela memória ajudaria em seus esforços para alcançar a abstinência.

O reprocessamento foi bem-sucedido em duas sessões e ajudou Jeannie a lidar com uma crença de 26 anos de que ela era a responsável pela morte de seu pai. Ela também percebeu que o modo como seus pais a trataram na infância não era devido a "algo de errado com ela", mas uma consequência de problemas de seus próprios pais, os quais ela também não tinha culpa. Com essas profundas mudanças perceptivas, Jeannie finalmente foi capaz de entrar e se manter em abstinência. Ela disse que a resolução daquela experiência lhe tinha dado a esperança de que o resto de seu passado traumático pudesse ser reprocessado também. Demorou mais de um ano para estabelecer como alvo as questões remanescentes, com uma recaída no início da recuperação. Jeannie está há 3 anos sem utilizar nenhuma substância química.

PROGRAMA DE TRATAMENTO DE TRAUMA INTEGRADO (PTTI) USANDO EMDR & *SEEKING SAFETY*© EM UM PROGRAMA AMERICANO DE REABILITAÇÃO PARA USUÁRIO DE DROGAS

O Programa de Tratamento de Trauma Integrado (PTTI) para TEPT, traumas e comorbidades com distúrbios por uso de substância é o primeiro deste tipo a ser implementado como coadjuvante de um programa americano mais abrangente com detentos ou ex-detentos. O PTTI oferece tratamento aos dependentes não violentos presos por delitos relacionados com o uso drogas, ao invés do encarceramento.

Com duração de 12-18 meses, o PTTI fornece avaliação abrangente e tratamento para indivíduos com TEPT, experiências de vida adversas e comorbidades com o uso de substância. O PTTI começou em 2004 e foi concluídos em 2007 a partir de um estudo-piloto em Washington (EUA). Devido ao seu sucesso, o programa permanece ativo até os dias atuais.

O PTTI consiste em uma combinação integrada de duas modalidades de tratamento baseadas em evidência e empiricamente sustentadas: *Seeking Safety*© e terapia EMDR. O *Seeking Safety*© é um programa de tratamento focado no presente, empiricamente embasado e baseado em TCC, destinado a indivíduos com TEPT, experiências de vida adversas e abuso de substância com efeitos terapêuticos comprovadamente eficazes. Composto por 25 itens que promovem educação, segurança, estabilização, construção de habilidades e ensaio na preparação para um possível tratamento em estágio tardio de trauma do passado, como a terapia EMDR, atualmente é listado como melhor prática para abuso de substância e administração de serviços de saúde mental.

Os participantes do *Seeking Safety*© aprendem sobre a relação existente entre trauma e abuso de substância, bem como o desenvolvimento de habilidades de enfrentamento, como participar de um programa de recuperação, pedir ajuda, criar um relacionamento saudável, passar o tempo com amigos que estão em recuperação e abstinentes, e também aprender sobre os "sinais de alerta" ou gatilhos para o uso. O *Seeking Safety*© foi fornecido no formato de grupos do mesmo sexo e atuou como uma fase 2 estruturada no EMDR, na preparação para o tratamento do trauma individual.

Os facilitadores do *Seeking Safety*© necessitam de familiaridade com o TEPT, experiências adversas da vida, abuso de substância, vontade de atender a este público específico, e capacidade de trabalhar com um protocolo de tratamento de uso manual. Os participantes são solicitados a completarem 15 tópicos pré-selecionados do *Seeking Safety*© como pré-requisito para receber tratamento por meio da terapia EMDR. A abstinência foi avaliada por meio de testes de uso de drogas a partir de amostras aleatórias de urina obtidas ao longo do programa.

Os resultados da primeira fase do período de PTTI indicaram que 21 participantes concluíram o PTTI (i.e., receberam terapia de EMDR além do *Seeking Safety*©). Deste total, 18 (85,7%) relataram a metanfetamina como substância de escolha. Aqueles que completaram o PTTI concluíram o programa com 90% de frequência (i.e., aqueles que desistiram da terapia de EMDR), os quais graduaram com uma frequência de 31%. Ressalta-se que houve uma taxa de desistência de apenas 11% (menos de 3 sessões) da terapia EMDR junto ao grupo inicial, engajado no tratamento de trauma individual.

Apesar do pequeno número de participantes do PTTI avaliados no primeiro grupo, os resultados alcançados por aqueles que concluíram o PTTI mostraram melhora significativa de todas as escalas de avaliação pré- e pós-tratamento medidoras de sintomas de TEPT, depressão, dissociação e autoestima: CAPS (*Clinician Administered TEPT Scale*), *Beck Depression Inventory II* (BDI-II), *Dissociative Experiences Scale* (DES) e *Index of Self Esteem* (ISE).

Exemplo de caso: TEPT, uso abusivo de álcool e a importância de abordar totalmente os traumas intensos e leves

Um participante do referido programa, Tom (nome fictício), foi preso 14 vezes por porte de drogas. Ele estava na 3ª e última oportunidade de participação do programa quando a terapia EMDR foi introduzida. Sua história revelou pais dependentes de álcool, ambos com experiências adversas na infância, abuso de substância iniciado na adolescência, e a morte precoce do pai com câncer. Aos 31 anos de idade, Tom e seu irmão trabalhavam juntos como motoristas de caminhões de reboque de tratores por todo os Estados Unidos. Certa vez, enquanto dirigiam alcoolizados, se envolveram em uma discussão intensa e o irmão de Tom, em um ataque de raiva, soltou seu cinto de segurança e saltou para fora do caminhão em movimento a uma velocidade de 105 km/h. Minutos mais tarde, ele morreu nos braços de Tom, no acostamento da via.

Tom se culpava pela morte do irmão e seu consumo de drogas estava cada vez maior, levando-o a se separar de sua família, de seus negócios e da sua própria liberdade. Ele nunca havia recebido tratamento por seu passado traumático, nem tivera conhecimento de que suas experiências ruins não processadas estavam relacionadas com o uso de drogas. O êxito em estabelecer como alvo e reprocessar a morte do irmão a partir da terapia EMDR foi o início de uma longa recuperação para Tom, que agora está abstinente há 12 anos. Sendo um dos primeiros participantes bem-sucedidos do PTTI, Tom se tornou um ávido promotor de atuação do programa, palestrando frequentemente em público para inspirar outros usuários.

O próximo exemplo ilustra a importância de considerar traumas de menor intensidade, ou experiências de vida adversas, bem como os traumas mais graves, ao tratar essa população específica.

Exemplo de caso: comorbidades entre transtorno de pânico e uso de substância desencadeadas por um trauma de menor intensidade

Karen (nome fictício) tinha 47 anos de idade quando foi encaminhada para terapia EMDR. Ela estava sem usar diversas drogas há 9 meses, mas continuava sexualmente compulsiva e ainda tinha ataques de pânico que, apesar de várias tentativas de controle com psicofármacos, a faziam usar novamente algumas drogas. Para ela, utilizar uma droga de abuso era mais eficaz do que tomar qualquer tipo de remédio, ainda que isso agravasse seus sentimentos de culpa, vergonha e isolamento.

Ela passara mais de dez anos em um tratamento pouco eficaz para seus ataques de pânico, antes de suas memórias mais antigas terem sido reprocessadas a partir da terapia EMDR. Ela focou o "medo em seu corpo" e, instantes depois, estava conectada a uma memória de quando tinha 4 anos de idade e fora abandonada em um parque com instruções de como cuidar de sua irmã de 2 anos. Karen pensara que seus pais a tinham deixado lá para passar o dia. Entretanto, quando eles voltaram, Karen estava em pânico, vomitando, soluçando e incapaz de respirar. Seu pai berrou dizendo-lhe "chega disso e pare de agir como um bebê". Seu pânico se transformou em vergonha e humilhação, quando a raiva dele mudou para uma risada ao ver quão "fraca" ela era.

O cérebro em desenvolvimento de uma criança requer certo nível de sintonização e segurança, para que suas capacidades de regulação emocional se desenvolvam e a criança não se torne mais vulnerável ao posterior uso de substância. Sendo assim, aos 4 anos de idade, Karen tentava controlar suas emoções sem contar com o suporte de seus pais. Menos de um ano depois, Karen tomou seu primeiro gole de cerveja em uma festa (aos 5 anos de idade), sem nenhum tipo de supervisão e, desde então, nunca mais parou de beber. Aos 12 anos, ela começou a fumar maconha e continuou consumindo álcool e maconha até os 46 anos de idade.

Suas experiências adversas e traumáticas mais graves aconteceram ao longo de toda a sua infância, incluindo múltiplos abusos sexuais por parte dos amigos do irmão, como toques inapropriados. Entretanto, Karen afirma que o incidente no parque foi a primeira experiência e a mais traumática, determinando como seria o "resto da minha vida". Este episódio era como os ataques de pânico que ela continuou vivenciando na fase adulta e que a levavam a uma espécie de automedicação a partir de drogas como álcool e o sexo compulsivo. Por outro lado, de acordo com todos os padrões clínicos de experiência adversa na infância, a experiência do parque era um trauma considerado leve pelo terapeuta.

A intensidade e a frequência dos ataques de pânico de Karen diminuíram após o reprocessamento de sua memória principal, acalmando assim os pensamentos relacionados à fissura pelo consumo de maconha e álcool. Este caso subestima a importância de reprocessar as memórias responsáveis não só pelas crenças cognitivas falhas sustentadas por um indivíduo sobre si mesmo, como também as sensações corporais relatadas, como evidenciado nos ataques de pânico, que podem ou não estar associadas a uma crença negativa específica.

CONSIDERAÇÕES FINAIS
Por que usar a terapia EMDR para tratar comorbidades psiquiátricas?

"Embora o mundo seja cheio de sofrimento, também é cheio de superações."
Helen Keller

Conforme sugerido por estudos científicos e pela experiência clínica, a prevalência de comorbidades psiquiátricas junto ao sistema de justiça criminal e nos centros de tratamento de abuso de substância nos Estados Unidos indica a necessidade de programas de tratamento especializados, desenhados especialmente para esta população. As consequências na vida pessoal, familiar, social, econômica e na saúde decorrentes da ausência de tratamento têm sido assombrosas, mas parecem remediáveis.

As comorbidades psiquiátricas são um desafio singular em qualquer tratamento psiquiátrico, e a terapia EMDR pode ser uma boa resposta para esse desafio. O modelo PAI embasado pelas 8 fases do EMDR prediz que o trauma antigo e outras experiências de vida adversas são os fatores primários que desencadeiam os sintomas clínicos e o agravamento para transtornos mentais específicos, muitas vezes levando ao uso de substâncias como forma de controlar os sofrimentos. A abordagem de 3 etapas que compõe a terapia EMDR é apropriada para o tratamento de comorbidades psiquiátricas, e seus alvos são: 1) as experiências do *passado* que contribuem para os sintomas do presente; 2) os disparadores do *presente* que ativam o sofrimento; e 3) as técnicas de Projeção para o futuro dos estados mentais e comportamentos almejados.

No EMDR, 3ª etapa é o principal aspecto que proporciona ao cliente uma oportunidade de se imaginar encontrando muitas situações possivelmente disparadoras de recaída (pessoas, lugares e coisas) no futuro. Esses alvos futuros são, então, reprocessados com EBA até que seja possível visualizar o futuro sem sofrimento e as afirmações de crenças positivas do paciente sejam tidas como verdadeiras nesse nível. Acredita-se que os efeitos do tratamento observados com o EMDR proporciona àqueles indivíduos com comorbidades psiquiátricas uma medida extra de proteção contra futuras recaídas com drogas, álcool ou outros comportamentos autodestrutivos, com o intuito de ajudá-los a se "sentirem melhor". O nosso capítulo também começou apresentando a observação de que a dependência é um dos principais problemas sociais na América, enquanto o trauma não resolvido e a negligência são a causa da maioria dos comportamentos compulsivos. Portanto, chamamos a atenção para a hipótese de que o principal problema não é o abuso de substância e, sim, o trauma não resolvido e a negligência em relação à ele.

TERAPIA EMDR COMO TRATAMENTO DE ESCOLHA PARA MÚLTIPLOS DIAGNÓSTICOS

Os elementos a seguir destacam a terapia EMDR como tratamento de escolha para múltiplos diagnósticos de transtornos de abuso de substância e transtornos mentais:

- A terapia de EMDR é empiricamente comprovada.
- Trata-se de uma abordagem abrangente e integradora para o tratamento de traumas e outros transtornos baseados em experiências de vida adversas, incluindo a dependência de drogas e padrões comportamentais desadaptativos.

- O progresso é quantificável por meio de escalas internas subjetivas: validade da cognição (VoC) e unidades subjetivas de perturbação (SUD).
- Sua eficácia é mensurável por meio de avaliações padronizadas aplicadas pelo terapeuta e por relato do cliente.
- O tempo de tratamento é reduzido devido à sua eficácia.
- Possui menores taxas de desistência do tratamento, em comparação ao observado com outros tratamentos, além de ser bem tolerada pelos pacientes.

© Cooper DB. Reproduzido e atualizado com permissão: *Eye movement desensitisation and reprocessing (EMDR): mental health-substance use. In: Cooper DB. Intervention in Mental Health-Substance Use*. London/New York: Radcliffe Publishing. pp. 147-65. www.radcliffehealth.com/shop/intervention-mental-health--substance-use

BIBLIOGRAFIA CONSULTADA

1. American Psychiatric Association. Diagnostic and statistical manual of mental disorders: (5th ed.) Arlington, VA: American Psychiatric Publishing. 2013.
2. American Psychiatric Association. Practice guideline for the treatment of patients with acute stress disorder and posttraumatic stress disorder. Arlington, VA: 2004.
3. Andrade J, Kavanagh D, Baddeley A. Eye-movements and visual imagery: A working memory approach to the treatment of post-traumatic stress disorder. British Journal of Clinical Psychology. 1997; 36: 209-223.
4. Armstrong MS, Vaughan K. An orienting response model of eye movement desensitization. Journal of Behavior Therapy and Experimental Psychiatry. 1996; 27: 21-32.
5. Barrowcliff AL, Gray NS, Freeman TCA, MacCulloch MJ. Eye-movements reduce the vividness, emotional valence and electrodermal arousal associated with negative autobiographical memories. Journal of Forensic Psychiatry and Psychology. 2004; 15: 325–354.
6. Beck AT, Ward C, Mendelson M. Beck Depression Inventory (BDI). Archives of General Psychiatry. 1961; 4: 561-571.
7. Beer R. Symposium: EMDR and eating disorders - EMDR for adolescents with anorexia nervosa: Evolution of conceptualization and illustration of clinical applications. EMDR European Association Conference, Brussels, Belgium; 2005, June.
8. Bergmann U. Further thoughts on the neurobiology of EMDR: The role of the cerebellum in accelerated information processing. Traumatology. 2000; 6 (3): 175-200.
9. Bergmann U. The neurobiology of EMDR: Exploring the Thalamus and Neural Integration. Journal of EMDR Practice and Research. 2008; 2(4): 300-314.
10. Bernstein, EM & Putnam, FW. Development, reliability and validity of a dissociation scale. Journal of Nervous and Mental Disease. 1986; 174: 727-735.
11. Bisson J, Andrew M. Psychological treatment of post-traumatic stress disorder (PTSD). Cochrane Database of Systematic Reviews. 2007, Issue 3. Art. No.: CD003388. DOI: 10.1002/14651858. CD003388.pub3.
12. Blaine JD, Julius DA editors. Psychodynamics of Drug Dependence. NIDA Research Monograph Series 12, May 1977; US Dept. of Health, Education, and Welfare Public Health Service; Alcohol, Drug Abuse and Mental Health Administration. Washington, DC.
13. Blake DD, Weathers FW, Nagy LM, Kaloupek DG, Gusman FD, Charney DS, Keane TM. The development of a Clinician-Administered PTSD Scale; Journal of Traumatic Stress. 1995; 8(1): 75-90.
14. Bloomgarden A, Calogero RM. A randomized experimental test of the efficacy of EMDR treatment on negative body image in eating disorder inpatients. Eating Disorders. 2008; 16(5): 418-427.

15. Brady KT, Killeen T, Saladin ME, Dansky G, Becker S. Comorbid substance abuse and posttraumatic stress disorder: Characteristics of women in treatment. The American Journal on Addictions. 1994; 3: 160-164.
16. Brown KW, McGoldrick T, Buchanan R. Body dysmorphic disorder: Seven cases treated with eye movement desensitization and reprocessing. Behavioural and Cognitive Psychotherapy. 1997; 25(2): 203-207.
17. Brown PJ, Stout R, Mueller T. Post-traumatic stress disorder and substance abuse relapse among women: A pilot study. Psychology of Addictive Behaviors. 1996; 10: 124-128.
18. Brown PJ, Stout RL, Gannon-Rowley J. Substance use disorder—PTSD comorbidity: Patients' perceptions of symptom interplay and treatment issues. Journal of Substance Abuse Treatment. 1998; 15: 445-448.
19. Brown SH, Gilman SG. An Integrated Trauma Treatment Program using EMDR and Seeking Safety as an enhancement in the Thurston County Drug Court Program: Proceedings of the 2008 EMDR International Association Conference; 2008; Phoenix, AZ.
20. Brown S, Shapiro F. EMDR in the treatment of borderline personality disorder. Clinical Case Studies. 2006; 5(5).
21. Christman SD, Garvey KJ, Propper RE, Phaneuf KA. Bilateral eye movements enhance the retrieval of episodic memories. Neuropsychology. 2003; 17: 221-229.
22. Davidson PR, Parker KCH. Eye movement desensitization and reprocessing (EMDR): A meta-analysis. Journal of Consulting and Clinical Psychology. 2001; 69: 305-316.
23. de Jongh A. Anxiety Disorders – Treatment of phobias with EMDR. Proceedings of the EMDR European Association Conference. Rome, Italy: 2003.
24. de Jongh A, ten Broeke E. Treatment of specific phobias with EMDR: Conceptualization and strategies for the selection of appropriate memories. Journal of EMDR Practice and Research. 2007; 1(1), 46-56.
25. de Roos C, de Jongh A. EMDR Treatment of Children and Adolescents With a Choking Phobia. Journal of EMDR Practice and Research. 2008; 2(3); 201-211.
26. Department of Veterans Affairs & Department of Defense. VA/DoD clinical practice guideline for the management of post-traumatic stress. Washington, D.C.; 2004.
27. Edmond T, Rubin A. Wambach KG. The effectiveness of EMDR with adult female survivors of childhood sexual abuse. Social Work Research. 1999; 23: 103-116.
28. Felitti VJ, Anda RF, Nordenberg D, Williamson DF, Spitz AM, Edwards V, Koss MP, Marks JS. Relationship of childhood abuse and household dysfunction to many of the leading causes of death in adults: The Adverse Childhood Experiences (ACE) Study. American Journal of Preventive Medicine, 1998; 14(4), 245-258.
29. Felitti VJ. (2004). The Origins of Addiction: Evidence from the Adverse Childhood Experiences Study. English version of the article published in Germany as: Felitti VJ. Ursprunge des Suchtverhaltens – Evidenzen au seiner Studies u belastenden Kindheitserfahrungen Praxis der Kinderpsychologie under Kinderpsychiatrie, 2003; 52: 547-559.
30. Fernandez I, Faretta E. Eye movement desensitization and reprocessing in the treatment of panic disorder with agoraphobia. Clinical Case Studies. 2007; 6(1), 44-63.
31. Feske U, Goldstein A. Eye movement desensitization and reprocessing treatment for panic disorder: A controlled outcome and partial dismantling study. Journal of Consulting & Clinical Psychology. 1997; 65(6), 1026-1035.
32. Foa EB, Hembree EA, Rothbaum BO. Prolonged Exposure Therapy for PTSD: Emotional Processing of Traumatic Experiences Therapist Guide (Treatments that work). Oxford University Press; 2007.
33. Forgash C, Copeley M, Editors. Healing the heart of trauma and dissociation with EMDR and Ego State Therapy. Spring Publishing: New York; 2008.
34. Goldstein A, Tachibana S, Lowney LI, Hunkapiller M, Hood L. Dynorphin-(1-13), an extraordinarily potent opioid peptide. Proceedings of the National Academy of Sciences. USA. 1979 Dec; 76(12) 6666-6670 [PubMed].

35. Goodwin J, Attias R, editors. Splintered Reflections: Images of the body in trauma. Basic Books: 1999.
36. Grant J, Brewer J, Potenza, M. The neurobiology of substance and behavioral addictions. CNS Spectrum, 2006; 11(12): 924-930.
37. Henry S. Pathological gambling: Etiologic considerations and treatment efficacy of eye movement desensitization/reprocessing. Journal of Gambling Studies. 1996; 12(4): 395-405.
38. Herman J. Trauma and Recovery: The aftermath of violence—From domestic abuse to political terror. New York: Basic Books; 1992.
39. Hien, D. A., Jiang, H., Campbell, A. N. C., Hu, M-C., Miele, G. M……..Nunes, E. V. (2010). Do treatment improvements in PTSD severity affect substance use outcomes? A secondary analysis from a randomized clinical trial in NIDA's Clinical Trials Network. Am J Psychiatry; 167(1): 95-101.
40. Hucker SJ. "Disorders of impulse control". In: Forensic Psychology by Academic Press; 2004.
41. Hudson WW, Ricketts WA Index of Self Esteem; Tallahassee, Fl.: Walmyr Publishing; 1993.
42. Ironson GI, Freund B, Strauss JL, Williams J. Comparison of two treatments for traumatic stress: A community-based study of EMDR and prolonged exposure. Journal of Clinical Psychology. 2002; 58: 113-128.
43. Jaberghaderi N, Greenwald R, Rubin A, Dolatabadim S, Zand SO. A comparison of CBT and EMDR for sexually abused Iranian girls. Clinical Psychology and Psychotherapy. 2004; 11: 358-368.
44. Janet P. The major symptoms of hysteria. London and New York: Macmillan; 1907.
45. Kessler RC, Sonnega A, Bromet E, Hughes M, Nelson, CB. Posttraumatic stress disorder in the National Comorbidity Survey. Archives of General Psychiatry. 1995; 52: 1048-1060.
46. Khantzian EJ. The self-medication hypothesis of addictive disorders: Focus on heroin and cocaine dependence. American Journal of Psychiatry, 1985; 142: 1259-1264.
47. Korn D, Leeds A. Preliminary Evidence of Efficacy for EMDR Resource Development and Installation in the Stabilization Phase of Treatment of Complex Posttraumatic Stress Disorder. Journal of Clinical Psychology; 2002. 58(12): 1465-1487.
48. Lee, C.W. & Cuijpers, P. (2013). A meta-analysis of the contribution of eye movements in processing emotional memories. Journal of Behavior Therapy & Experimental Psychiatry, 44, 231-239.
49. Lee C, Gavriel H, Drummond P, Richards J, Greenwald R. Treatment of post-traumatic stress disorder: A comparison of stress inoculation training with prolonged exposure and eye movement desensitization and reprocessing. Journal of Clinical Psychology. 2002; 58:1071-1089.
50. Linehan M. Cognitive-Behavioral Treatment of Borderline Personality Disorder. New York: Guilford Press; 1993.
51. Marcus S, Marquis P, Sakai C. Controlled study of treatment of PTSD using EMDR in an HMO setting. Psychotherapy, 1997; 34: 307-315.
52. Maxfield L, Hyer L. The relationship between efficacy and methodology in studies investigating EMDR treatment of PTSD. Journal of Clinical Psychology, 2002; 58: 23-41.
53. McLaughlin D, McGowan I, Paterson M, Miller P. Cessation of deliberate self harm following eye movement desensitization and reprocessing: A case report. Case Journal, 2008; 1:177 available at: www.casesjournal.com/content/1/1/177 (Accessed 28 February 2009).
54. Miller WR, Rollnick S. Motivational Interviewing: Preparing People to Change Addictive Behavior. New York: The Guildford Press; 1991.
55. Mol S, Arntz A, Metsemakers J, Dinant G, Vilters-Van Montfort P, Knottnerus A. Symptoms of post-traumatic stress disorder after non-traumatic events: Evidence from an open population study. British Journal of Psychiatry. 2005; 186: 494-499.
56. Najavits L. Seeking Safety: A treatment manual for PTSD and substance abuse. New York: Guilford Press; 2002.
57. Najavits LM, Weiss RD, Shaw SR. A clinical profile of women with PTSD and substance dependence. Psychology of Addictive Behaviors. 1999; 13:98-104.
58. National Child Traumatic Stress Network (NCSTN): Making the Connection: Trauma and Substance Abuse; Understanding the links between adolescent trauma and substance abuse; June 2008.

59. National Institute for Clinical Excellence. Post traumatic stress disorder (PTSD): The management of adults and children in primary and secondary care. London: NICE Guidelines; 2005.
60. National Institute of Justice. Drug Courts: The Second Decade. U.S. Dept of Justice, Office of Justice Programs; 2006.
61. National Institute of Mental Health (NIMH); Bipolar Disorder http://www.nimh.nih.gov/health/publications/bipolar-disorder/complete-index.shtml (accessed 25 April 2009).
62. Nijdam, Gersons, B.P.R, Reitsma, J.B., de Jongh, A. & Olff, M. (2012). Brief eclectic psychotherapy v. eye movement desensitisation and reprocessing therapy in the treatment of post-traumatic stress disorder: Randomised controlled trial. British Journal of Psychiatry, 200, 224-231.
63. O'Donohue W, Levensky E, editors. Forensic Psychology. Academic Press; 2004.
64. Ouimette P, Brown P, editors. Trauma and Substance Abuse: Causes, consequences and treatment of comorbid disorders. Washington: American Psychological Association; 2003.
65. Pallanti, S. From impulse-control disorders toward behavioral addictions. CNS Spectrum, 2006; 11(12): 921-922.
66. Parker, A., Buckley, S. & Dagnall, N. (2009). Reduced misinformation effects following saccadic bilateral eye movements. Brain and Cognition, 69, 89-97.
67. Perry B. "Memories of Fear: How the Brain Stores and Retrieves Physiologic States, Feelings, Behaviors and Thoughts from Traumatic Events" in Goodwin J, Attias R, Editors. Splintered Reflections: Images of the body in trauma. Basic Books; 1999.
68. Popky AJ. Desensitization of Triggers and Urge Reprocessing; 1998(DeTUR); In EMDR Solutions, Chapter 7, Shapiro, R. Editor W.W. Norton; 2005.
69. Power KG, McGoldrick T, Brown K, et al. A controlled comparison of eye movement desensitization and reprocessing versus exposure plus cognitive restructuring, versus waiting list in the treatment of post-traumatic stress disorder. Journal of Clinical Psychology and Psychotherapy. 2002; 9: 299-318.
70. Prochaska J, DiClemente C. Stages and processes of self-change of smoking: Toward an integrative model of change. Journal of Consulting and Clinical Psychology. 1983; 51: 390-395.
71. Ricci RJ. Trauma resolution using Eye Movement Desensitization and Reprocessing with an incestuous sex offender. Clinical Case Studies. 2006; 5(3): 248-265.
72. Ricci RJ, Clayton CA, Shapiro F. Some effects of EMDR on previously abused child molesters: Theoretical reviews and preliminary findings. The Journal of Forensic Psychiatry & Psychology. 2006; 17(4): 538-562.
73. Rothbaum B. A controlled study of eye movement desensitization and reprocessing in the treatment of post-traumatic stress disordered sexual assault victims. Bulletin of the Menninger Clinic. 1997; 61: 317-334.
74. Russell MC. Treating traumatic amputation-related phantom limb pain: A case study utilizing eye movement desensitization and reprocessing within the Armed Services. Clinical Case Studies, 2008; 7(2): 136-153.
75. Schneider Institute for Health Policy, Brandeis University for the Robert Wood Johnson Foundation. Substance Abuse: The nation's number one health problem. Princeton, New Jersey; 2001.
76. Schneider J, Hofmann A, Rost C, Shapiro F. EMDR and phantom limb pain: Theoretical implications, case study, and treatment guidelines. Journal of EMDR Practice and Research, 2007; 1(1): 31-45.
77. Schore A. Dysregulation of the right brain: A fundamental mechanism of traumatic attachment and the psychopathogensis of posttraumatic stress disorder. Australian and New Zealand Journal of Psychiatry. 2002; 36: 9-30.
78. Schurmans K. A clinical vignette: EMDR treatment of choking phobia. Journal of EMDR Practice and Research. 2007; 1(2): 118-121.

79. Shapiro F. Efficacy of the eye movement desensitization procedure in the treatment of traumatic memories. Journal of Traumatic Stress Studies. 1989; 2: 199-223.
80. Shapiro F. Eye Movement Desensitization and Reprocessing: basic principles, protocols, and procedures. New York: Guilford Press; 1995.
81. Shapiro F. Eye movement desensitization and reprocessing: Basic principles, protocols and procedures (2nd edition). New York: Guilford Press; 2001.
82. Shapiro F. Eye movement desensitization and reprocessing (EMDR) training manual. Watsonville, CA: EMDR Institute; 2005.
83. Shapiro, F. (2014). The role of eye movement desensitization & reprocessing (EMDR) therapy in medicine: Addressing the psychological and physical symptoms stemming from adverse life experiences. The Permanente Journal, 18, 71-77.
84. Shapiro F. EMDR, Adaptive Information Processing, and Case Conceptualization. In Shapiro F, Kaslow F, Maxfield L, editors. Handbook of EMDR and Family Therapy Processes. New York: Wiley; 2007.
85. Shapiro F. EMDR, adaptive information processing, and case conceptualization. Journal of EMDR Practice and Research.2007; 1: 68-87.
86. Shapiro F, Vogelmann-Sine S, Sine LF. Eye movement desensitization and reprocessing: Treating trauma and substance abuse. Journal of Psychoactive Drugs. 1994; 26(4): 379-391.
87. Siegel D. The Developing Mind: Toward a Neurobiology of Interpersonal Experience. New York & London: The Guilford Press; 1999.
88. Solomon R, Shapiro F. EMDR and the adaptive information processing model: Potential mechanisms of change. Journal of EMDR Practice and Research. 2008; 2: 315-325.
89. Steinberg M, Rounsaville B, Cicchetti DV. The Structured Clinical Interview for DSM-III-R Dissociative Disorders: Preliminary report on a new diagnostic instrument. American Journal of Psychiatry. 1990; 147: 76-82.
90. Steward SH, Conrod PJ. Psychosocial models of functional associations between posttraumatic stress disorder and substance use disorder. In Trauma and Substance Abuse: Causes, consequences, and treatment of comorbid disorders; Ouimette P, Brown P, editors. Washington, DC: APA; 2003.
91. Stickgold R. EMDR: A putative neurobiological mechanism of action. Journal of Clinical Psychology. 2002; 58: 61-75.
92. Stowasser J. EMDR and family therapy in the treatment of domestic violence. In Kaslow F, Shapiro F, Maxfield L, editors. The integration of EMDR and family therapy processes. New York: Wiley; 2007.
93. Substance Abuse and Mental Health Services Administration (SAMHSA). Substance Abuse Treatment for Persons With Co-Occurring Disorders. Treatment Improvement Protocol (TIP) Series 42. Center for Substance Abuse Treatment. U.S. D HHS Publication No. (SMA) 05-3922; 2005.
94. Sun TF, Chiu NM. Synergism between mindfulness meditation and eye movement desensitization and reprocessing in psychotherapy of social phobia. Chang Gung Medical Journal. 2006; 29(4): 1-4.
95. Tinker RH, Wilson SA. The phantom limb pain protocol. In R. Shapiro, editor. EMDR solutions: Pathways to healing. pp.147-159. New York: W W Norton & Co.; 2005.
96. Van der Kolk B, Pelcovitz D, Roth S, Mandel F, McFarlane A, Herman J. "Dissociation, affect dysregulation and somatization: The complex nature of adaptation to trauma. American Journal of Psychiatry. 1996; 153(7) Festschrigt Supplement: 83-93.
97. Van Etten ML, Taylor S. Comparative efficacy of treatments for posttraumatic stress disorder: A meta-analysis. Clinical Psychology & Psychotherapy. 1998; 5: 126-144.
98. Vogelmann-Sinn S, Sine LF, Smyth NJ, Popky AJ. EMDR chemical dependency treatment manual. New Hope, PA: EMDR Humanitarian Assistance Programs; 1998.
99. Volkow N. Addiction and the brain's pleasure pathway: Beyond willpower. The Addiction Project; 2007. Available at www.addictioninfo.org/articles/1376/1/Addiction-and-the-Brains-Pleasure-Pathway-Beyond-Willpower/Page1.html.

100. Whisman M. An integrative treatment of panic disorder and OCD. Proceedings of the EMDR International Association Annual Conference; 1997; San Francisco, CA.
101. Whisman M, Keller M. Integrating EMDR in the treatment of obsessive-compulsive disorder. Proceedings of the EMDR International Association Annual Conference; 1999; Las Vegas, NV.
102. Wilensky M. Eye movement desensitization and reprocessing (EMDR) as a treatment for phantom limb pain. Journal of Brief Therapy. 2006; 5(1): 31-44.
103. World Health Organization. Neuroscience of psychoactive substance use and dependence. WHO Library, Geneva; 2004.
104. World Health Organization (2013). Guidelines for the management of conditions that are specifically related to stress. Geneva, WHO.
105. Wolpe J. The Practice of Behavior Therapy. New York: Pergamon Press; 1969.
106. Zweben J, Yeary J. EMDR in the Treatment of Addiction. Co-published simultaneously in Journal of Chemical Dependency Treatment (The Haworth Press, Inc. 2006; 8(2): 115-127; and: Psychological Trauma and Addiction Treatment (editor: Bruce Carruth). The Haworth Press, Inc., 2006, pp. 115-127.

CAPÍTULO 6

Mindfulness e o Uso e Abuso de Drogas

Elisa Harumi Kozasa
Isabel Cristina Weiss de Souza
Víviam Vargas de Barros
Ana Regina Noto

CONCEITUANDO *MINDFULNESS*

A metacognição ou a *cognição sobre a cognição*, uma de nossas funções cerebrais mais elevadas, envolve a atenção, resolução de conflitos, correção de erros, controle inibitório e regulação emocional, sendo, portanto, fundamental nos processos de aprendizado. Esses aspectos da metacognição presumivelmente são mediados por áreas cerebrais frontais.

Ao contribuir para o desenvolvimento da consciência dos próprios pensamentos e ações, as práticas de *mindfulness* (traduzidas como "de atenção plena" ou "consciência plena" em português) estão relacionadas com o desenvolvimento da habilidade de metacognição.

As práticas de *mindfulness*, de acordo com Baer, são aquelas em que o sujeito se torna intencionalmente atento para as experiências internas e externas que ocorrem no presente momento, sem julgamento. Diversas pesquisas têm sido realizadas nesta área, sugerindo que tais práticas trazem o sujeito para o estado de observador consciente de suas próprias percepções, ao invés de se deixar arrastar pelo turbilhão de emoções e pensamentos.

Dessa maneira, as práticas de *mindfulness* consistem em um instrumento de investigação subjetiva e monitoramento das experiências, tornando-se um interessante recurso para o autocuidado e o autoconhecimento. Seu potencial na promoção de saúde, bem como no tratamento de diferentes doenças físicas e mentais, vem sendo explorado em diferentes estudos que serão abordados no decorrer deste capítulo.

Existe, entretanto, certa dificuldade de compreensão do significado de *mindfulness*, uma vez que seu significado original no Budismo não é o mesmo empregado na Psicologia e Medicina Ocidental; além disso, este termo vem sendo utilizado como um construto, um estado mental e um número de práticas delineadas para atingir este estado.

A palavra *sati*, da língua Pali das antigas escrituras Budistas, dá origem ao termo *mindfulness*. Uma tradução literal de *sati* seria *lembrar-se*. Lembrar-se no caso, refere-se a *lembrar-se do objeto de sua atenção* que pode ser a própria respiração, ou processos mentais e emocionais, ou mesmo a paisagem observada durante uma caminhada. Desenvolver essa habilidade de lembrar-se do objeto de sua atenção e de, quando perceber-se distraído, voltar ao mesmo, evita que a mente entre em processos de ruminação ou ansiedade e promove quietude mental. Isso pode conduzir a um estado de presença da mente que conduz o praticante a ver os fenômenos internos e externos da maneira como realmente são. Práticas meditativas são recomendadas para desenvolver este estado de presença da mente. Esse componente de memória ou lembrança não costuma ser mencionado nas *modernas* definições de *mindfulness*.

Uma delas foi proposta por Jon Kabat-Zinn, que desenvolveu o primeiro programa baseado em *mindfulness*, o *Mindfulness-Based Stress Reduction* (MBSR): "prestar atenção de uma maneira específica, propositalmente, no momento presente, e sem julgamento". Quando ele propôs o MBSR, foi em uma tentativa de integrar a filosofia e a prática budistas das tradições Mahayana e Theravada com a prática psicológica e médica do ocidente, em um formato secularizado, ou seja, não religioso. Vale lembrar que Kabat-Zinn nunca foi um erudito em textos budistas, o que pode ter contribuído para uma certa diversidade na conceituação de *mindfulness* no ocidente quando comparado ao significado original a partir dos textos em pali.

Bishop e col., ao operacionalizar a definição de Kabat-Zinn, sugerem que *mindfulness* deve ser considerada uma forma particular de foco de atenção, caracterizada por um componente que envolve autorregulação da atenção para o momento presente, enquanto o segundo componente pertenceria à adoção de uma orientação marcada pela curiosidade, abertura e aceitação. O primeiro componente estaria relacionado a um estado ou habilidade mental que emerge quando o indivíduo propositalmente direciona sua atenção para as experiências do momento presente, e o segundo considera características de personalidade que são subjacentes às tendências para ser *mindful*.

Quando se tenta mensurar *mindfulness*, também não há consenso. A MAAS (*Mindful Awareness Attention Scale*), que mensura *mindfulness* como um traço, tem um único componente principal, que é uma atenção/consciência centrada no presente. Em um outro exemplo, Baer e col., combinando diferentes escalas para mensurar *mindfulness*, propõem a *Five Facets Mindfulness Questionnaire* (FFMQ), em que identifica não reatividade, observação, ação com consciência, descrição e não julgamento, como componentes.

Não há, portanto, um consenso na conceituação de *mindfulness*. O componente de atenção sustentada no momento presente é aquele em que a maioria dos autores concorda, porém, no que se refere aos outros componentes, existem como não reatividade e não julgamento, há discussões entre os estudiosos do tema. Por exemplo, não reatividade a uma situação ou mesmo não julgamento podem ser consideradas características relacionadas a um nível de consciência e clareza mentais indesejáveis, e que estariam refletindo um menor nível de *mindfulness*. Não reatividade no sentido de evitar respostas automáticas pode ser uma habilidade importante a ser desenvolvida, bem como não julgar ou rotular pessoas ou situações imediatamente, mas estas não são qualidades propriamente, sem a maturidade necessária de discernir com clareza.

EFEITOS FISIOLÓGICOS GERAIS E APLICAÇÕES CLÍNICAS DAS PRÁTICAS DE *MINDFULNESS*

Considerando-se o componente *atenção sustentada* no momento presente, boa parte das práticas meditativas encaixa-se como uma prática que Envolve *mindfulness*. Um dos estudos pioneiros publicado em uma revista de alto fator de impacto a respeito de práticas meditativas, foi publicado por Wallace em 1970. O estado meditativo avaliado em seu estudo foi induzido pela prática da meditação transcendental, em que o foco de atenção é um mantra. Como resultado da prática, os participantes desenvolveram um estado diferenciado de consciência e que seria responsável por uma série de alterações metabólicas, como redução do consumo de oxigênio e dos batimentos cardíacos, aumento da resistência galvânica da pele e aumento da intensidade de ondas alfa lentas e ocasional atividade de ondas teta.

Com o passar dos anos, descobriu-se que as técnicas de meditação parecem contribuir no tratamento de problemas cardiovasculares, por exemplo, em pacientes com distúrbios coronários e hipertensão arterial. Há também relatos de processos regulatórios nos níveis de hormônios e neurotransmissores que podem ser relacionados a tais práticas. Melhoras na resposta imunológica também foram associadas à prática de *mindfulness*.

Do ponto de vista da saúde mental, as técnicas de meditação que ajudam a cultivar o estado de *mindfulness* são utilizadas para desenvolver um distanciamento com relação aos pensamentos e emoções em que eles são reconhecidos como eventos mentais simplesmente. Por meio do treinamento da prática de *mindfulness*, as pessoas desenvolvem habilidades para reduzirem sua identificação com pensamentos e emoções durante eventos estressantes, ao invés de se engajarem em preocupações ansiosas ou em outros padrões de pensamentos negativos, que podem ser o início de um ciclo de reatividade ao estresse e contribuir para aumentá-lo.

Os praticantes passam por diferentes fases, que incluem o desenvolvimento da habilidade de manter sua atenção sustentada, observar seus pensamentos e emoções sem se identificar com eles e observar tanto os pensamentos adequados quanto os não adaptativos no momento em que aparecem e desaparecem, assim como seus gatilhos e consequências.

Como resultado, ocorrem a diminuição de afetos negativos e aumento dos afetos positivos, bem como do estado de bem-estar subjetivo. Com relação à depressão, as intervenções baseadas em *mindfulness* têm apresentando grande eficácia, principalmente no que se refere à prevenção de recaídas. As intervenções que utilizam *mindfulness* ainda se mostraram eficazes para transtorno bipolar, dor crônica e insônia.

Neurobiologia das práticas de *mindfulness*

As técnicas de neuroimagem funcional abriram novas possibilidades para a investigação dos estados meditativos, como, por exemplo, no estudo de Newberg e Iversen. Apesar dos ainda poucos trabalhos publicados na literatura, na época em que seu trabalho foi publicado, estes autores criaram uma hipótese sobre o seu possível mecanismo neural. De acordo com estes autores, ocorre ativação do córtex pré-frontal, juntamente com o giro do cíngulo, devido à necessidade de focalização de atenção durante o processo pela própria vontade.

Brefczynski-Lewis, Lutz, Schaefer, Levinsone Davidson, em um estudo com ressonância magnética funcional, compararam meditadores que são experientes (monges tibetanos) *versus* novatos e observou que aqueles de longo período de prática apresentavam maior atividade em várias regiões ligadas à atenção, como fronto-parietal, cerebelar, temporal, parahipocampal e córtex occipital posterior durante a prática de meditação com atenção focada; por sua vez, os praticantes novatos apresentaram maior ativação, quando comparados aos experientes, no giro frontal medial, no cíngulo anterior e na ínsula em sua região medial direita para posterior, regiões negativamente correlacionadas com a *performance* em tarefas de atenção sustentada.

Em outro estudo comparando meditadores muito experientes com novatos, foi observado um aumento da atividade elétrica no córtex pré-frontal esquerdo, e maior proporção de ondas gama e sincronia dos hemisférios cerebrais que o grupo controle.

Lazar e col. encontraram que a espessura cortical de praticantes de meditação há pelo menos 10 anos, cerca de 40 min por dia (meditação *insight*, que envolve foco de atenção para as percepções internas), em áreas pré-frontais e na ínsula anterior direita (regiões associadas à atenção, interocepção e processamento sensorial). Essas diferenças mostraram-se mais pronunciadas entre indivíduos idosos, e a espessura correlacionou-se com o tempo de prática.

Kozasa e col. resolveram avaliar a *performance* de pessoas que praticavam meditação regularmente (há pelo menos três anos, três vezes por semana) com não praticantes, durante o *Stroop Word-Color Task*, um teste de atenção e controle de impulsos ministrado durante o exame de ressonância magnética. Todos os participantes tinham alto nível de escolaridade e, mesmo assim, foi possível verificar que os não meditadores apresentavam maior atividade que os meditadores nas regiões medial frontal, temporal medial, giros pré-central e pós-central e o núcleo lentiforme durante a condição incongruente (aquela mais complexa, em que a palavra azul por exemplo está pintada de vermelho, e o indivíduo deve escolher a cor). Na mesma comparação, nenhuma região foi mais ativada em meditadores comparados a não meditadores, indicando que possivelmente os meditadores seriam mais eficientes em tarefas que envolvem atenção sustentada e controle de impulsos. Nesta habilidade de controle de impulsos e atenção sustentada para estados internos e externos, práticas de *mindfulness* poderiam contribuir no tratamento do abuso de drogas.

Mindfulness e fissura

A dependência de drogas é constantemente caracterizada como um quadro crônico que cursa com recaídas. A recaída é compreendida como um grande desafio no tratamento de transtornos de comportamento em geral e caracteriza-se, segundo o modelo original de Prevenção de Recaída (PR) proposto por Marlatte Donovan, como "retorno ao padrão de comportamento-problema anterior". Difere-se do lapso, que é entendido como "um breve momento de retorno ao comportamento anterior".

Muitas estratégias de prevenção de recaída, que são baseadas no modelo cognitivo-comportamental, têm sido amplamente estudadas em ensaios clínicos randomizados. O modelo foca na resposta de um indivíduo a uma situação de risco, que pode estar relacionada a um fator intrapessoal (afetos, enfrentamento, autoeficácia, expectativa de resultado) ou fatores relacionados ao ambiente externo (influências sociais, acesso à substância, exposição a gatilhos).

A ideia é que, se o indivíduo não dispõe de recursos que compõem uma resposta de enfrentamento a uma situação de risco (baixa autoeficácia), ele se torna vulnerável à recaída. Usar ou não usar a droga naquela circunstância vai depender de expectativas que ele alimente no tocante aos efeitos esperados do consumo.

Quando cede a uma situação de risco sem lançar mão de alternativas de enfrentamento, considera-se que se tornou vulnerável ao "efeito de violação da abstinência" (EVA), apresentando em geral sentimentos de culpa, vergonha e enfraquecendo sua crença de que seria capaz de se manter abstinente (componentes afetivos do EVA). No entanto, este modelo considera que, se o sujeito atribui um lapso a fatores internos dos quais ele não tem controle, aumenta o risco da recaída. E se considera o lapso como algo relacionado a fatores externos, a probabilidade de recaída diminui (componentes cognitivos de atribuição do EVA).

Nessa perspectiva, o lapso pode ser compreendido como uma experiência de aprendizagem, que pode auxiliar a pessoa a compreender melhor seus pontos de vulnerabilidade, avaliando sobre quais recursos dispõe e de quais ainda precisa desenvolver e treinar para lidar com as situações de risco.

Para facilitar a compreensão do conceito de lapso, fissura e suas implicações, utilizaremos o exemplo do tabaco. A medida de resultado considerada apropriada para estudos envolvendo avaliação de tratamentos para a dependência do tabaco, seria a inexistência de lapsos num período de seis meses após um tratamento, uma vez que se tornar um fumante ocasional não é uma opção válida, pois ainda não há evidências de que a diminuição do consumo do tabaco, ou mesmo uma estratégia que se baseie em reduzir danos, sejam seguras à saúde, além disso, estudos demonstram que 85% dos lapsos conduzem à recaída.

Utilizando ainda o exemplo do tabagismo, vários modelos de tratamento podem ajudar a promover a sua abstinência. Os mais conhecidos e testados baseiam-se em tratamentos farmacológicos (como a reposição de nicotina e o uso de antidepressivos) e abordagens comportamentais e motivacionais que visem desenvolver habilidades para enfrentamento de situações de risco. Apesar do relativo sucesso destas abordagens, o índice de abandono de tratamento e recaídas ainda é muito alto. E é muito pequeno o número de estudos testando abordagens alternativas para tratamento (Instituto Nacional de Câncer). O sucesso dessas abordagens ainda é modesto, com taxas de abstinência em tratamentos baseados no modelo cognitivo girando em torno de 20% a 30% nas últimas três décadas.

Um dos problemas que levam à baixa taxa de abstinência e à recaída é a fissura. O conceito de fissura envolve motivadores afetivos, biológicos e cognitivos, e, segundo Witkiewitz, Bowen, Douglas e Hsu, pode ser entendido como uma experiência subjetiva de urgência (*urge*) para usar uma droga. Normalmente experimentado com pensamentos intrusivos, um impulso por usar, forte desejo, com sensações físicas e outras manifestações, com expectativa positiva pelo efeito que a droga possa produzir.

Na perspectiva de *mindfulness*, a fissura é compreendida como uma tentativa de segurar, manter ou afastar a experiência cognitiva, afetiva e física. A prática de *mindfulness* inclui observar a fissura, sem lutar contra a mesma, pois esta é considerada um fenômeno passageiro, assim como tantos outros em nossas vidas.

Muitos estudos sobre fissura e tabagismo estão disponíveis e podem auxiliar bastante na compreensão dessa relação entre ambos, nem sempre bem-sucedida. O abuso de outras drogas também cursa com a experiência de fissura, que, por sua vez, também é um obstáculo para manutenção da abstinência. Porém nos deteremos mais nesta parte deste capítulo aos estudos que investigam o impacto de práticas baseadas em *mindfulness* entre tabagistas.

Os mais conhecidos fatores de risco para recaídas no tabaco, segundo a literatura, são os gatilhos para fumar, emoções fortes, situações estressantes, pensamentos considerados aditivos (como por exemplo: *Um cigarro me acalmaria agora!*), fissura e sintomas de abstinência.

É sabido que a trajetória da dependência do tabaco é complexa e todos estes fatores citados acima estão envolvidos diretamente com as recaídas. Como já citado também anteriormente, muitos são os tratamentos testados para conduzir à cessação do consumo. Mas, no entanto, artigos de revisão apontam que existe uma carência importante de estudos, ensaios clínicos randomizados que sejam robustos, que avaliem dispositivos que instrumentalizem o fumante a lidar com os estímulos de fumar (*cue*).

Uma terapia baseada na exposição a estes estímulos (como cheiro, visão, situações relevantes) tem por objetivo minimizar o vínculo entre os gatilhos e a resposta condicionada de usar a droga, proporcionando ao dependente de droga colocar em prática habilidades de enfrentamento na presença dos gatilhos. Porém, este tipo de terapia (denominada Terapia de Exposição ao Gatilho), apesar de apresentar relativo sucesso na prevenção de recaída a outras drogas, não apresenta resultados muito efetivos em relação à cessação de fumar. Somente o uso de goma de nicotina tem demonstrado promover algum alívio diante da exposição a estímulos que desencadeiem fissura (*cue-induced craving*), mas esta substituição do cigarro pela goma pode ajudar a manter o elo com o comportamento aditivo ao invés de ajudar a extingui-lo.

Os efeitos reforçadores da nicotina podem ser positivos, como melhora na atenção e concentração, diminuição do apetite para manutenção de baixo peso; ou negativos, como alívio de estados aversivos (como abstinência), ou diminuição da ansiedade e tristeza. Estas condições reforçadoras acabam por criar memórias. Consequentemente, estímulos que desencadeiam estes estados afetivos ficam associados ao ato de fumar, que por sua vez induzem à fissura pelo cigarro.

Poderíamos talvez dizer que a fissura é o final dessa cadeia de condicionamentos e é considerada como o conceito mais amplo e ao mesmo tempo o menos entendido nos estudos sobre dependência de drogas. Chegando a ser considerada como a ideia central para se compreender o processo da dependência de drogas e o maior obstáculo ao dependente para se manter abstinente. Daí o motivo do destaque dado a este tema neste capítulo.

Tratamentos que foquem no controle da fissura certamente poderão contribuir muito para diminuição da recaída, uma vez que fissura e afetos negativos são compreendidos como preditores da mesma. Os tratamentos de base comportamental até então disponíveis tratam o entorno da fissura, mas não atuam diretamente na mesma.

Recentes evidências demonstram que tratamentos baseados em *mindfulness* podem atuar nesta interface entre o estímulo e a resposta, uma vez que a prática de *mindfulness* auxilia na regulação da atenção, no aumento da consciência corporal, na regulação dos afetos e na mudança de perspectiva sobre si mesmo. A consciência corporal detecta sinais de resposta emocional aos estímulos. O processo de regulação emocional, que é mantido pela manutenção da atenção plena, ajuda a prevenir a ocorrência de respostas habituais e reações hiperaprendidas, o que sendo treinado, com o tempo, pode resultar na extinção de respostas e na prevenção de recaídas de comportamentos desadaptativos, como o uso de drogas.

O processo da fissura se dá, resumidamente, como resultado de reações afetivas desencadeadas por um estímulo percebido. Quando estímulos do ambiente são registrados pelos sentidos, uma reação afetiva surge automaticamente e é imediatamente percebida como prazerosa ou desprazerosa. Esta experiência é validada pela memória de experiências prévias. A fissura surge imediatamente, sentida como intensa, urgente e incontrolável pelo sujeito. Portanto, a percepção de um objeto é influenciada por experiências anteriores e a formação de memórias relacionadas fortalecem o hábito, o que irá proporcionar um "registro" do que poderá funcionar num futuro, por exemplo, diante de sensações desprazerosas ("se eu fumar me sentirei melhor!"). E a própria fissura, assim como as sensações relacionadas à abstinência, está no campo das desprazerosas, e, desse modo, retroalimenta o processo.

A fissura é um elemento-chave para a compreensão de algumas das principais evidências sobre como *mindfulness* pode contribuir para a dependência e outros comportamentos compulsivos. De acordo com Brewer e col., a fissura é percebida como uma sensação desagradável que impulsiona uma pessoa a agir (para aliviar o mal-estar). Dentro dessa dinâmica, a contribuição de *mindfulness* consiste em ensinar o indivíduo a explorar as sensações corporais associadas à fissura. Com a observação, o indivíduo aprende duas lições: 1) que fissura envolve sensações físicas e 2) essas sensações são passageiras. Esse aprendizado aparentemente simples permite que os indivíduos aprendam a conviver com as sensações físicas desconfortáveis, sem necessariamente agir sobre elas imediatamente (impulsivamente). Os participantes são ensinados a fazer uma pausa ("dar um tempo") e não reagir imediatamente frente à fissura. Essa pausa é importante, pois ajuda a interromper o processo associativo automático típico da dependência.

Uma das principais evidências de que é possível, por meio das práticas de *mindfulness*, dissociar dependência de fissura é baseada em um estudo com tabagistas em tratamento. De acordo com Brewer e col., no início das práticas de *mindfulness*, os tabagistas apresentaram uma forte correlação positiva entre a fissura e a média diária de cigarros fumados. Após quatro semanas de práticas de *mindfulness*, essa correlação foi reduzindo até a não significância estatística. Ao final do tratamento, os indivíduos que pararam de fumar apresentaram escores de fissura similares aos que continuaram a fumar. Porém, a diferença entre eles foi aparecendo nas semanas subsequentes. Aqueles que pararam de fumar apresentaram redução na fissura, enquanto aqueles que continuaram a fumar apresentaram aumento. Esse estudo não só mostra o potencial impacto de *mindfulness* sobre a fissura, mas também a forma como se estabelece a relação entre fissura e dependência.

O papel da fissura e dos afetos negativos na recaída ao consumo de drogas vem sendo estudado também no contexto da neurobiologia mais recentemente. Estudo de revisão confirma que a prática de *mindfulness* pode afetar muitos sistemas cerebrais relacionados à fissura, podendo contribuir muito para a diminuição à reatividade aos estímulos ligados à mesma. Com redução da ativação de regiões na região pré-frontal envolvidas no processamento *top-down*, sugere-se que *mindfulness* proporciona operar no processamento *bottom-up* diante da fissura, baseado essencialmente em informações sensoriais, em contrapartida a contextualizações prévias (*top down*), o que pode favorecer explorar a experiência da fissura de uma forma diferente, diminuindo a reatividade aos estímulos estressores.

A mesma revisão aponta estudos envolvendo especificamente o protocolo de *Mindfulness-Based Relapse Prevention* onde encontraram resultados bastante sugestivos confirmando estes mesmos achados citados acima e confirmando também a diminuição da reatividade aos estímulos ligados à fissura.

Os efeitos de médio e longo prazo de tratamentos baseados em *mindfulness* demonstram que os participantes de ensaios clínicos ampliam sua habilidade de reconhecer e tolerar o desconforto associado com a fissura e os afetos negativos, desarmando a resposta automática de usar a droga. Isso se dá à medida que os pacientes entram em contato com o desconforto, mas se engajam numa perspectiva de não julgamento de sua experiência física, afetiva e cognitiva, e de aceitação de seu estado de fissura ao invés de reagir automaticamente ou simplesmente evitar a experiência. Através de repetidas experiências de exposição e não reação, os pacientes constroem um novo repertório de respostas àqueles estímulos que antes sentiam como indefensáveis.

As técnicas baseadas em meditação *mindfulness* integram as práticas da terapia cognitivo-comportamental, que são consideradas padrão ouro, apesar de relativamente eficazes no tratamento das dependências. E são consistentes com elas sob vários aspectos. Sabidamente desenvolvem automanejo e facilitam que o paciente consiga sustentar a exposição às sensações desagradáveis, pensamentos e emoções, resultando na dessensibilização a respostas condicionadas, como, no caso, o uso de drogas.

Intervenções que aumentem aceitação e ampliem a consciência ajudam o paciente a desenvolver uma atitude de não julgamento diante de suas experiências, ampliando assim seu repertório de ação diante do fenômeno da fissura. Alguns estudos de evidências envolvendo práticas de *mindfulness* prevenção de recaídas ao uso de drogas serão apresentados a seguir.

Evidências científicas das intervenções baseadas em *mindfulness* para uso e abuso de substâncias

Na década de 1970, com base nos resultados promissores da meditação para saúde mental, Marlatt e Marques começaram a explorar essa possibilidade entre usuários de álcool. Os resultados observados foram animadores e subsidiaram estudos subsequentes mais robustos e randomizados. Os primeiros estudos foram realizados com técnicas de relaxamento (envolvendo meditação transcendental) e, posteriormente, avançaram para estudos envolvendo meditação mindfulness.

Quase duas décadas depois, em uma revisão à literatura científica sobre teoria e tratamento cognitivo de dependências de substâncias, fortalecem a ideia, ao concluir que existe forte sustentação teórica para compreender os benefícios potenciais da meditação *mindfulness* no tratamento das dependências, especialmente como estratégia complementar para redução das recaídas. De acordo com os autores, o uso da meditação para dependências não é uma ideia nova, porém muitos dos estudos anteriores apresentavam limitações metodológicas e teóricas. Os estudos mais recentes, como os de Bowen e col., conseguiram avançar, especialmente ancorados na Terapia Cognitiva Comportamental.

Ainda permanecem várias limitações que precisam ser superadas. Por exemplo, para dependência de tabaco, a maioria das pesquisas contam com amostras pequenas, muitas vezes sem grupo controle e com seguimento de tempo muito curto, com quatro meses no máximo ainda. Muitas são baseadas no programa MBSR e não especificamente para prevenção de recaídas – MBRP.

Apesar das limitações, os estudos científicos que envolvem o uso das intervenções baseadas em *mindfulness* têm crescido exponencialmente na última década. Um ponto interessante é que este crescimento vem acompanhado também de uma melhora na qualidade dos estudos, no que se refere a períodos mais longos de *follow-up*, números de amostras maiores e estudos de comparação com intervenções consideradas padrão ouro, como a terapia cognitiva e a prevenção de recaída. Essas comparações permitem identificar e descrever com mais clareza a contribuição específica de *mindfulness*, para além do que já foi conseguido com as outras intervenções. Essa evolução das pesquisas, também tem permitido um melhor entendimento sobre os possíveis mecanismos das intervenções envolvidos na recuperação dos usuários de substâncias, bem como na prevenção de recaídas. Para que seja possível o entendimento dessa evolução nas pesquisas, é necessário dar continuidade a um breve histórico sobre a aplicabilidade das intervenções baseadas em *mindfulness* para uso de substâncias.

Como já foi dito, Alan Marlatt foi o pioneiro nos estudos de meditação e uso de drogas e a sua grande motivação foi o seu próprio contato pessoal com a filosofia budista e a sua curiosidade sobre como essa filosofia poderia dar suporte na definição dos mecanismos dos comportamentos aditivos de forma geral, especialmente o uso de substâncias. Assim, seria essencial entender como a mente se comporta e como os pensamentos e expectativas podem tanto facilitar quanto reduzir a ocorrência de comportamentos aditivos.

Para tanto, antes de criar o protocolo de *Mindfulness-Based Relapse Prevention*, Marlatt inicia uma contextualização do uso de drogas (ou comportamentos aditivos), pela perspectiva da filosofia budista, segundo a qual, estes comportamentos seriam um *falso refúgio*, uma vez que são motivados por um forte desejo ou fissura, que tem o objetivo de aliviar o sofrimento (a curto prazo), apesar de o engajamento contínuo nesses comportamentos aumentar a dor e o sofrimento. Dessa maneira, as pessoas aprendem e se apoiam nessa estratégia que lhes fornece um *refúgio* e tendem a recorrer a ela mais frequentemente a fim de antecipar um alívio ao potencial sofrimento, o que na terapia cognitiva chamaríamos de fissura. Fazendo uso dessas estratégias, as pessoas se tornariam menos hábeis a estar na presença do desconforto, fortalecendo a crença de que precisam fazer algo para se livrarem desse sofrimento, mantendo este círculo vicioso.

Seguindo esse raciocínio, a atitude de aceitação e a habilidade metacognitiva de observar como a mente funciona, ou seja, como os pensamentos estão ligados às emoções e, consequentemente, a comportamentos, e de reconhecer a impermanência das coisas, desenvolvidas nas práticas meditativas, poderiam fornecer subsídios para reconhecer os gatilhos e como a mente reage a eles, quebrando esse círculo vicioso e favorecendo a liberação do sofrimento, que, no caso do uso de drogas, poderia ser estados de humor negativos, fissura ou sensações desconfortáveis geradas pela abstinência da droga. Assim, o objetivo da prática de *mindfulness* não seria mudar os pensamentos (como na TCC), mas desenvolver uma atitude ou relação diferente dos pensamentos e emoções, à medida que eles surgem na mente. Desse ponto de vista, a ideia que se veicula é que, ao contrário de *doentes* e *incapazes*, as pessoas são vistas como tendo a habilidade de escolher e ser responsáveis pelos seus atos. Sendo o principal foco desta prática o cultivo de estados mentais e comportamentos mais habilidosos, que, por sua vez, geram bem-estar (Marlatt, 2002).

Após essa integração dos conceitos budistas e da prática de *mindfulness* ao modelo psicológico de adição, Witkiewitz, Marlatte, Walker publicaram um estudo em que descreveram os componentes da prevenção de recaída, os mecanismos de mudança de acordo com a TCC e fizeram uma breve introdução do MBRP, com resultados empíricos preliminares, indicando a eficácia dessa nova abordagem para comportamentos aditivos.

Esses resultados referiam-se a um treinamento da meditação Vipassana, entre uma população masculina encarcerada, que tinha histórico de uso pesado de álcool e outras drogas. Apesar de serem resultados preliminares e de apresentarem uma série de limitações devido à grande perda de participantes ao longo do estudo, os resultados foram o ponto de partida para o investimento na criação do MBRP. Nesse estudo, puderam observar que o simples automonitoramento não garantiria o desenvolvimento de habilidades de autorregulação e, por esse motivo, componentes que são a base do conceito de *mindfulness*, como foco no momento presente, com aceitação e não julgamento seriam fundamentais.

Com os resultados promissores desse primeiro estudo na penitenciária, a equipe de Marlatt ampliou o estudo. Continuaram comparando o curso de Vipassana com outros tratamentos usuais, como 12 passos e psicoeducação, mas, dessa vez, incluíram participantes do sexo feminino, além de expandirem o tempo de *follow-up* para seis meses após terem passado pelo curso de Vipassana. Os resultados indicaram que, após serem liberados da penitenciária, os participantes mostraram reduções significativas do uso de álcool, maconha e cocaína/crack, quando comparados ao grupo controle. Além disso, esses participantes ainda demonstraram decréscimos nos problemas relacionados ao uso de álcool e de sintomas psiquiátricos, além de aumentos significativos em medidas psicossociais positivas, como otimismo e lócus de controle do uso de drogas.

No que se refere especificamente à eficácia e efetividade do protocolo de MBRP, existem dois estudos especiais que merecem destaque e que ilustram a evolução dos estudos na área. O primeiro deles foi um estudo piloto, e foi também o primeiro ensaio clínico randomizado, testando a viabilidade e a eficácia do MBRP, quando comparado ao tratamento usual. Esse estudo compreendeu 168 participantes, em sua maioria homens (64%), usuários de diferentes tipos de drogas: álcool (46%), cocaína/crack (26%), metanfetamina (14%), heroína/opiáceos (7%), maconha (5%) e outras (2%), que haviam passado por pelo menos um mês de tratamento para o uso de drogas, que podia ser em modelo de internação ou ambulatorial intensivo. Um dado importante sobre a amostra é que o nível de escolaridade era intermediário, até o ensino médio (71%), e a grande maioria estava desempregada, recebendo algum benefício governamental ou recebiam menos de $500,00 por mês e tinham condições de habitação instável, ou não tinham moradia.

Todas as medidas foram realizadas antes do início das intervenções, logo após as intervenções e depois de dois e quatro meses após o fim das intervenções. O grupo experimental recebeu o protocolo de MBRP e o grupo controle recebeu o tratamento usual de manutenção do serviço em que haviam completado o tratamento, que em sua maioria consistia no modelo de 12 passos e psicoeducação. A viabilidade do estudo foi demonstrada pela realização das práticas formais (em média, 4 dias por semana, por aproximadamente 30 minutos por dia) e atividades destinadas a serem feitas entre as sessões, pela participação nas sessões (65%, Média = 5,1 sessões, DP = 2,4) e pela satisfação dos participantes. A eficácia inicial pôde ser observada pelas taxas significativamente menores de uso de substâncias entre o grupo experimental, quando comparado ao grupo controle, que se manteve até o *follow-up* de quatro meses. Além disso, os participantes que receberam MBRP demonstraram decréscimos na intensidade das fissuras e aumento nas habilidades de aceitação e agir com consciência, quando comparados ao grupo controle.

Em um estudo subsequente, os autores demonstraram que a fissura mediou a relação entre sintomas depressivos e uso de substâncias no grupo que recebeu tratamento usual, mas não no que recebeu MBRP. Dessa maneira, torna-se possível afirmar que o MBRP atenuou a relação entre os sintomas depressivos pós-intervenção e a fissura, no *follow-up* de dois meses. Esse efeito moderador foi um importante preditor do uso de substâncias quatro meses após a intervenção. Ou seja, através da prática de *mindfulness*, os participantes conseguiram modificar suas respostas aos sintomas depressivos, que deixaram de funcionar como um potencial gerador de fissura, quebrando o círculo vicioso entre estados emocionais negativos, fissura e uso de substâncias.

O estudo mais recente e mais robusto avaliando a eficácia do MBRP para prevenção de recaídas e uso de substâncias foi publicado recentemente pelo *Journal of American Medical Association* (JAMA – Psychiatry) e objetivou comparar três grupos: MBRP, o protocolo de prevenção de recaídas padrão (PR – Protocolo de prevençao de recaídas padrão) ou o tratamento usual (12 passos e psicoeducação), com um total de 286 participantes. Esse estudo, da mesma forma que os anteriores, teve uma população predominantemente masculina, usuários de múltiplas drogas (82%) e baixo *status* socioeconômico. A grande diferença é que teve *follow-ups* de 2, 4, 6 e 12 meses após a intervenção e elucidou pontos muito importantes na diferenciação entre as intervenções e possíveis mecanismos de mudança relacionados ao uso de substâncias.

Os resultados apontaram que, após seis meses do fim da intervenção, tanto o grupo que recebeu MBRP, quanto o que recebeu PR, tiveram uma média significativamente menor do número de dias que usaram drogas e de uso pesado de álcool do que o grupo que recebeu o tratamento usual. Sendo que o grupo que recebeu PR teve 21% menos chance de recair do que o MBRP, aos seis meses. No entanto, após 12 meses, o grupo que recebeu MBRP manteve suas taxas de recaída, número de dias que usaram drogas e episódios de beber pesado em um nível similar ao de seis meses, sendo, portanto, significativamente menores do que os grupos de PR e tratamento usual, que aumentaram significativamente a partir do sexto mês. Em comparação apenas com o protocolo de PR, o grupo MBRP apresentou 31% menos dias de uso de drogas e uma probabilidade significativamente maior de não se engajar em nenhum episódio de beber pesado, após os 12 meses.

Mas o que pode ter acontecido entre o sexto e o 12º mês que possa ter causado essa diferença entre os protocolos? Os autores discutem que essas diferenças podem ser explicadas pelas habilidades desenvolvidas pelos participantes de MBRP de reconhecerem e de experienciarem o desconforto associado à fissura e/ou afetos negativos. Além disso, a intervenção do MBRP integra abordagens empiricamente testadas, como TCC e *mindfulness*, para o aumento do reconhecimento de eventos individuais e ambientais que podem precipitar a recaída e alterar as respostas às fissuras e afetos negativos, através de processos baseados em exposição, possíveis através das práticas de *mindfulness*. A prática contínua ao longo do tempo fortalece a habilidade de monitorar e entender os fatores que contribuem para o bem-estar individual, o que dá suporte aos resultados de mais longo prazo.

Apesar de até o momento termos nos dedicado a explorar melhor o MBRP, existe uma vasta gama de estudos que utilizaram outras intervenções baseadas em *mindfulness* que têm demonstrado resultados positivos para o uso de substâncias.

Iremos explorar aqui os principais achados de duas revisões sistemáticas que objetivaram avaliar a aplicação e a efetividade dessas intervenções para o uso de substâncias.

A primeira delas foi realizada em 2009 e incluiu 25 artigos, contendo, além de ensaios clínicos randomizados, outras metodologias, como estudos controlados não randomizados, estudos de caso e estudos qualitativos. Além disso, não houve uma padronização das intervenções baseadas em *mindfulness* utilizadas nos estudos. Dessa maneira, foram incluídos estudos que realmente têm a base nas práticas de *mindfulness*, como Mindfulness-Based Stress Reduction (MBSR) e Vipassana, como outras intervenções que utilizam componentes de *mindfulness*, mas que têm como base da terapia outros conceitos, como a *Acceptance and Commitment Therapy* (Terapia de Aceitação e Compromisso – ACT) e *Dialectical Behavior Therapy* (Terapia Dialético-Comportamental – DBT). Os resultados demonstraram que, apesar de terem sido encontradas evidências sobre a segurança e eficácia dessas intervenções para o uso de substâncias, ainda havia uma falta de evidências mais robustas, uma vez que problemas metodológicos foram encontrados na maioria dos estudos. Esses problemas foram observados justamente por ser um campo em que os estudos ainda estão em fase preliminar e a própria sistematização das metodologias ainda está sendo desenvolvida. As principais limitações encontradas naquele momento foram amostras muito pequenas (a maioria eram estudos piloto) e de populações muito variadas, o que dificultou estabelecer com segurança para quais tipos de usuários as intervenções baseadas em *mindfulness* poderiam ser úteis. Além disso, naquele momento não foi possível estabelecer quais os mecanismos de *mindfulness* que estariam envolvidos na mudança do comportamento e nem avaliar o tamanho do efeito das intervenções.

A segunda revisão foi publicada mais recentemente e, pelo fato de já terem se passado cinco anos da anterior, tempo em que os estudos cresceram progressivamente, os autores puderam focar apenas em ensaios clínicos e que realmente tivessem utilizado as intervenções baseadas em *mindfulness* para o uso de substâncias.

Essa revisão incluiu 24 estudos e os seus principais resultados apontam que as intervenções baseadas em *mindfulness* promoveram a redução do uso de diversas substâncias (álcool, maconha, cocaína, opiáceos, anfetaminas e tabaco) de forma significativamente melhor que os grupos controle (lista de espera, psicoeducação ou outras intervenções). Demonstrou também mudanças estruturais no cérebro e ativação de áreas cerebrais associadas com redução de pensamentos ruminativos, o que, por sua vez, diminui a probabilidade de recaídas. Além disso, outro achado importante foi de que os participantes que receberam *mindfulness* aumentaram suas habilidades de diminuir a reatividade aos estímulos relacionados à fissura.

Apesar da qualidade das evidências ter aprimorado muito entre as duas revisões, Chiesa e Serretti apontam ainda importantes limitações que precisam ser endereçadas em estudos futuros, como amostras maiores, descrição mais detalhada da metodologia do estudo e das intervenções, estratégias para manter a adesão dos participantes aos protocolos, além de *follow-ups* mais longos e maior estruturação tanto nas medidas de *mindfulness* quanto do uso de substâncias.

Para além do uso de substâncias, existem evidências de que *mindfulness* possa contribuir para outros comportamentos compulsivos. Spinella, Martino e Ferri avaliaram, em uma amostra comunitária, a relação entre componentes do conceito de *mindfulness* e vários comportamentos compulsivos, como abuso de álcool, jogo patológico e compulsão para sexo e compras. Foram observadas correlações inversas entre a "atitude de não julgamento" com o abuso de álcool, sexo e jogo patológicos. Compra compulsiva apresentou relação inversa com *agir com consciência*. Os resultados sugerem que *mindfulness* possa ser útil no tratamento por abuso de substâncias, bem como para outros comportamentos compulsivos.

Concluindo, práticas de *mindfulness* parecem ser um instrumento bastante promissor no tratamento de dependências químicas e abuso de substâncias, trazendo recursos para que o dependente assuma um papel ativo em seu próprio processo de prevenção de recaídas e manejo de seus impulsos.

BIBLIOGRAFIA CONSULTADA

1. Analayo, V. (2006). Mindfulness in the PaliNikayas. In D.K. Nauriyal, D. K. Drummond, & Y. B. Lal (Eds.), Buddhist thought and applied psychological research: Transcending the boundaries (pp. 229-249). London: Routledge.
2. Baer, R. A. (2003). Mindfulness training as a clinical intervention: a conceptual and empirical review. Clinical Psychology: Science and Practice, 10(2), 125-143.
3. Baer, R. A., Smith, G. T., Hopkins, J., Krietemeyer, J., & Toney, L. (2006). Using self-report assessment methods to explore facets of Mindfulness. Assessment, 13(1), 27-45.
4. Baer, R. A., Smith, G. T., Lykins, E., Button, D., Krietemeyer, J., Sauer, S., et al. (2008). Construct validity of the five facets mindfulness questionnaire in meditating and nonmeditating samples. Assessment, 15(3), 329-342.
5. Bandura, A. (1977). Self-efficacy: Toward a unifying theory of behavioral change. Psychological Review, 84(2), 191-215
6. Bishop, S. R., Lau, M., Shapiro, S., Carlson, L., Anderson, N. D., Carmody, J., et al. (2004). Mindfulness: a proposed operational definition. Clinical Psychology, 11(3), 230-241.
7. Black, D. S. (2014). Mindfulness-based interventions: An antidote to suffering in the context of substance use, misuse, and addiction. Substance Use & Misuse, 49(5):487.
8. Bowen, S., Chawla, N., Collins, S. E., Witkiewitz, K., Hsu, S., Grow, J., et al. (2009). Mindfulness-based relapse prevention for substance use disorders: a pilot efficacy trial. Substance abuse, 30(4), 295-305.
9. Bowen, S., Chawla, N.,&Marlatt, G. A. (2011). Mindfulness-based relapse prevention for addictive behaviors: a clinician's guide. New York: The Guilford Press.
10. Bowen, S., Witkiewitz, K., Clifasefi, S. L., Grow, J., Chawla, N., Hsu, S. H., et al. (2014). Relative efficacy of mindfulness-based relapse prevention, standard relapse prevention, and treatment as usual for substance use disorders: a randomized clinical trial. JAMA Psychiatry, 71(5), 547-556.
11. Bowen, S., Witkiewitz, K., Dillworth, T. M., Chawla, N., Simpson, T. L., Ostafin, B. D., et al. (2006). Mindfulness Meditation and Substance Use in an Incarcerated Population. Psychology of Addictive Behaviors, 20(3), 343-347.
12. Brefczynski-Lewis, J. A., Lutz, A., Schaefer, H. S., Levinson, D. B., & Davidson, R. (2007). Neural correlates of attencional expertise in long-term meditation practioners. Proceedings of the National Academy of Sciences of the United States of America, 104(27), 11483-11488.
13. Breslin, F. C., Zack, M., &McMain, S. (2002). An information-processing analysis of mindfulness: Implications for relapse prevention in the treatment of substance abuse. Clinical Psychology: Science and Practice, 9(3), 275-299.
14. Brewer, J. A., Elwafi, H. M., & Davis, J. H. (2013). Craving to Quit: Psychological Models and Neurobiological Mechanisms of Mindfulness Training as Treatment for Addictions. Psychology of Addictive Behaviors, 27(2), 366-379.
15. Brewer, J. A., Sinha, R., Chen, J. A., Michalsen, R. N., Babuscio, T. A., Nich, C., et al. (2009). Mindfulness training and stress reactivity in substance abuse: Results from a randomized, controlled stage I pilot study. Substance Abuse. 30(4), 306-317.
16. Brown, K. W., & Ryan, R. M. (2003). The benefits of being present: The role of mindfulness in psychological well-being. Journal of Personality and Social Psychology, 84(4), 822-848.
17. Chiesa, A., & Malinowski, P. (2011). Mindfulness-based approaches: are they all the same? Journal of Clinical Psychology, 67(4), 404-424.
18. Chiesa, A., &Serretti, A. (2014). Are Mindfulness-Based Interventions effective for substance use disorders? A systematic review of the evidence. Substance Use & Misuse, 49(5), 492-512.
19. Davidson, R. J., Kabat-Zinn, J., Schumacher, J. Rosenkranz, M., Muller, D., Santorelli, S.F., et al. (2003). Alterations in brain and immune function produced by mindfulness meditation, Psychosom Medicine, 65(4), 564-570.

20. Davis, J. M., Mills, D. M.,Stankevitz, K. A., Manley, A. R.,Majeskie, M. R.,&Smith, S. S. (2013). Pilot randomized trial on mindfulness training for smokers in young adult binge drinkers. BMC complementary and alternative medicine, 13, 215.
21. Elwafi, H. M., Witkiewitz, K., Mallik, S., Thornhill, T. A. 4th, & Brewer, J. A. (2013) Mindfulness training for smoking cessation: Moderation of the relationship between craving and cigarette use. Drug and Alcohol Dependence, 130(1-3), 222-229.
22. Fiore, M.,Jaén, C. R., Baker, T. B., Bailey, W. C., Bennett, G.,Benowitz, N. L. et al. (2008). A clinical practice guideline for treating tobacco use and dependence: 2008. AmericanJournal of Preventive Medicine, 35(2), 158-176
23. Gross, C. R., Kreitzer, M. J., Reilly-Spong, M., Wall, M., Winbush, N. Y., Patterson, R., et al. (2011). Mindfulness-based stress reduction versus pharmacotherapy for chronic primary insomnia: a randomized controlled clinical trial. Explore (NY), 7(2), 76-87.
24. Hajek, P., Stead, L. F., West, R., Jarvis, M., & Lancaster, T.(2009). Relapse Prevention interventions for smoking cessation. The Cochrane Database of Systematic Reviews, (1), CD003999.
25. Instituto Nacional de Câncer. (2004).Deixando de fumar sem mistérios. Rio de Janeiro: Ministério da Saúde.
26. Kabat-Zinn, J. (1994). Wherever you go, there you are: Mindfulness meditation in everyday life. New York: Hyperion.
27. Kenford, S. L., Fiore, M. C.,Jorenby, D. E., Smith, S. S., Wetter, D. &Baker, T. B. (1994). Predicting smoking cessation: Who will quit with and without the nicotine path. Journal of the American Medical Association, 271(8), 589-594
28. Kozasa, E. H., Sato, J. R., Lacerda, S. S., Barreiros, M. A., Radvany, J., Russell, T. A., et al. (2012). Meditation training increases brain efficiency in an attention task. Neuroimage, 59(1), 745-749.
29. Lazar, S. W., Kerr, C. E., Wasserman, R. H., Gray, J. R., Greve, D. N., Treadway, M. T., et al. (2005). Meditation experience is associated with increased cortical thickness. Neuroreport, 16(17), 1893-1897.
30. Leshner, A. I. (1999). Science is revolutionizing our view of addiction - and what to do about it. American Journal of Psychiatry, 156(1), 1-3.
31. Lustyk, M. K. B. (2012).Hemodynamic response to a laboratory challenge in substance abusers treated with mindfulness-based relapse prevention. Paper presented at the International Research Congressoon Integrative Medicine and Health, Portland, OR.
32. Lutz, A., Greischar, L. L., Rawlings, N. B., Ricard, M., & Davidson, R.J. (2004). Long-term meditators self-induce high-amplitude gamma synchrony during mental practice. Proceedings of the National Academy of Sciences of the United States of America, 101(46),16369-16373.
33. Marlatt, G. A. (2002). Buddhist Philosophy and the Treatment of Addictive Behavior. Cognitive and Behavioral Practice, 9(1), 44-50.
34. Marlatt, G. A., & Donovan, D. M. (2009). Prevenção de Recaída: estratégias de manutenção no tratamento de comportamentos aditivos. Porto Alegre: Artmed.
35. Marlatt, G.A., & Gordon, J.R. (Eds.). (1985). Relapse Prevention: Maintenance strategies in the treatment of addictive behaviors. New York: Guilford Press.
36. Marlatt, G. A., &Marques, J. K. (1977). Meditation, self-control, and alcohol use In R.B. Stuart (Ed.), Behavioral self-management: Strategies, techniques, and outcomes(pp. 117–153). New York:Brunner/Mazel.
37. Marlatt, G. A., Pagano, R. R., Rose, R. M., &Marques, J. K. (1984). Effects of meditation and relaxation training upon alcohol use in male social drinkers. In D.H. Shapiro, &R.N. Walsh (Eds.), Meditation: Classic and contemporary perspectives(pp. 105-120). New York:Aldine Press.
38. Morone, N. E., Lynch, C. S., Greco, C. M., Tindle, H. A., & Weiner, D. K. (2008). "I felt like a new person." The effects of mindfulness meditation on older adults with chronic pain: qualitative narrative analysis of diary entries. The Journal of Pain, 9(9), 841-848.
39. Newberg, A. B., &Iversen, J. (2003). The neural basis of the complex mental task of meditation: neu-

rotransmitter and neurochemical considerations.Medical Hypotheses, 61(2), 282-291.
40. Niaura, R., Abrams, D. B.,Shadel, W. G.,Rohsenow, D. J., Monti, P. M.,&Sirota, A. D. (1999). Cue Exposure Treatment for smoking relapse prevention: A controlled clinical trial. Addiction, 94(5), 685-695
41. Penberthy, J. K., Konig, A., Gioia, C. J., Rodríguez, V. M., Starr, J. A., Meese, W. et al. (2013). Mindfulness-Based Relapse Prevention: History, Mechanisms of Action, and Effects. Mindfulness. Acesso em 00 de mês por extenso de 2014, em http://link.springer.com/article/10.1007%2Fs12671-013-0239-1
42. Rapgay, L., &Bystrisky, A. (2009). Classical mindfulness: an introduction to its theory and practice for clinical application. Annals of the New York Academy of Sciences, 1172(1), 148-162.
43. Robinson, T. E.,&Berridge, K. C. (1993). The neural basis of drug craving: an incentive-sensation theory of addiction. Brain research reviews, 18(3),247-291.
44. Schroevers, M. J., &Brandsma, R. (2010). Is learning mindfulness associated with improved affect after mindfulness-based cognitive therapy? British Journal of Psychology, 101(Pt 1), 95-107.
45. Segal, Z. V., Bieling, P., Young, T., MacQueen, G., Cooke, R., Martin, L., et al. (2010). Antidepressant monotherapy vs sequential pharmacotherapy and mindfulness-based cognitive therapy, or placebo, for relapse prophylaxis in recurrent depression. Archives of General Psychiatry, 67(12), 1256-1264.
46. Shimamura, A. P. (2000). Toward a cognitive neuroscience of metacognition. Consciousness and Cognition, 9(2 Pt 1), 313-323.
47. Spinella, M., Martino, S., & Ferri, C. (2013). Mindfulness and Addictive Behaviors. Journal of Behavioral Health, 2(1), 1-7.
48. Stefano, G. D., Fricchione, G. L., &Esch, T. (2006). Relaxation: molecular and physiological significance. Medical Science Monitor, 12(9), HY21-31.
49. Teasdale, J. D., Segal, Z. V., Williams, J. M. G., Ridgeway, V. A., Soulsby, J. M., & Lau, M. A. (2000). Prevention of relapse/recurrence in major depression by mindfulness-based cognitive therapy. Journal of Consulting and Clinical Psychology, 68(4), 615-623.
50. Teasdale, J. D., Segal, Z., Williams, J., & Mark, G. (1995). How does cognitive therapy prevent depressive relapse and why should attentional control (mindfulness) training help? Behaviour Research and Therapy, 33(1), 25-39.
51. Vidrine, J. I., Businelle, M. S., Cinciripini, P., Li, Y., Marcus, M. T., Waters, A. J., et al. (2009). Associations of mindfulness with nicotine dependence, withdrawal, and agency. Substance abuse: official publication of the Association for Medical Education and Research in Substance Abuse, 30(4), 318-327.
52. Wallace, R. K. (1970). Physiological effects of transcendental meditation. Science,167(3926), 1751-1754.
53. Wallace, R. K., Silver, J., Mills, P. J., Dillbeck, M. C.,&Wagoner, D. E. (1983). Systolic blood pressure and long-term practice of the transcendental meditation and TM-sidhi program: effects of TM on systolic blood pressure.Psychosomatic Medicine, 45(1), 41-46.
54. Weber, B., Jermann, F., Gex-Fabry, M., Nallet, A., Bondolfi, G., &Aubry, J. M. (2010). Mindfulness-based cognitive therapy for bipolar disorder: a feasibility trial. European psychiatry, 25(6), 334-337.
55. Westbrook,C., Creswell, J. D.,Tabibnia, G.,Julson, E.,Kober, H.&Tindle, H. A. (2013) Mindfull attention reduces neural and self-reported cue-induced craving in smokers. Social Cognitive and Affective Neuroscience, 8(1), 73-84.
56. Witkiewitz, K., & Bowen, S. (2010). Depression, craving, and substance use following a randomized trial of mindfulness-based relapse prevention. Journal of Consulting and Clinical Psychology, 78(3), 362-374.
57. Witkiewitz, K., Bowen, S., Douglas, H., & Hsu, S. H. (2013). Mindfulness-Based Relapse Prevention for Substance Craving. Addict Addictive behaviors, 38(2), 1563-1571.
58. Witkiewitz, K., Bowen, S., &Lustyk, M. K. B. (2013). Retraining the Addicted Brain: A Review of the Hypothesized Neurobiological Mechanisms of Mindfulness-Based Relape Prevention. Psychology of Addictive Behaviors, 27(2), 351-365.

59. Witkiewitz, K., Marlatt, G. A., & Walker, D. (2005). Mindfulness-based relapse prevention for alcohol and substance use disorders. Journal of Cognitive Psychotherapy: An International Quarterly, 19, 211-228.
60. Zamarra, J. W., Schneider, R. H., Besseghini, I., Robinson, D. K., & Salerno, J. W. (1996). Usefulness of the transcendental meditation program in the treatment of patients with coronary artery disease. The American Journal of Cardiology, 77(10), 867-870.
61. Zgierska, A., Rabago, D., Chawla, N., Kushner, K., Koehler, R., &Marlatt, A. (2009). Mindfulness Meditation for Substance Use Disorders: A Systematic Review. Substance abuse, 30(4), 266-294.

CAPÍTULO 7

O Uso de Micro e Macro Nutrientes na Dependência Química

Juçara Xavier Zaparoli

INTRODUÇÃO

No decorrer das últimas décadas, diversas pesquisas têm demonstrado os efeitos, o papel e a importância de diferentes nutrientes, como as vitaminas e outros compostos, no funcionamento adequado do nosso organismo. Algumas dessas substâncias, como, por exemplo, o ômega-3, além de desempenharem papel fundamental no funcionamento adequado de nosso organismo, vêm sendo estudadas como ferramentas para diminuição da síndrome de abstinência e/ou no tratamento da dependência. Ao longo deste capítulo veremos alguns exemplos de nutrientes com potencial para essa finalidade.

ÔMEGA-3

Os ácidos graxos apresentam diversas funcionalidades, como: armazenamento e produção de energia, produção de fosfolipídios e esfingolipídios (tipos específicos de lipídios encontrados na membrana das células) de membrana e modificação covalente de diversas proteínas regulatórias.

Os ácidos graxos podem ser saturados, monoinsaturados e poli-insaturados. A denominação dos ácidos graxos utilizando a formatação ômega difere da denominação oficial para compostos químicos, sendo o numeral, n-3 ou n-6, por exemplo, o indicador da posição da dupla ligação carbono-carbono, contando a partir do final metil da cadeia.

Alguns dos ácidos graxos poli-insaturados (do inglês Polyunsaturated Fatty Acids - PUFA) mais importantes ao organismo são o ácido linoleico (LA) e ácido alfa-linolênico (ALA). Esses PUFAs são os precursores de duas séries distintas de ácidos graxos, a série ômega-3, derivado do ALA, e ômega-6, derivado do LA. Os ácidos graxos mais abundantes pertencentes à série ômega-3 são: ácido eicosapentanoico (EPA) e ácido docosahexanoico (DHA). Por sua vez, alguns dos representantes dos ácidos graxos da série ômega-6 são: ácido araquidônico (AA), ácido gama-linoleico, e ácido docosadeinoico.

Os ácidos graxos poli-insaturados são produzidos por uma série de etapas bioquímicas, que ocorrem em estruturas específicas das células, chamadas de organelas. Duas delas participam ativamente desse processo: o retículo endoplasmático e os peroxissomos. Para exemplificar esse processo de produção, de uma maneira bem simplista, tomaremos como exemplo a formação de ácidos graxos da série ômega-3. O precursor, o ALA, após passar por uma série de etapas, será convertido em EPA, e este, seguindo o mesmo processo de conversões, será convertido para DHA. Dessa forma, tem-se ao final do processo a produção de DHA, sendo o EPA um produto intermediário. Tenha em mente que esse processo é composto por inúmeras etapas e conta com a participação de diferentes enzimas, podendo ser influenciado por outros processos. Como a discussão deste assunto foge do escopo de interesse deste capítulo, sugere-se uma leitura mais aprofundada em outras fontes (literatura de apoio no final do capítulo).

Os ácidos graxos da série ômega-3 e 6 são fisiológica e metabolicamente distintos; contudo os precursores, ALA e LA, são metabolizados através das mesmas enzimas, ocorrendo, dessa forma, uma competição entre eles. Um exemplo desse processo é a competição entre o EPA e AA para a síntese de determinados compostos. Os compostos produzidos a partir destes ácidos graxos podem ser pró ou anti-inflamatórios. Em uma situação com maior ingestão de ácidos graxos da série ômega-3 teremos, de maneira resumida, um aumento na produção de compostos anti-inflamatórios, e uma diminuição de compostos pró-inflamatórios (estes compostos favorecem o processo inflamatório). Já em uma situação em que haja um aumento da ingestão de ácidos graxos da série ômega-6, e uma diminuição dos ácidos graxos da série ômega-3, tem-se um aumento da produção de compostos pró-inflamatórios, e uma diminuição dos compostos anti-

-inflamatórios. Por tratar-se de um assunto que foge do interesse deste capítulo, sugere--se também a leitura de outras fontes para maiores informações.

Esses ácidos graxos recebem o termo essencial porque as células de mamíferos são incapazes de produzi-los completamente, por isso devem ser obtidos exclusivamente através da dieta, da mesma forma que alguns dos aminoácidos ("blocos construtores" das proteínas) são classificados como essenciais. Os ácidos graxos da série ômega-3 são encontrados em plantas e seres marinhos, e a principal fonte de ômega-3 é o óleo de peixe. Uma grande porcentagem dos ácidos graxos da série ômega-6 são encontrados em óleos de vegetais, nozes e cereais. Alguns exemplos de óleos vegetais que contêm estes ácidos graxos são: óleo de linhaça, óleo de soja, óleo da semente de girassol, entre outros.

Diferentemente dos ácidos graxos saturados e *trans*, que têm demonstrado efeitos negativos para a saúde, os ácidos graxos da família ômega-3 têm sido associados a vários benefícios, como, por exemplo, no tratamento da hipertensão, doença de Crohn, artrite reumatoide, doença macular relacionada à idade e asma. Há também relatos de eficácia na redução do risco cardíaco primário, de doenças coronarianas e diminuição nos triglicérides séricos.

É importante ressaltar que cada vez mais efeitos benéficos ao organismo são esclarecidos, como nos casos descritos antes, contudo o consumo de ômega-3 nas dietas ocidentais é reduzido. No Reino Unido e Europa Ocidental, a ingestão de ômega-3 e ômega-6 atinge a proporção de 1:15 (ômega-3 e ômega-6), sendo que alguns estudos demonstram que a proporção de ingestão pode atingir a proporção de 1:20 em alguns países. Esta deita rica na ingestão de açúcares e deficitária em alimentos nutritivos como o ômega-3, vegetais e vitaminas, é conhecida como Dieta Ocidental (do inglês *Western diet*). Alguns estudos mostram que a proporção dietética padrão é de 3-3,5:1 (ômega--3:ômega-6). O balanço entre as proporções dos ácidos graxos ômega-3/ômega-6 é de extrema importância para a saúde; sendo uma possível consequência para esse desbalanço um provável aumento na produção de compostos pró-inflamatórios, por exemplo.

Ao analisar a porcentagem de lipídios de todos os órgãos do corpo humano, o Sistema Nervoso Central (SNC), excluindo o tecido adiposo, é o órgão que possui a maior quantidade de lipídios. O peso seco de um cérebro adulto aproxima-se de 50% a 60% de lipídios. Aproximadamente 33% dos PUFAs encontrados na constituição do cérebro são da série ômega-3. A elevada concentração desses compostos evidencia o importante papel desses PUFAs neste tecido e em seu funcionamento adequado.

Evidências de estudos clínicos sugerem que uma redução na porcentagem dos ácidos graxos da série ômega-3 está associada com diferentes doenças como o Transtorno de Déficit de Atenção e Hiperatividade, a depressão, a doença de Alzheimer, a esclerose múltipla, e que a suplementação dietética é capaz de melhorar a condição clínica dos pacientes que apresentam estas patologias.

Os PUFAs são compostos que participam da constituição das membranas celulares de praticamente todas as células. No tecido nervoso, os neurônios requerem uma quantidade adequada de ácidos graxos da série ômega-3 e ômega-6 em suas membranas para o funcionamento adequado. Além de participarem da constituição das membranas neuronais, os ácidos graxos ômega-3 e 6 influenciam o funcionamento dos neurônios tanto pela relação direta destes compostos com os outros constituintes da membrana celular, ou, ainda, através da modulação das propriedades biofísicas das membranas, como também através da produção de mensageiros bioquímicos.

Os ácidos graxos EPA e DHA (compostos pertencentes à família do ômega-3) possuem efeitos neuroprotetores, isto é, desempenham ou resultam em processos que culminam com a proteção dos neurônios. Estas ações estão relacionadas com diferentes mecanismos, sendo alguns deles: (1) a ação direta sobre a membrana plasmática, influenciando o funcionamento de proteínas de membrana, como, por exemplo, os canais iônicos e os receptores presentes na membrana; (2) alteração da resposta inflamatória, e (3) controle sobre a expressão gênica. A alteração na resposta inflamatória se deve à competição entre o ácido AA e o EPA, na qual a alta concentração de EPA favorece a síntese de mediadores anti-inflamatórios. O controle da expressão gênica é decorrente da síntese de resolvinas anti-inflamatórias derivadas de EPA e DHA, as quais inibem proteínas pró-apoptóticas e aumentam a atividade das antiapoptóticas.

Como os PUFAs da série ômega-3 (e da série ômega-6) são compostos obtidos unicamente da alimentação, variações na dieta podem resultar em pequenas alterações na concentração destes compostos nos mais variados tecidos do organismo, como, por exemplo, no SNC. Essas pequenas modificações poderiam ser responsáveis por desencadear um desbalanço e um mau funcionamento desse tecido. Estudos com modelos animais já demonstraram que a deficiência dietética crônica de ALA (precursor do ômega-3) em roedores afeta a composição das membranas neuronais.

POSSÍVEL PAPEL DO ÔMEGA-3 NA DEPENDÊNCIA

Para uma melhor compreensão sobre o possível papel do ômega-3 na dependência, segue uma breve recordação sobre os processos e estruturas relacionadas.

O sistema de recompensa, relacionado com a obtenção de prazer, bem-estar (e a recompensa), usualmente é estimulado por neurotransmissores após estímulos naturais, como a ingestão de alimento, água e sexo. As substâncias psicoativas, como a nicotina, o álcool, cocaína etc. também são capazes de estimular esse sistema, porém de forma mais intensa, resultando uma sensação de prazer mais intenso. A interação dessas substâncias psicoativas com estruturas específicas do cérebro, como, por exemplo, a Área Tegmental Ventral (VTA), desencadeia a liberação direta de neurotransmissores, compostos químicos responsáveis pela comunicação dos neurônios, como a dopamina (DA) em uma região conhecida como o centro da recompensa. A liberação de DA em estruturas do centro de recompensa, como o *nucleus accumbens* e a amígdala, é responsável pela sensação de prazer, satisfação e estado euforizante. Esse processo, quando estimulado com frequência, pode resultar em adaptações do funcionamento dessas estruturais cerebrais, culminando com a instalação de um quadro de dependência.

Estudos realizados em modelos animais demonstram que a deficiência de ômega-3 resulta em alterações estruturais no tecido nervoso. Em estudos realizados em 1998 e em 2000, um grupo de pesquisadores demonstrou que roedores privados do precursor de ômega-3, o ácido alfa linolênico–ALA, apresentam funcionamento alterado do sistema dopaminérgico, sistema relacionado com o sistema de recompensa. Isto se deve à redução do número de vesículas que armazenam e protegem este neurotransmissor (DA). Utilizando um esquema experimental semelhante, uma outra pesquisa demonstrou que estas alterações ocorrem semelhantemente no sistema serotoninérgico, mediado pela serotonina. Esse sistema também desempenha papel na sensação de bem-estar. É importante ressaltar que os prejuízos descritos acima foram revertidos após o restabelecimento do precursor do ômega-3 na dieta dos animais de experimentação.

A deficiência de ácidos graxos essenciais, sejam do subtipo ômega-3 ou ômega-6, já foi relacionada a estados de impulsividade e a comportamentos compulsivos afetando a higidez dos sistemas neurais, em especial os serotoninérgicos.

Como a deficiência de ômega-3 influencia o funcionamento de diferentes neurotransmissores, como a DA e a serotonina, em diversos sistemas, incluindo os relacionados com o centro da recompensa, é possível que a administração de ômega-3 por via oral, simulando a obtenção pela dieta, aumente a sua biodisponibilidade. Consequentemente a sua concentração no organismo como um todo e no SNC poderia aumentar, favorecendo assim o equilíbrio entre as estruturas envolvidas (no centro de recompensa), diminuindo a compulsão e dependência.

A dosagem comumente empregada em estudos clínicos visando avaliar os efeitos do ômega-3, fazendo uso de suplementos de origem marinha, é de 3 g diários, divididos em 3 tomadas diárias por um período aproximado de 90 dias (3 meses). Contudo, até o presente momento não há um consenso sobre a dosagem terapêutica ideal, sendo possível encontrar divergência entre as doses empregadas e a duração dos tratamentos. Outro parâmetro importante a ser considerado é a quantidade de EPA e DHA presente nas cápsulas utilizadas. Para exemplificar essa questão, tomemos como exemplo dois estudos: no estudo conduzido pela pesquisadora Rabinovitz, em 2014, foram utilizadas cápsulas que continham 542 mg de EPA e 408 mg de DHA; já no estudo realizado pelo grupo liderado por Barbadoro, em 2013, foram utilizadas cápsulas que continham 60 mg de EPA e 252 mg de DHA. Além desse ponto, torna-se necessário considerar a quantidade de cápsulas ingeridas por dia. Assim, considerando os fatores expostos, ao se analisar um estudo, e o tratamento ou intervenção por ele proposto, um dos pontos a ser considerado é a dose diária.

Considerando o óleo de peixe como uma das principais fontes de ômega-3, os possíveis efeitos colaterais decorrentes da sua utilização em um tratamento são: aumento dose-dependente no tempo de sangramento (devido a alteração na concentração dos compostos envolvidos na agregação plaquetária); entretanto, não há casos notificados de sangramento anormais, mesmo em superdosagens, associados à terapia anticoagulante; sabor de peixe na boca e distúrbios gastrintestinais, sendo estes dois últimos os mais comuns.

Uma questão a ser considerada no momento de decisão pela dosagem de escolha no tratamento são as influências que algumas substâncias, como o álcool e os radicais livres presentes na fumaça do cigarro, podem causar no metabolismo dos ácidos graxos da série ômega-3.

Diversos estudos demonstram que, devido ao elevado número de ligações insaturadas na molécula de ômega-3, esse composto é altamente suscetível ao processo de oxidação pelos radicais livres e aumento do estresse oxidativo resultantes da fumaça do cigarro. O processo de oxidação do ômega-3 pode ocorrer também devido ao aumento da resposta inflamatória inerente à resposta do organismo frente à agressão da fumaça e compostos do cigarro. Em um estudo que tinha como objetivo investigar os efeitos dos compostos do cigarro sobre o ômega-3, os pesquisadores identificaram que fumantes possuíam concentrações inferiores de DHA e outros ácidos graxos poli-insaturados, como ácido linoleico e ácido araquidônico, quando comparados com não fumantes.

O mesmo tipo de efeito pode ser encontrado em estudos que investigam o efeito do álcool sobre o metabolismo do ômega-3. Em uma revisão publicada em 2008, os autores discutem os efeitos deletérios do álcool, sendo eles: a alteração do ambiente das membranas neuronais, modificando a permeabilidade das mesmas através da porção lipídica; e ainda a alteração da absorção e do metabolismo dos ácidos graxos essenciais devido a uma inibição das enzimas que realizam o processamento (elongação e dessaturações) para a produção de EPA e DHA.

A seguir, há uma breve descrição de estudos que avaliaram os efeitos da utilização dos ácidos graxos da série ômega-3 em diferentes aplicações.

De acordo com Ross, a suplementação com PUFAs da série ômega-3 mostrou-se eficaz no tratamento de desordens de ansiedade e ocasionou melhoras em avaliações de depressão, suicídio e estresse diário. Em uma revisão sobre ômega-3 publicada em 2012, discutiu-se que estudos demonstraram que um baixo consumo de ácidos graxos da série ômega-3 está relacionado com uma maior prevalência de transtornos de humor e instabilidade. Esta mesma revisão menciona um estudo no qual os pacientes com depressão apresentam um metabolismo alterado de ômega-3, e que o tratamento convencional com antidepressivos não foi capaz de reverter o estado clínico.

Em um estudo cujo objetivo era analisar as associações entre agressividade e comportamentos impulsivos em pacientes com transtorno de depressão maior (inglês *Major Depressive Disorder*) sem tratamento, foi identificado que baixas concentrações do ácido graxo EPA foram associadas com agressividade e impulsividade somente em pacientes acometidos por este transtorno com comorbidade para transtorno do uso de substâncias, embora este, na grande maioria dos casos, estivesse em remissão.

Em uma pesquisa que visava avaliar os efeitos de PUFAs e outros nutrientes antioxidantes sob o estresse em uma população de fumantes identificou melhoras no estresse psicossocial. O tratamento consistiu no uso de cápsulas contendo vitaminas, minerais e PUFAs (5,6 g) por aproximadamente 30 dias. O estudo sugere que o alívio do estresse psicossocial obtido ao final do tratamento poderia estar relacionado com os efeitos do DHA, presente nas cápsulas utilizadas. É importante ressaltar que esse estudo identificou melhoras no estresse psicossocial, contudo não fez uso de uma série de ácidos graxos em especial, mas uma combinação de PUFAs.

Em uma abordagem diferente dos estudos descritos acima, os pesquisadores Buydens-Branchey e seus colaboradores investigaram a associação entre os níveis de PUFAs da série ômega-3 e 6 de dependentes de cocaína com as recaídas após um período de internação e desintoxicação. Os pesquisadores identificaram que os indivíduos que apresentaram relapso nos três primeiros meses após a desintoxicação tinham menores concentrações de PUFAs da série ômega-3 e 6.

Esse mesmo grupo de pesquisadores realizou um outro estudo com uma população de usuários de substâncias. Os indivíduos foram tratados com ácidos graxos da série ômega-3 (quantidade aproximada de 2.250 mg EPA, 500 mg DHA e 250 mg de outros PUFAs, por dia) por três meses, e, ao término da intervenção, aqueles que receberam o tratamento ativo apresentaram um declínio progressivo nos níveis de ansiedade.

Em outro estudo conduzido pelo mesmo grupo foi investigada a relação entre os níveis de agressividade de dependentes de cocaína internados com as concentrações de ômega-3 e 6. Os pacientes foram tratados com cápsulas contendo uma quantidade aproximada de 2.250 mg de EPA e 500 mg de DHA, 250 mg de outros PUFAs, por dia, por três meses. O estudo identificou que, entre os internos mais agressivos, as concentrações de ômega-3, principalmente de DHA, eram inferiores quando comparados com os internos não agressivos, antes do início do tratamento. E que, após o tratamento, os pacientes tratados com as cápsulas contendo a combinação de PUFAs apresentaram uma redução nos níveis de agressividade.

Os resultados desses estudos sugerem evidências da relação entre os ácidos graxos da série ômega-3 e 6 e comportamentos relacionados com a dependência, como as recaídas e a agressividade.

Um estudo liderado pela pesquisadora Rabinovitz tratou um grupo de fumantes, os quais não tinham intenção de parar de fumar, por um mês com cápsulas contendo uma combinação de ácidos graxos ômega-3 (2.710 mg EPA/dia e 2.040 mg de DHA/dia) e vitamina-E. Este estudo identificou uma diminuição na fissura por fumar, após a exposição dos participantes a pistas relacionadas com o fumar, e uma redução no número de cigarros fumados por dia.

Em um estudo conduzido com pacientes internados em um programa para tratamento de dependência de álcool, os participantes (abstinentes durante a intervenção) foram tratados durante três semanas com ácidos graxos da série ômega-3 (60 mg de EPA/

dia, 252 mg de DHA/dia), e foi verificado que após a intervenção ocorreu uma redução dos níveis de estresse e ansiedade quando analisados os valores no início da abordagem.

Outro exemplo de efeitos positivos com o uso de ácidos graxos no tratamento de dependência de álcool é o trabalho conduzido por Fogaça e seus colaboradores, no qual os mesmos realizaram o tratamento de dependentes de álcool por meio da suplementação com uma combinação de PUFAs (oriundos de um óleo vegetal – 400 mg de EPA + DHA; e óleo de peixe – 160 mg EPA e 240 mg DHA). Ao término da intervenção, teve-se como resultado melhoras nos sintomas relacionados com a dependência quando comparados com os estágios do pré-tratamento.

A IMPORTÂNCIA DE OUTROS NUTRIENTES

Estudos demonstram que indivíduos que apresentam um quadro de dependência possuem, devido a diferentes motivos, ingestão deficitária de nutrientes. Muitos desses micronutrientes são compostos de extrema importância para o funcionamento adequado de nosso organismo. Um exemplo deste papel é a importância de compostos como o zinco, magnésio, e vitaminas A e D na estabilização das vias glutamatérgicas, serotoninérgicas e dopaminérgicas, todas relacionadas com a ativação do sistema de recompensa.

Outro exemplo de importância é o papel das vitaminas do complexo B; em especial a vitamina B1. A deficiência de B1 (tiamina) embora rara, está associado a um quadro neurológico grave. As síndromes neurológicas de dependentes de álcool tipicamente manifestam-se por perda progressiva de substância branca do Sistema Nervoso Central e Periférico e está possivelmente correlacionada com a deficiência de tiamina (B1). Este quadro pode estar relacionado com o fato de as vitaminas do complexo B serem hidrossolúveis, o que dificulta a formação de uma reserva no organismo, e porque muitas delas participam do metabolismo dos carboidratos e preferencialmente são esgotadas (depletadas) por altas taxas de metabolização do álcool.

Um estudo com o objetivo de avaliar o efeito da benfotiamina, um análogo lipossolúvel sintético da tiamina, testou a suplementação em dependentes de álcool (que não buscavam tratamento) durante 24 semanas. As cápsulas continham 600 mg de benfotiamina e eram ingeridas uma vez por dia. Após o término do tratamento, os pesquisadores identificaram uma diferença de gênero, no qual as mulheres do grupo que receberam benfotiamina apresentaram diminuição no consumo de álcool quando comparadas com as mulheres que não tomaram este composto (grupo placebo), enquanto nos homens tratados não foi identificado o mesmo efeito. Os pesquisadores relataram no estudo que a benfotiamina foi bem tolerada (nenhum evento adverso grave foi reportado) e que este composto poderia ser usado como uma terapia adjuvante no tratamento de deficiência de tiamina na dependência de álcool.

Em um estudo publicado em 2014, pesquisadores demonstraram uma possível correlação entre a deficiência de micronutrientes e a gravidade da síndrome de abstinência de álcool. Nesse estudo, os pesquisadores identificaram que indivíduos com síndrome de abstinência de álcool apresentavam concentrações baixas de diversos micronutrientes, entre eles o magnésio e vitamina D. Os pesquisadores sugerem que a suplementação destes nutrientes aos pacientes com síndrome de abstinência de álcool pode beneficiar na evolução dos sintomas.

Estas estratégias nutricionais descritas neste capítulo podem ser utilizadas em diferentes abordagens dentro do contexto do tratamento de dependência, como, por exemplo, (1) no âmbito de aliviar os sintomas agudos de retirada (síndrome de abstinência), e/ou (2) na tentativa de redução do comportamento compulsivo de consumir substâncias psicoativas em longo prazo, e/ou na (3) prevenção dos efeitos deletérios causados ao organismo pela exposição às substâncias consumidas (por exemplo: álcool, tabaco).

BIBLIOGRAFIA CONSULTADA

1. Alberg A. (2002). The influence of cigarette smoking on circulating concentrations of antioxidant micronutrients. Toxicology, 180(2), 121-37.
2. Abdolsamadi H.R., Goodarzi M.T., Mortazavi H., Robati M., Ahmadi-Motemaye F. (2011). Comparison of salivary antioxidants in healthy smoking and non-smoking men. Chang GungMed J, 34(6), 607-11.
3. Barbadoro, P., Annino, I., Ponzio, E., Romanelli, R.M.L., D'Errico, M.M., Prospero, E., Mineli, A. (2013). Fish oil supplementation reduces cortisol basal levels and perceived stress: A randomized, placebo-controlled trial in abstinent alcoholics. Mol. Nutr. Food Res, 57, 1110–1114.
4. Beier, A.M., Lauritzen, L., Galfalvy, H.C., Cooper, T.B., Oquendo, M.A., Grunebaum, M.F., John Mann, J., Sublette, M.E. (2014). Low plasma eicosapentaenoic acid levels are associated with elevated trait aggression and impulsivity in major depressive disorder with a history of comorbid substance use disorder. Journal of Psychiatric Research, 57, 133-140.
5. Borsonelo, E.C., Galduróz, J.C.F. The role of polyunsaturated fatty acids (PUFAs) in development, aging and substance abuse disorders: Review and propositions. Prostaglandins, Leukotrienes and Essential Fatty Acids, 78, 237–245.
6. Bourre, J.M. (2005). Dietary omega-3 Fatty acids and psychiatry: mood, behaviour, stress, depression, dementia and aging. J Nutr Health Aging, 9(1), 31-38.
7. Buydens-Branchey L., Branchey M., McMakin D.L., Hibbeln J.R. (2003). Polyunsaturated fatty acid status and relapse vulnerability in cocaine addicts. Psychiatry Res, 30, 120(1),29-35.a
8. Buydens-Branchey L., Branchey M., McMakin D.L., Hibbeln J.R. (2003). Polyunsaturated fatty acid status and aggression in cocaine addicts. Drug Alcohol Depend, 71(3), 319-23.b
9. Buydens-Branchey L., Branchey M. (2006). n-3 Polyunsaturated Fatty Acids Decrease Anxiety Feelings in a Population of Substance Abusers. Journal of Clinical Psychopharmacology, 26(6).
10. Buydens-Branchey L., Branchey M. (2008). Long chain n-3 polyunsaturated fatty acids decrease feelings of anger in substance abusers. Psychiatry Res, 157(1-3): 95–104.
11. Chalon, S., Vancassel, S., Zimmer, L., Guilloteau, D., Durand, G. (2001). Polyunsaturated fatty acids and cerebral function: focus on monoaminergic neurotransmission. Lipids, 36(9), 937-944.
12. Chalon, S. (2006). Omega-3 fatty acids and monoamine neurotransmission. Prostaglandins LeukotEssent Fatty Acids, 75(4-5), 259-269.
13. Das, U.N., Fams. (2003). Long-chain polyunsaturated fatty acids in the growth and development of the brain and memory. Nutrition, 19(1), 62-65.
14. Dyall, S.C., Michael-Titus, A.T. (2008). Neurological benefits of omega-3 fatty acids. Neuromolecular Med, 10(4),219-235.

15. Freeman, M.P. (2000). Omega-3 fatty acids in psychiatry: a review. Ann Clin Psychiatry, 12(3), 159-165.
16. Fogaça, M.N., Santos-Galduróz, R.F., Eserian, J.K., Galduróz, J.C.F. (2011). The effects of polyunsaturated fatty acids in alcohol dependence tretament – a Double blind, placebo-controlled pilot study. BMC Clinical, Pharmacol, (11:10).
17. Garland, M. R., Hallahan, B., McNamara, M., Carney, P. A., Grimes, H., Hibbeln, A., Harkin, A., Conroy, R. M. (2007). Lipids and essential fatty acids in patients presenting with self-harm. Br J Psychiatry, 190, 112-117.
18. Haag, M. (2003) Essential fatty acids and the brain. Can J Psychiatry, 48(3),195-203.
19. Hallahan, B., Hibbeln, J.R., Davis, J.M., Garland, M.R. (2007). Omega-3 fatty acid supplementation in patients with recurrent self-harm. Br J Psychiatry, 190,118-122.
20. Kapoor, R., Patil, U.K. (2011). Importance and production of omega-3 fatty acids from natural sources. International Food Research Journal, 18, 493-499.
21. Lakhan, S.E., Vieira, K.F. (2008). Nutritional therapies for mental disorders. Nutr J,21, 7:2.
22. Manzardo, A.M., He, J., Poje, A., Penick, C.E., Campbell, J., Butler, M.G. (2013). Double-blind, randomized placebo-controlled clinical trial of benfotiamine for severe alcohol dependence. DrugAlcoholDepend, 133(2).
23. Mazza, M., M, Pomponi, M., Janiri, L., Bria, P., Mazza, S. (2007). Omega-3 fatty acids and antioxidants in neurological and psychiatric diseases: an overview. ProgNeuropsychopharmacolBiol Psychiatry 31(1), 12-26.
24. Morrow J.D., Frei B., Longmire A.W., Gaziano J.M., Lynch S.M., Shyr Y., Strauss W.E., Oates J.A., Roberts L.J. 2nd. (1995). Increase in circulating products of lipid peroxidation (F2-isoprostanes) in smokers. Smoking as a cause of oxidative damage. N Engl J Med, 332(18), 1198-203.
25. Nitta, H., Kinoyama, M., Watanabe, A., Shirao, K., Kihara, H., Arai, M. (2007). Effects of nutritional supplementation with antioxidant vitamins and minerals and fish oil on antioxidant status and psychosocial stress in smokers: an
26. open trial. ClinExp Med, 7 (4)179-183.
27. Pasupathi P., Saravanan G., Farook J. (2009). Oxidative Stress Bio Markers And Antioxidant Status In Cigarette Smokers Compared To Nonsmokers. J. Pharm. Sci. & Res, Vol. 1(2), 55-62.
28. Pawlosky R.J., Hibbeln J.R., Salem N.,Jr. (2007). Compartmental analyses of plasma n-3 essential fatty acids among male and female smokers and nonsmokers. J Lipid Res, 48(4), 935-43.
29. Prior, P.L., Galduróz, J.C.F. (2012). (N-3) Fatty Acids: Molecular Role and Clinical Uses in Psychiatric Disorders. American Society for Nutrition. Adv. Nutr. 3: 257–265
30. Prior, P.L., Vaz, M.J., Ramos, A.C., Galduróz, J.C.F. (2014). Influence of Microelement Concentration on the Intensity of AlcoholWithdrawal Syndrome. Alcohol and Alcoholism, 50,2,152–156.
31. Rabinovitz, S. (2014). Effects of omega-3 fatty acids on tobacco craving in cigarette smokers: A double-blind, randomized, placebo-controlled pilot study. Journal of Psychopharmacology, 28(8), 804–809.
32. Richardson, A.J. (2004). Long-chain polyunsaturated fatty acids in childhood developmental and psychiatric disorders. Lipids, 39(12), 1215-1222.
33. Ross, B.M. (2009). Omega-3 polyunsaturated fatty acids and anxiety disorders. ProstaglandinsLeukotEssentFatty Acids,81(5-6), 309-312.
34. Rosemberg, J. (2005). Nicotina Droga Universal. INCA - Instituto Nacional do Câncer.
35. Rusca, A., Di Stefano, A.F., Diog M.V., Scarsi, C., Perucca, E. (2009). Relative bioavailability and pharmacokinetics of two oral formulations of docosahexaenoic acid/eicosapentaenoic acid after multiple--dose administration in healthy
36. volunteers. Eur J ClinPharmacol, 65(5), 503-510.
37. Simon J.A., Fong J., BernertJ.T.Jr., Browner W.S. (1996). Relation of smoking and alcohol consumption to serum fatty acids. Am J Epidemiol, 144(4), 325-34.
38. Simopoulos, A.P. Evolutionary Aspects of Diet: The Omega-6/Omega-3 Ratio and the Brain. MolNeurobiol, 44,203–215

39. Spector, A.A. (199). Essentiality of fatty acids. Lipids, 34 Suppl:S1-S3.
40. Stahl, Stephen M. Transtornos de Recompensa, Abuso de Drogas e seus tratamentos. In: Stephen M. Stahl (autor 3ª edição). Psicofarmacologia. Bases neurocientíficas e Aplicações práticas. Rio de Janeiro: Guanabara Koogan, 2010.639-644.
41. Ventulani, J. (2001). Drug addiction. Part II. Neurobiology of addiction. Pol J Pharmacol, 53(4),303-317.
42. Zappacosta B., Persichilli S., De Sole P., Mordente A., Giardina B. (199). Effect of smoking one cigarette on antioxidant metabolites in the saliva of healthy smokers. Arch Oral Biol, 44(6), 485-8.
43. Zimmer, L., Hembert, S., Durand, G., et al.. (1998). Chronic n-3 polyunsaturated fatty acid diet-deficiency acts on dopamine metabolism in the rat frontal cortex: a microdialysis study. Neurosci Lett, 240 (3), 177-181.
44. Zimmer, L., Delion-Vancassel, S., Durant, G., et. al.. (2000). Modification of dopamine neurotransmission in the nucleus accumbens of rats deficient in n-3 polyunsaturated fatty acids. J Lipid Res, 41(1),32-40. a
45. Zimmer, L., Delpal, S., Guilloteau, D., Aïoun, A., Durand, G., Chalon, S. (2000). Chronic n-3 polyunsaturated fatty acid deficiency alters dopamine vesicle density in the rat frontal cortex. NeurosciLett, 284(1-2),25-28. b

CAPÍTULO 8

Como as Intervenções e Psicoterapias Breves Trabalham?

Avaliação dos Processos de Mudança das Intervenções para Usuários de Drogas

Laisa Marcorela Andreoli Sartes
Erica Cruvinel
Maira Leon Ferreira

INTRODUÇÃO

A intervenção breve foi proposta em 1972, no Canadá, por Sanchez-Craig e colaboradores, para se referir a uma abordagem psicoterapêutica que propunha motivar usuários de álcool a mudarem seu comportamento de beber, em um curto espaço de tempo. Baseada nas teorias cognitiva e comportamental, a intervenção de quatro sessões obteve melhores resultados no tratamento de dependentes de álcool do que os das pessoas que não receberam tratamento. Nas últimas décadas, uma série de estudos têm buscado avaliar os efeitos de uma variedade de intervenções que usam esta nomenclatura. É importante, porém, diferenciar a intervenção breve (IB) e a psicoterapia breve. A intervenção breve tem foco na prevenção, isto é, auxilia um usuário abusivo ou de risco a reduzir ou parar o consumo por meio de seu caráter motivacional. As terapias breves, por sua vez, focam no tratamento de dependentes de substâncias. Marques e Furtado descrevem essas modalidades como um *continuum* de atenção, que varia de acordo com a gravidade do consumo de substâncias do indivíduo. Neste texto, iremos tratar das duas modalidades, que, junto com outras modalidades, costumam ser chamadas de "intervenções breves".

Podemos encontrar um conjunto significativo de pesquisas que estuda os efeitos das intervenções breves sobre a redução do consumo de drogas. A grande maioria dos trabalhos busca avaliar a eficácia e efetividade das intervenções e pouco se sabe sobre como a intervenção trabalha. Nos últimos 15 anos, uma nova tendência busca avaliar o processo das intervenções e foca em identificar os elementos específicos que podem influenciar os resultados de maneira adaptada para cada indivíduo. Na primeira parte deste capítulo, fazemos uma breve revisão sobre o estado do conhecimento das intervenções breves focadas na prevenção, identificando os componentes específicos em estudos anteriores. Na segunda parte, que ocupa a maioria do capítulo, trazemos uma revisão sobre os avanços nos estudos sobre as intervenções focadas no tratamento que se direcionam para compreender como as intervenções trabalham.

OS COMPONENTES DAS INTERVENÇÕES BREVES

As primeiras definições do termo intervenção breve (IB) direcionam para o entendimento de uma prática que objetiva identificar problemas reais ou potenciais relacionados ao uso de álcool ou outras drogas, assim como estratégias para motivar o indivíduo a fazer mudanças em relação a esse consumo. Muitos estudos citam o método FRAMES como técnica para direcionar suas intervenções. Essa sigla refere-se aos princípios da intervenção breve (*feedback, Responsansability, Advice, Menu of options, Emphaty* e *Self--efficacy*) e que serão descritos posteriormente, de forma mais clara, neste capítulo. No entanto, desde os primeiros trabalhos, a heterogeneidade das definições já vinha sendo apontada através da pluralidade em relação ao tempo da abordagem, ao conteúdo, à forma de desenvolver a intervenção, ao perfil dos profissionais envolvidos na aplicação da técnica e também em relação ao público alvo. A pluralidade de definições pode ser exemplificada, por exemplo, pelos diferentes termos e abreviaturas encontrados nas publicações internacionais: intervenções breves para álcool; intervenções breves; identificação e breve aconselhamento; intervenção breve estendida; aconselhamento breve; rastreamento e intervenções breves; rastreamento, intervenções breves e referenciamento para serviços especializados; entrevista motivacional breve, terapia cognitivo-comportamental breve, entre outras. Todas estas abordagens são realizadas com o tempo limitado e com foco na mudança de comportamento, atendendo aos objetivos esperados de uma intervenção breve; no entanto, há aspectos específicos que diferenciam as nomenclaturas apontadas.

Ainda nos anos recentes, a dificuldade em se conceituar de forma consensual o termo intervenção breve vem sendo fortemente discutida e direcionada para avanços nessa temática. No texto "*Brief Intervention Content Matters*" publicado em 2013, o autor questiona a lacuna de conhecimento que ainda existe sobre os conteúdos dessa intervenção, tendo em vista os resultados diversos apresentados em estudos recentes. O texto menciona um estudo clínico randomizado realizado no Reino Unido com o objetivo de comparar o efeito na redução do consumo de álcool entre pacientes que receberam apenas um folheto educativo sobre o álcool com dois grupos experimentais. O primeiro grupo recebeu o mesmo folheto acrescido de 5 minutos de aconselhamento breve, enquanto o segundo grupo de intervenção recebeu 20 minutos adicionais de aconselhamento. Os resultados dessa pesquisa não mostraram melhores resultados para os grupos que receberam aconselhamento mais intensivo.

Poderíamos então concluir que as intervenções breves não funcionam? Esse tipo de resultado motivou os pesquisadores, tal como o autor do texto citado anteriormente, a tentarem entender em detalhes o que estamos definindo como intervenção breve e principalmente a questionarem quais componentes estão envolvidos nas intervenções, na tentativa de compreender esses resultados e mensurar mais claramente o impacto dos aspectos mais efetivos.

Uma revisão sistemática publicada em revista brasileira apontou 30 pesquisas que utilizaram estratégias de intervenções breves para uso abusivo de álcool ou outras drogas, publicadas no período 1997 até o ano de 2010, em diferentes países. Acessamos os textos completos dos seis estudos realizados no contexto brasileiro citados nessa revisão na tentativa de conhecer a definição de intervenção breve. Destacamos na Tabela 8.1, quatro dos estudos que tiveram como objetivo avaliar o impacto da intervenção. As outras duas pesquisas não serão mencionadas por se tratar de estudo transversal e relato de experiência.

TABELA 8.1 Componentes das intervenções breves em estudos brasileiros.*

Estudo 1: De Micheli e col. (2004)	
Público	108 adolescentes; 10-19 anos, ambulatório
Componentes IB	Frames (*Feedback, responsibility, advice, menu of options, empathic* e *self-efficacy*)
Duração	Sessão única, 20 minutos
Profissionais que realizaram a IB	4 médicos com treinamento prévio na aplicação dos instrumentos de rastreio e IB
Estudo 2: Andretta e Oliveira (2008)	
Público	50 adolescentes, instituições especializadas no cumprimento de medidas protetivas a adolescentes

* Dados retirados a partir do estudo de revisão Pereira e col. (2013).

(Continua)

(Continuação)

TABELA 8.1	Componentes das intervenções breves em estudos brasileiros.*
Componentes IB	Entrevista motivacional
Duração	Tempo não especificado, 5 sessões de entrevista motivacional (primeira sessão definida como *Feedback*)
Profissionais que realizaram a IB	Menciona que foi realizada por terapeuta sem mencionar a especificação
Estudo 3: Oliveira e col. (2008)	
Público	152 pacientes, centro de tratamento para dependência
Componentes IB	Entrevista motivacional
Duração	Tempo não especificado, 5 sessões de entrevista motivacional (menciona que o *Feedback* foi realizado durante as sessões)
Profissionais que realizaram a IB	Não menciona o perfil dos profissionais, mas destacam o treinamento em entrevista motivacional e supervisor com grande experiência na abordagem
Estudo 4: Castro e Laranjeira (2009)	
Público	71 pacientes, ambulatório
Componentes IB	Não especificado
Duração	Não especificado
Profissionais que realizaram a IB	Não especificado

* Dados retirados a partir do estudo de revisão Pereira e col. (2013).

Os quatro estudos, com objetivo de avaliar o efeito da intervenção, apontaram resultados positivos na mudança de comportamento em relação ao consumo de álcool ou drogas dos participantes, mesmo adotando diferentes públicos-alvo e padrões de consumo diversos. No entanto, apesar de os resultados corroborarem o impacto da intervenção, apenas um dos estudos cita o método FRAMES como técnica adotada na intervenção, dois utilizaram a entrevista motivacional e o último artigo não menciona a abordagem utilizada. Além disso, as pesquisas se distinguiram em relação ao treinamento necessário para realização da abordagem: enquanto o estudo de De Micheli, Fisberg e Formigoni menciona que os profissionais receberam um treinamento breve, o estudo de Oliveira, Andretta, Rigoni e Szupszynski aponta a supervisão contínua realizada por especialistas em entrevista motivacional. É importante mencionar também que os dois estudos que utilizaram a entrevista motivacional adotaram cinco sessões. O modelo de intervenção e duração das mesmas não foi apontado no artigo, ao contrário do estudo de De Micheli e col. que utilizou sessão única (média de 20 minutos) como modelo para intervenção breve. Os três estudos citaram a realização do *feedback* no sentido de conscientizar o paciente sobre o padrão de uso e problemas associados, seja na sessão única ou durante os demais encontros de entrevista motivacional.

Sabe-se que os quatro estudos mostram apenas parte das publicações brasileiras e não retratam os dados na literatura internacional. No entanto, mesmo com a limitação do alcance desta discussão, percebe-se que não existe clareza nem padronização do que seria intervenção breve. Os estudos utilizaram o método FRAMES, entrevista motivacional, sessão única e também sessões múltiplas para se referirem a intervenções breves e, talvez, os resultados dessas intervenções estejam relacionados a aspectos específicos que não são detalhados nos estudos.

Corroborando esta ideia, a revisão sistemática publicada por O'Donnell e col. aponta, no cenário internacional, a efetividade das intervenções breves na redução dos problemas relacionados ao uso de álcool, através da análise de 56 estudos clínicos randomizados que envolvem um amplo número de pacientes da atenção primária à saúde. No entanto, os autores apontam que ainda existe a necessidade de se determinar a duração ideal, a frequência e o conteúdo da IB para que os efeitos se mantenham em longo prazo. São destacados os estudos que parecem indicar que o *feedback* estruturado e as informações escritas têm efeito positivo na mudança de alguns comportamentos.

A importância das intervenções breves como ferramentas utilizadas para ajudar os pacientes a mudarem seu comportamento em relação ao consumo de drogas é reconhecida. No entanto, o entendimento de seus componentes é fundamental para direcionar a prática dos profissionais envolvidos, principalmente pela limitação de tempo e sobrecarga de atividades de muitos serviços potenciais na realização dessas abordagens, tal como atenção primária à saúde.

Intervenção breve como prevenção

Atualmente, os estudos sobre a eficácia da IB têm sido amplamente disseminados em diferentes contextos. No entanto, sabe-se que o maior número de estudos sobre esta intervenção tem sido realizado na atenção primária. Nesses locais, a IB proposta tem como foco a realização da triagem do consumo de drogas, seguida pela realização da IB para os casos de uso de risco e de encaminhamento para tratamento, quando é detectado uso sugestivo de dependência da substância. As pesquisas iniciais sobre IB tinham como foco principal avaliar a eficácia dessa intervenção comparando-a com outras abordagens mais longas. Também objetivavam analisar quais os elementos-chave que estavam presentes nas IBs tinham relação direta com a mudança de comportamento. Com o passar do tempo, os estudos realizados começaram a focalizar, também, nas barreiras e nos impedimentos para sua disseminação, além da testagem da IB para outros contextos e populações. Se considerarmos os avanços no campo da pesquisa sobre a IB, existe, atualmente, uma crítica em torno das metodologias adotadas e considera-se que a IB não é uma prática totalmente baseada em evidências, devido à falta de padronização dos estudos, da carência de grupo controle e do fato de que muitos estudos não estarem baseados em ensaios clínicos randomizados.

De acordo com Babor, Higgins-Biddle, Saunders e Monteiro, nas últimas décadas foram conduzidos vários estudos clínicos padronizados sobre intervenções breves em diversos ambientes de atenção à saúde. A base de evidências acumulada sobre eficácia e efetividade da IB tem sido documentada em diversas revisões sistemáticas desde 1993.

Um dos primeiros artigos de revisão sistemática acerca da evidência das IBs foi proposto por Bien e col., no qual constam 32 estudos envolvendo uma amostra de 6.000 pacientes em 14 países. Nesse estudo, ficou evidenciado que a IB não difere de abordagens mais longas quanto à sua efetividade. Os autores indicaram que a IB pode ser realizada nos contextos de atenção primária e programas de assistência a empregados. Já nessa época, os autores também identificaram elementos-chave comuns que poderiam instigar a mudança de comportamento. Os princípios que apareciam frequentemente nas intervenções denominadas intervenções breves reuniam os mesmos componentes propostos anteriormente por Miller e Sanches, denominados pela abreviação FRAMES, como descrito na Tabela 8.2. O *feedback* (devolução) é relacionado a uma devolutiva fornecida ao indivíduo sobre o padrão de consumo relacionado ao uso de drogas. Refere-se à triagem, à avaliação e ao retorno sobre a pontuação obtida nos instrumentos de rastreio. Segundo Miller e Rollnick, o *feedback* é um elemento essencial na motivação para a mudança, pois proporciona ao paciente o conhecimento claro sobre sua situação atual. A *responsibility* (responsabilidade) enfatiza a autonomia e responsabilidade do indivíduo diante das decisões de mudar ou não seu comportamento sobre o uso de drogas. Implica, também, no posicionamento de compromisso com a mudança. O *advice* (aconselhamento) refere-se aos aconselhamentos oferecidos pelos profissionais, de forma a orientar o sujeito na busca pela resolução de seus problemas. Os avisos funcionam como um conjunto de informações acerca do uso de drogas como riscos para a saúde, problemas pessoais, problemas legais, entre outros. O *menu of options* (menu de opções) é oferecido ao paciente com várias estratégias, a fim de modificar ou cessar o comportamento do uso de drogas. Segundo Miller e Rollnick, é necessário oferecer um conjunto de estratégias para o paciente, a fim de criar condições para que os mesmos selecionem as estratégias que mais se adequam às suas necessidades. A *empathy* (empatia) significa demonstrar ao paciente um entendimento sobre suas dificuldades com o uso de drogas sem ser confrontativo. É importante não "obrigar" o paciente a mudar o comportamento, a postura deve ser compreensiva e acolhedora. A *self-efficacy* (autoeficácia) refere-se ao encorajamento que deve ser passado ao paciente, auxiliando-o a confiar em seus próprios recursos e a ser otimista em relação à mudança de comportamento. O profissional deve promover a autopercepção da eficácia pessoal e da consecução de metas assumidas.

Nos anos seguintes, o número de estudos sobre eficácia e efetividade da IB se multiplicaram na literatura; alguns trazem a identificação de alguns moderadores que influenciariam os resultados, tais como o gênero. Em uma revisão publicada em 1995, Kahan, e col. avaliaram artigos sobre a IB, no contexto da saúde, publicados entre 1966 e 1972. Os autores observaram que, na comparação entre os gêneros, a IB foi efetiva para a redução

TABELA 8.2 Especificação dos componentes dos FRAMES nas avaliações sobre a IB.

	Feedback	Respon-sabilidade	Conselho	Menu de opções	Empatia	Autor-eficácia	Resultados
*Anderson & Scott (1992)	Sim	Sim	Sim	Sim	Sim	Sim	IB > Não aconselhamento
*Babor & Grant (1992)	Sim	Sim	Sim	Manual	Sim	Sim	IB > Não aconselhamento
*Bien (1992)	Sim	Sim	Sim	Não	Sim	Sim	IB > Não aconselhamento
*Brown e Miller (1993)	Sim	Sim	Sim	Não	Sim	Sim	IB > Não aconselhamento
*Carpenter e col. (1985)	Sim	Não	Sim	Não	Não	Não	IB = Acons. extenso
*Chapman e Hygens (1988)	Sim	Sim	Sim	Sim	Não	Sim	IB = IPT = OPT Tratamento
*Chick e col. (1985)	Sim	Sim	Sim	Não	Sim	Sim	IB > Não aconselhamento
*Chick e col. (1988)	Não	Sim	Sim	Não	Não	Não	IB = Acons. Motiv. extenso
Daniels e col. (1992)	Sim	Não	Sim	Manual	Não	Não	Avisos + manual = Sem avisos
Drummond e col. (1992)	Sim	Não	Sim	Não	Não	Não	IB = Tratamento OPT
Edwards e col. (1977)	Sim	Sim	Sim	Não	Sim	Sim	IB = Tratamento OPT/IP
Elvy e col. (1988)	Sim	Não	Sim	Não	Não	Não	IB > Não aconselhamento
*Harris e Miller (1990)	Não	Sim	Sim	Manual	Sim	Sim	IB = Extensa > Não acons.
*Heather e col. (1986)	Sim	Sim	Manual	Manual	Não	Não	Manual > Não manual
*Heather e col. (1987)	Sim	Sim	Sim	Manual	Não	Não	IB = Não aconselhamento
*Heather e col. (1990)	Sim	Sim	Sim	Manual	Não	Não	Manual > não manual
*Kristenson e col. (1983)	Sim	Sim	Sim	Não	Sim	Sim	IB > Não aconselhamento
Kichipudi e col. (1990)	Sim	Não	Sim	Sim	Não	Não	IB = Não aconselhamento

(Continua)

(Continuação)

TABELA 8.2 Especificação dos componentes dos FRAMES nas avaliações sobre a IB.

	Feedback	Responsabilidade	Conselho	Menu de opções	Empatia	Autoeficácia	Resultados
Maheswaran e col. (1992)	Sim	Não	Sim	Não	Não	Não	IB > Não aconselhamento
*Miller e Taylor (1980)	Não	Sim	Sim	Manual	Sim	Sim	IB = Acons. Comportamental
*Miller e col (1980)	Não	Sim	Sim	Manual	Sim	Sim	IB = Acons. Comportamental
*Miller e col. (1981)	Não	Sim	Sim	Manual	Sim	Sim	IB = Acons. Comportamental
*Miller e col. (1988)	Sim	Sim	Sim	Sim	Sim	Sim	IB > Não aconselhamento
*Miller e col. (1991)	Sim	Sim	Sim	Sim	Sim	Sim	IB > Não aconselhamento
*Persson e Magnusson (1989)	Sim	Sim	Sim	Não	Sim	Sim	IB > Não aconselhamento
*Robertson e col. (1986)	Sim	Sim	Sim	Sim	Sim	Sim	IB < Acons. Comportamental
*Romelsjö e col. (1989)	Sim	Sim	Sim	Não	Sim	Sim	IB = Tratamento OPT
*Sannibale (1989)	Sim	Sim	Sim	Não	Sim	Sim	IB = Tratamento OPT
*Scott e Anderson (1990)	Sim	Sim	Sim	Sim	Sim	Sim	IB = Não aconselhamento
*Skutle e Berg (1987)	Sim	Sim	Sim	Sim + Man	Sim	Sim	IB = Acons. Comportamental
*Wallace e col. (1988)	Sim	Sim	Sim	Manual	Sim	Sim	IB > Não aconselhamento
*Sweben e col. (1988)	Sim	Sim	Sim	Sim	Não	Sim	IB = Terapia conjunta
% Sim	81%	81%	100%	59%	63%	69%	

Notas: Os componentes listados são características da intervenção breve em cada estudo.
*Informações adicionais poderão ser obtidas com os autores.
Tabela traduzida e adaptada pelos autores do estudo de Bien e col. (1993).

do uso de álcool entre os homens, mas que os resultados sobre as mulheres estavam inconsistentes. Wilk e col. também realizaram uma metanálise em serviços ambulatoriais e evidenciaram a efetividade da IB no referido contexto.

Em que pesem esses resultados, em 2004, a IB surge como recomendação B pelo The United States Preventive Services Task Force, considerando-se a não existência de provas suficientes de que os benefícios dessa intervenção superariam os malefícios. Porém, esse estudo considerou que, nas pesquisas realizadas, os participantes reduziram em média de 13% a 34% o número de doses por semana, quando comparado aos grupos controle utilizados. Já Nilsen e col., em uma revisão sistemática da IB nas últimas três décadas, estabeleceram que as pesquisas apontaram para reduções significativas do consumo de risco e nocivo de álcool. Os autores relataram que, apesar de existir uma base sólida de evidências sobre a efetividade da IB, as barreiras para a disseminação dessa estratégia têm sido desafiadoras.

Agerwala e McCance-Katz reforçaram que a SBIRT (*Screening, Brief Intervention, and Referral to Treatment*), no contexto atual, não é inteiramente uma prática baseada em evidências. A principal crítica destes autores refere-se às limitações metodológicas dos estudos. Embora alguns estudos encontrassem uma redução do uso de álcool na avaliação de seguimento realizada seis meses após a IB, alguns desses estudos são carentes de grupo controle. Recomendaram, portanto, a realização de ensaios clínicos randomizados que pudessem corroborar a hipótese de eficácia da IB.

Ao longo dos anos, os estudos sobre a IB ultrapassaram o contexto de saúde, abrangendo outros ambientes. O estudo realizado por Thom e col. forneceu uma visão geral sobre a aplicação da IB para além dos cuidados de saúde. Esses autores relataram que, embora a evidência da IB em outros contextos seja menos clara, quando aplicada em farmácias, no contexto da justiça penal e no ambiente universitário pode reduzir o uso nocivo de álcool. Por outro lado, os autores pontuam que existem poucas evidências sobre o impacto da IB no contexto odontológico, nos locais de trabalho e relacionado às populações jovem e de rua. Nesse sentido, apontaram a existência de barreiras para a aplicação da IB em outros contextos, sobretudo em relação à ausência de investimentos a longo prazo.

Apesar de as pesquisas sobre a IB serem predominantemente positivas quanto à redução do uso de álcool, alguns estudos não apresentaram diferenças significativas entre o aconselhamento padrão e a aplicação da IB. O estudo de Pengpid, Peltzer, Skaal e Heever no contexto hospitalar concluiu que não houve diferenças significativas na redução do consumo entre o grupo controle e o grupo que recebeu a IB, afirmando, assim, que os instrumentos de rastreamento e a entrega de um folheto educativo podem, por si só, causar a redução do consumo. O estudo de McCambridge e Day, no contexto universitário, também apontou semelhante resultado. O estudo de Lock e col., conduzido na atenção primária à saúde, concluiu que a IB, igualmente, não superou os efeitos do aconselhamento padrão. Uma conclusão proeminente desses estudos leva em consideração os possíveis efeitos fundamentais do *feedback* – o primeiro componente específico dos FRAMES – na efetividade da IB, o que poderia explicar a inexistência de diferenças nos resultados entre os grupos.

ENTREVISTA MOTIVACIONAL BREVE

A entrevista motivacional (EM) foi desenvolvida por Miller e Rollnick e tem como objetivo principal auxiliar o indivíduo nos processos de mudanças comportamentais através da redução da ambivalência. A EM, também conhecida como intervenção motivacional (IM), *motivational enhancement therapy* (MET) ou entrevista motivacional breve (EMB), em muitas das vezes, é o início de um tratamento, pois esta intervenção cria uma abertura para a mudança que pavimenta o caminho para tratamentos futuros.

Miller e Rollnick descreveram cinco princípios que norteiam a técnica da EM. São eles: expressar empatia, que significa ter uma escuta reflexiva e acolhedora; desenvolver a discrepância entre as metas desejadas e os comportamentos a serem modificados; evitar a confrontação a fim de não aumentar a resistência ao tratamento; acompanhar a resistência a fim de usá-la em benefício próprio, facilitando a resolução da ambivalência; e estimular a autoeficácia para que o sujeito saiba que tem condições e estratégias para lidar com situações difíceis e obter êxito. A EM baseia-se no modelo transteórico proposto por Prochaska e DiClemente, que descreve um modelo de prontidão para mudança, através de estágios motivacionais nos quais o indivíduo transita. Os estágios motivacionais são: pré-contemplação, contemplação, determinação ou preparação, ação, manutenção e recaída.

Em uma revisão sistemática elaborada por Sales e Figlie, a EM tem se mostrado efetiva para reduzir o consumo do álcool e aumentar a motivação para a mudança de comportamento. A EM também está relacionada ao aumento da procura e da adesão de tratamentos para a dependência de álcool. É uma intervenção de baixo custo e facilmente aplicável em qualquer ambiente de saúde ou na comunidade. Os estudos mostraram que a EM breve se sustenta por períodos de seis a doze meses, mas não se conhecem os fatores específicos que contribuem para que esses dados sejam sustentados. Segundo K. B. Carey, M. P. Carey, Maisto e Henson, a EM quando oferecida juntamente com outra técnica, tem uma eficácia maior do que quando oferecida isoladamente.

AVANÇOS NOS ESTUDOS SOBRE AS INTERVENÇÕES BREVES, PSICOTERAPIAS BREVES

Em que pesem os dúbios resultados encontrados nas últimas décadas a respeito da eficácia e efetividade das intervenções breves, muito se tem discutido acerca dos elementos que indicam essas diferenças. A hipótese de que existem ingredientes específicos que podem interferir de modo mais contundente nos resultados passou a ser considerada, não somente nos estudos sobre a IB focada na prevenção, mas também nas intervenções breves focadas para tratamento de dependentes ou usuários abusivos de álcool e outras drogas, como é o caso da entrevista motivacional breve e das terapias cognitivo-comportamentais breves.

Bricker aponta que os profissionais que trabalham com usuários de drogas possuem uma série de intervenções e ferramentas baseadas em evidência que podem guiar sua prática. Embora esta seja uma boa notícia por um lado, por outro, na grande maioria dos estudos sobre eficácia, as intervenções apresentam um pequeno ou moderado tamanho do efeito. Avaliar o tamanho do efeito significa dizer que, para além da significância estatística – que nos diz se os resultados de duas intervenções, por exemplo, são estatisticamente distintos – é preciso checar se os efeitos positivos da intervenção são suficientemente grandes para que ela seja considerada útil. O que tem incomodado pesquisadores da área é que nos ensaios clínicos os efeitos de intervenções específicas e inovadoras que vêm sendo testadas não diferem tanto, em termos de tamanho do efeito, dos tratamentos usualmente utilizados nos ambulatórios e internações. Segundo o autor, uma real contribuição para pesquisas futuras seria uma avaliação abrangente dos ingredientes que realmente compreendem os serviços. Outra preocupação comum são os efeitos das características do terapeuta ou do profissional, como, por exemplo, de sua perspicácia em fazer comentários no momento certo, do tempo de experiência clínica e o quanto isto interfere nos resultados.

Nos últimos anos, vem surgindo uma nova tendência para avaliação das intervenções breves oferecidas para usuários de substâncias. Para Longabaugh e Magill, até o século XX, a pesquisa relativa aos tratamentos comportamentais para a adição estavam focadas, principalmente, no desenvolvimento e na avaliação da eficácia e efetividade das diferentes intervenções. No entanto, os autores argumentam que, no século XXI, os estudos têm como prioridade compreender os processos do tratamento, ou seja, os mecanismos de mudança e ingredientes ativos. A meta é compreender como o tratamento trabalha e para quem, e não somente se ele funciona.

Kazdin e Nock, já em 2003, em uma revisão sobre os métodos de avaliação de terapia para crianças e adolescentes, afirmaram que os estudos sobre os mecanismos do tratamento eram provavelmente o melhor investimento de curto e de longo prazo para melhorar a prática clínica e a assistência ao paciente. Muitas perguntas podem ser respondidas pela investigação sobre a terapia como o "por quê", "como" e "para quem" o tratamento funciona e quais os componentes e combinações podem contribuir para o resultado. Os autores argumentam que entender por que o tratamento funciona poderia maximizar os seus efeitos e garantir que características essenciais sejam generalizadas para uma intervenção prática. Os mecanismos são definidos como aqueles processos e eventos que levam à mudança terapêutica. Isso significa que se está estabelecendo uma relação causal entre a intervenção e os resultados do tratamento, o que por si só não é suficiente, porque ela não explica o motivo pelo qual a relação aconteceu. Na avaliação de uma abordagem de tratamento, por exemplo, não é possível identificar quais os componentes específicos (como habilidades comportamentais, prontidão para mudança, reestruturação cognitiva, promoção da esperança) que promoveram a mudança. Compreender os processos do tratamento pode minimizar as diferenças entre as inúmeras intervenções propostas na literatura, além de promover, otimizar e maximizar a melhora do cliente. Por fim, os autores destacam que conhecer como uma intervenção trabalha pode facilitar a identificação dos moderadores do tratamento, isto é, daquelas variáveis cujos resultados são dependentes, por exemplo, a idade de início do uso de drogas, a gravidade da dependência e assim por diante.

Grande parte dessa alteração de interesse se deveu aos limitados resultados encontrados na comparação entre diferentes modalidades de tratamento, como os relatados no Projeto Match. O Projeto Match foi um grande ensaio clínico randomizado, conduzido na década de 1990, em diversos centros americanos, que testou a hipótese de que tipos diferentes de usuários problemáticos de álcool responderiam de maneira diversa a três tipos de tratamento para redução do consumo: Entrevista Motivacional, Terapia Cognitivo-Comportamental e 12 Passos. Os efeitos do conceito denominado *treatment matching* – o direcionamento para abordagens de tratamentos diferentes de acordo com as necessidades e características individuais de cada paciente – sobre os resultados primários, relativos à redução do consumo de álcool, acabaram obtendo pouco suporte empírico (Project MATCH Research Group, 1998). Por exemplo, uma das inúmeras hipóteses era de que a entrevista motivacional traria melhores resultados para aqueles que tivessem menor prontidão para mudança. No entanto, isto não ocorreu, pois os pacientes com o mesmo nível de prontidão para mudança (alguns altos, outros baixos) tiveram resultados semelhantes em qualquer modalidade. Para Longabaugh e Magill, a hipótese do efeito moderador do tratamento, nesse estudo, não permitiu identificar os mecanismos por meio dos quais a moderação ocorreu. Neste caso, a moderação seria, por exemplo, uma característica do paciente. Em uma revisão compreensiva do projeto, Longabaugh e Wirtz concluíram que o aporte teórico utilizado estava em desacordo com o que foi observado empiricamente. Nela, os autores citam os ingredientes ativos (tradução dos autores para *active ingredients*) que vem sendo alvo, desde então, de estudos na área. Partindo-se da hipótese de que ingredientes ativos são mecanismos fundamentais que geram efeito nos resultados, uma explicação para esse resultado semelhante entre as três abordagens do Projeto Match é que, frequentemente, elas não diferem uma da outra na sua ênfase em alguns ingredientes. Assim, a hipótese de que os pacientes de um subtipo iriam responder de maneira diferente não foi corroborada, já que um dado ingrediente ativo estava presente em todas elas, como foi o caso da prontidão para mudança. Longabaugh e Magill entendem, portanto, que há necessidade de desenvolver modelos mais sofisticados para testar a teoria.

Magill e Longabaugh apontam para um novo movimento na avaliação dos tratamentos para usuários de substâncias – a necessidade da inclusão de um novo critério na lista de intervenções baseadas em evidência para esta população. Para que uma intervenção baseada na terapia cognitivo-comportamental breve seja considerada baseada em evidência, ensaios clínicos randomizados bem conduzidos são considerados padrão-ouro para a demonstração de sua eficácia. No entanto, isso seria necessário, mas não suficiente, pois a identificação dos chamados ingredientes ativos seria de grande relevância. Os hipotéticos ingredientes ativos referem-se aos elementos-chave do tratamento. São processos e intervenções dentro do tratamento que predizem resultados incrementais e que são distintos dos mecanismos dos pacientes, ou seja, dos processos de mudança internos dos pacientes. Para os autores, o impacto dos ingredientes ativos sob o resultado do tratamento seria um importante critério para clarificar uma prática baseada em evidência. Vários elementos fazem parte do tratamento, como, por exemplo: as características do paciente, o contexto de vida, a aliança terapêutica, a instauração de esperança no cliente, a empatia do profissional, além de muitos outros ingredientes não conhecidos, que podem afetar os resultados, e é importante que o profissional tenha consciência disso. A proposta é que estes ingredientes ativos sejam empiricamente validados, ou seja, considerados ativos como preditores dos subsequentes mecanismos dos pacientes e dos resultados do tratamento. Em cada etapa do ensaio clínico, as mudanças deveriam ser observadas, mesmo que elas ocorressem em todas as condições ou grupos de estudo. Por exemplo, no pré-tratamento ou pré-aleatorização, a mudança de atitude pode ocorrer pelo simples fato de o cliente assinar um termo de concordância em participar do estudo e das avaliações que irão ocorrer depois. Portanto, seria útil uma avaliação feita nesse momento. Outro exemplo refere-se à dose do tratamento, ou seja, às diferenças entre os grupos experimental e controle quanto ao número de sessões que recebem, fator que muitas vezes é negligenciado nos estudos. Esses ingredientes podem afetar todos os grupos, no entanto, podem afetar também o tamanho do efeito dos estudos sobre eficácia das intervenções. É importante considerar e controlar, nas análises finais, covariáveis como: o número de sessões que frequentou ou características individuais do terapeuta. A ideia seria, portanto, desmantelar as principais fontes de variação na medição do tamanho do efeito do tratamento – em outras palavras, na avaliação de sua eficácia ou efetividade.

Em 2004, Longabaugh, Donovan, Karno, McGrady, Morgenstern e Tonigan organizaram um simpósio no Canadá a fim de discutirem evidências dos ingredientes ativos em terapias comportamentais e sumarizaram o que foi discutido em um manuscrito publicado no ano seguinte. Os autores debateram que, embora já existissem boas evidências sobre os tratamentos para usuários de álcool e outras drogas, pouco se discutia sobre como eles trabalhavam. Em geral, os pesquisadores assumiam que pelo fato de um tratamento ser eficaz eles já sabiam como ele funciona e porquê. As poucas evidências do processo de trabalho das intervenções fizeram com que, em 2001, o National Institute on Alcohol Abuse and Alcoholism incentivasse estudos sobre os mecanismos de ação dos tratamentos para alcoolismo, justificando ser difícil utilizar tratamentos baseados em evidência na prática clínica, sem conhecer como eles funcionam. Com relação à terapia cognitivo-comportamental (TCC), Donovan relembrou alguns elementos-chave da abordagem, como o aumento da autoeficácia e das habilidades de enfrentamento como estratégias para a redução do uso de drogas. Ressaltou que há, na literatura, relatos sobre o que chamam de resultados proximais, isto é, mudanças específicas nas atitudes, crenças e comportamentos que, de acordo com a teoria, os pacientes deveriam se submeter ou alcançar como resultado do envolvimento na terapia. Obtendo-se evolução nas variáveis de resultados proximais, pode-se assumir que ocorrerão melhores "resultados finais", tais como a redução do consumo de álcool, e podem se destacar como ingredientes ativos. Dentre alguns ingredientes ativos primários da TCC, o autor cita o aumento da autoeficácia para manutenção da abstinência em situações de alto risco, a redução das expectativas positivas de uso de substância e o aumento da expectativa relacionada aos benefícios de parar de consumir a substância.

Um estudo realizado por Finney, Noyes, Coutts e Moos mostrou que resultados proximais (autoeficácia, estratégias de enfrentamento) foram os mesmos entre pacientes internados que receberam intervenção 12 passos em comparação com a TCC. Isso mostra que, ainda que a TCC tenha entre suas prioridades o desenvolvimento da autoeficácia e estratégias de enfrentamento, não necessariamente é a única que vai desenvolvê-los. Os autores discutem que o suporte frágil dos elementos específicos da TCC sobre os resultados pode ser devido às falhas metodológicas. Por exemplo, a clássica avaliação geralmente feita em quatro passos (linha de base, final e avaliações de seguimento) pode não ser uma boa estratégia. Várias medições no decorrer de um tratamento, por exemplo, pode ser uma melhor estratégia para identificar os mediadores de maneira mais sutil. São sugeridas para futuras pesquisas identificar possíveis mecanismos específicos da TCC como a autoeficácia, prontidão para mudança, envolvimento no tratamento em geral e aliança terapêutica. Por outro lado, o artigo traz ainda a discussão sobre os bons resultados da terapia de facilitação de 12 passos, em sua maioria, encontrados a partir da comparação com a TCC. Alguns elementos específicos identificados nessa abordagem foram o vínculo com o Alcóolicos Anônimos, o compromisso com a meta de abstinência, espiritualidade, transformação do caráter e fatores de aprendizagem social – este último também utilizado pela TCC. Em suma, a maioria dos estudos conduzidos até então identificavam a existência de ingredientes ativos, mas pouco se sabia sobre como eles agiam. Os autores pontuam a necessidade de modelos conceituais que demonstrem as estradas cujos mediadores possam ser identificados.

Desde então, esta mesma proposta tem sido aplicada em vários estudos para avaliar os processos e identificar os mediadores das entrevistas motivacionais breves. Um estudo comparou a eficácia da EM *versus* somente o *feedback* personalizado para jovens bebedores adultos, em um pronto-socorro americano. Um grupo recebeu uma sessão de EM e o outro somente o *feedback* personalizado. Ambos os grupos receberam, ainda, o reforço por telefone realizados um e três meses após a intervenção. Os resultados mostraram que a EM reduziu o consumo de álcool nas avaliações de seguimento realizadas 6 e 12 meses, após a intervenção, usando dados agregados. Para Gwaltney e col., embora a estratégia de agregar dados para comparar os grupos (por exemplo, média de número de doses consumida nos últimos seis meses) seja uma forma interessante de avaliar os resultados de eficácia da EM, ela prové poucos detalhes sobre a dinâmica do tratamento ao longo do tempo. Por exemplo, a EM procura aumentar a motivação para parar ou reduzir o consumo de álcool, o que pode ocorrer imediatamente após a intervenção ou depois de um ou dois meses ou, ainda, após o reforço por telefone. Não é possível saber, utilizando apenas um dado agregado seis meses depois, ou uma comparação de médias de número de doses consumidas após a intervenção por exemplo. É possível que medidas refinadas possam captar as flutuações, ao longo do tempo, melhor do que as medidas-resumo ou agregadas. Assim, o grupo de pesquisa propôs, nesse mesmo experimento, usar os dados de consumo de álcool de uma entrevista-diário, em que o consumo em doses era anotado pelos participantes, diariamente, durante os seis meses de avaliação e também nos 30 dias anteriores à entrada no hospital. O principal objetivo foi entender em que momento os efeitos da EM e do *feedback* personalizado se diferiam. Em uma primeira tentativa, quando foram incluídos nas análises todos os dias do período de pós-intervenção não foram observadas diferenças entre os grupos. No entanto, quando as análises consideraram os intervalos separadamente, as diferenças emergiram. Nos primeiros três meses, após a intervenção, não foi encontrada associação entre o tipo de tratamento e o consumo de álcool. Mas na avaliação de seis meses, ou seja, após a realização do reforço por telefone aos três meses, o *feedback* personalizado estava associado ao aumento da probabilidade de beber. Portanto, diferenças entre os grupos só emergiram após a sessão de reforço de três meses e antes de seis meses, de modo que as chances de beber pesadamente em um dia foram significativamente maiores no grupo que recebeu somente o *feedback* personalizado. Isto significa que ambas as intervenções conseguiram atingir a redução do consumo em até três meses de avaliação, mas o efeito da EM foi maior em longo prazo e a sessão de reforço foi mais eficaz neste grupo. Resultados como estes mostram que o investimento na EM e na sessão de reforço de três meses é válido quando queremos estimular a redução do consumo de álcool em jovens bebedores no pronto-socorro hospitalar, ainda que o *feedback* personalizado seja uma intervenção mais simples e, provavelmente, de menor custo.

Ainda visando diferenciar os efeitos da EM e do *feedback* personalizado no pronto--socorro do estudo acima, Barnett e col. buscaram identificar os possíveis moderadores da eficácia da intervenção, tais como o gênero, a relevância do evento que o levou ao pronto-socorro (se tinha relação com o uso de álcool), a gravidade do uso de álcool e o grau de prontidão para mudança do comportamento de beber. Além disso, o grupo tentou avaliar os mediadores da mudança de comportamento na EM. O mediador foi entendido como uma variável que intervém temporariamente, entre a intervenção e a avaliação do resultado que explica total ou parcialmente a relação entre eles. A razão principal que justificou esse estudo foi a falta de clareza e de dados consistentes que suportassem os efeitos terapêuticos das intervenções breves sobre a mudança de comportamento.

A maioria dos estudos sobre o tema avalia elementos separadamente e são raros os que incluem os efeitos de diversos possíveis elementos. Neste estudo foram avaliados os efeitos da prontidão para mudança, dos riscos e benefícios percebidos, da autoeficácia e da busca por tratamento adicional. Todas as variáveis, com exceção do consumo de álcool, foram medidas com apenas uma questão. Os resultados deste estudo mostraram que os pacientes em internação no pronto-socorro, devido ou não ao uso de álcool, podem se beneficiar melhor de intervenções que considerem a gravidade do consumo de álcool e a prontidão para mudança. Assim, caso o paciente tenha bebido antes de dar entrada no pronto-socorro e/ou pontuar no AUDIT como padrão de uso de risco, poderia ser adicionada somente uma pergunta sobre a prontidão para mudança para direcionar uma intervenção mais adequada. Barnett e col. justificam que os moderadores e mediadores avaliados neste estudo obtêm efeitos contraditórios nos resultados de estudos descritos na literatura.

Com relação aos riscos e benefícios percebidos, sabe-se que o desenvolvimento da discrepância, um dos princípios da EM, visa clarificar para o indivíduo a desconexão entre as consequências do consumo de álcool e seus objetivos e valores. Isso sugere que a percepção sobre riscos e benefícios pode influenciar no comportamento de mudança.

Quanto à autoeficácia, teoricamente, um dos elementos centrais da EM, foca que aumentar a percepção de autoeficácia do usuário de drogas pode fornecer bons resultados na mudança do comportamento de consumo. Porém, os estudos encontram resultados contraditórios quando comparam grupos que receberam a EM e o controle. No estudo de Rohsenow e col., a EM não alterou significativamente a autoeficácia de dependentes de cocaína em comparação com o grupo controle. Já o estudo de Galbraith, que comparou a EM com uma entrevista-aconselhamento para usuários problemáticos de álcool, encontrou um aumento significativo na autoeficácia medida pelo Questionário de Confiança Situacional entre aqueles que receberam a EM. Segundo os autores, isto sugere que a autoeficácia pode não estar sendo bem medida em alguns estudos. A questão da busca por tratamento adicional como resultado da EM também aparece na literatura com resultados contraditórios, a busca por tratamento para reduzir o consumo de álcool em estudantes universitários foi maior entre aqueles que receberam uma sessão de EM breve do que entre os que receberam uma intervenção computadorizada. No estudo de Bernstein e col., entretanto, uma sessão de EM não apresentou nenhum efeito sobre busca por tratamento adicional em usuários de cocaína e heroína. Identificando como a EM trabalha, poder-se-ia melhorar o conhecimento e aumentar a efetividade nos serviços de saúde. Os autores recomendam que novos estudos sejam feitos, principalmente em populações com idades diferentes. No entanto, estes resultados colocam em evidência o fato de que, do ponto de vista de custo-efetividade, a intervenção em si, ainda que realizada em um único encontro, parece ser mais custo-efetiva do que uma intervenção superbreve como o *feedback* somente.

Alguns estudos procuram focar os efeitos de mediadores em intervenções realizadas com grupos específicos, como estudantes universitários e crianças e adolescentes. Barnett e col. avaliaram os efeitos de mediadores de uma entrevista motivacional breve sobre o consumo de álcool, aplicada em estudantes universitários que já tinham tido algum problema com o uso de álcool. O estudo encontrou que a utilização de estratégias comportamentais ajudou a reduzir o consumo de álcool no *follow-up* de três meses de quem recebeu a EM, em comparação ao controle. Em outras palavras, a quantidade de consumo de álcool foi mediada pelo uso de estratégias comportamentais entre aqueles que receberam a EM. Por outro lado, outras variáveis avaliadas, como a motivação para mudança e percepção de beber dos pares, não atuaram como mediadoras no consumo de álcool. Antes deste estudo, porém, Fromme e Corbin não encontraram nenhum estudo que avaliasse a prontidão para mudança de beber como um possível mediador de intervenções motivacionais breves entre jovens bebedores ou estudantes universitários. Assim, os autores testaram a eficácia de um programa baseado em uma intervenção motivacional e técnicas comportamentais da TCC como estratégia de prevenção do consumo de álcool em jovens universitários. Além disso, o grupo levantou a hipótese de que uma alta prontidão para mudança seria preditora de bons resultados no programa, baseada nos resultados do já acima referido Projeto Match. Como comentando anteriormente, uma das hipóteses do Projeto Match era a de que aqueles que tivessem baixa prontidão para mudança, teriam melhores resultados em uma das três intervenções avaliadas, a EM. No entanto, os resultados do estudo mostraram que todos os indivíduos que tinham elevada prontidão para mudança tiveram resultados positivos nas três modalidades de intervenção. Assim, Fromme e Corbin sugeriram, também, que participar da intervenção poderia aumentar sua motivação para mudança posterior. A primeira hipótese foi corroborada, já que apresentar alto nível de prontidão para mudança influenciou na redução do consumo pesado de álcool. No entanto, o estudo trouxe pouca evidência de que a intervenção melhorou a motivação daqueles que tinham baixa prontidão para mudança.

O último mecanismo que queremos abordar neste capítulo é a aliança terapêutica. A qualidade da relação terapêutica é identificada como um preditor significativo de bons resultados de psicoterapias e técnicas de aconselhamento. Um dos maiores interesses dos pesquisadores nas últimas décadas refere-se a tentar entender melhor como os fatores da relação terapêutica trabalham junto com outros fatores específicos e comuns. Os fatores têm sido descritos na literatura há bastante tempo, como as expectativas de melhora, o ritual do tratamento e a relação terapêutica. Entre os tratamentos para usuários de drogas, dentro do Projeto Match, por exemplo, foi encontrada que uma aliança terapêutica forte pode predizer melhor os resultados e a adesão ao tratamento (Connors, Carroll, DiClemente, Longabaugh & Donovan, 1997). Uma revisão que incluiu os artigos revisados por pares publicados entre 1985 e 2005 (Meier, Barrowclough & Donmall) também encontrou que a aliança precoce parece ser um preditor consistente do engajamento e adesão ao tratamento de usuários de drogas. A aliança estabelecida precocemente parece favorecer melhoras mais rápidas durante o tratamento, porém não está claro que a aliança influencia diretamente os resultados do pós-tratamento. Os autores encontraram também que, até aquele ano, havia poucos estudos que avaliassem os determinantes da aliança. Os estudos disponíveis mostraram que características demográficas e a gravidade de uso da droga não foram determinantes para a aliança. Concluiu-se que a aliança tem relação com os resultados, mas os determinantes da formação da aliança ainda não estão claros na literatura. Um estudo que utilizou dados do Projeto Match publicado em 2015 (Maisto e col.) mostrou que a autoeficácia (medida no pós-tratamento) foi um mediador da redução do consumo de álcool, reforçando os efeitos da boa aliança terapêutica avaliados pelo cliente e terapeuta. Este estudo reforçou a importância da aliança terapêutica e da autoeficácia sobre os resultados do tratamento. No entanto, os autores ainda sugerem que pesquisas futuras devem examinar as mudanças na aliança terapêutica durante o tratamento e como essas mudanças estão relacionadas com os resultados de autoeficácia e tratamento longo do tempo. Estes resultados parecem indicar que, embora esteja clara a influência da relação sobre os resultados, a literatura científica ainda não responde sobre como acontece o processo da aliança e de que modo ela atinge os resultados.

CONSIDERAÇÕES FINAIS

MacKinnon, Fairchild e Fritz explicam que as variáveis mediadoras se tornaram alvo de interesse de vários estudos na área psicológica e social. Dois tipos de estudos têm sido conduzidos para avaliar os mediadores. O primeiro procura investigar como se dá um efeito em particular. Segundo os autores, estes estudos ocorrem após a realização de pesquisas anteriores que encontraram alguma relação entre duas variáveis, do tipo: X tem relação com Y. Após isso, uma outra variável é acrescentada para melhorar a compreensão da relação. Um bom exemplo é aquele em que vários estudos associam abuso físico na infância e violência na vida adulta. Uma explicação para esse padrão é que as crianças expostas à violência física adquirem padrões desviantes de processamento de informação social que levam a comportamentos violentos mais tarde. Autores como Dodge, Bates e Pettit encontraram evidências para este processo de mediação teórica, porque as medidas de processamento social explicaram a relação entre o abuso físico infantil e o surgimento de comportamento agressivo posterior. Um segundo grupo de pesquisadores utiliza a teoria dos mediadores em experimentos, tipicamente aqueles para avaliar intervenções e tratamentos psicológicos. Nestes casos, uma intervenção é desenvolvida para mudar alguma variável mediadora que, por sua vez, irá alterar o resultado final.

Apesar dos inúmeros estudos para avaliação da eficácia, até os dias de hoje sabemos muito pouco sobre como as intervenções breves, baseadas em evidências, para problemas com álcool e outras drogas atingem os seus efeitos. O novo movimento para compreensão dos elementos específicos, que interferem nos resultados das intervenções breves, apresentado neste capítulo parece ser um caminho promissor. Identificar as características que estão associadas à melhor resposta às intervenções breves poderia explicar uma série de inconsistências encontradas nos estudos, melhorar a efetividade da intervenção, das triagens e aumentar a disseminação de abordagens de intervenções breves. No entanto, cabe ressaltar que o estudo do processo está mais avançado nas intervenções focadas para tratamento do que na IB utilizada para prevenção primária ou secundária, embora seja também de interesse de pesquisadores desta área. Esta revisão traz, por um lado, a impressão de que existe um bom caminho de estudos sobre os mecanismos das intervenções para elaborar um modelo conceitual adequado. Por outro, mostra que a compreensão dos mecanismos dos tratamentos pode fornecer informações ricas que fomentem uma prática clínica baseada em evidências.

BIBLIOGRAFIA CONSULTADA

1. Agerwala, S. M., & McCance-Katz, E. F. (2012). Integrating screening, brief intervention, and referral to treatment (SBIRT) into clinical practice settings: a brief review.Journal of Psychoactive Drugs,44(4), 307-317.
2. Andretta I., &Oliveira, M. S. (2008). Efeitos da entrevista motivacional em adolescentes infratores. Estudos de Psicologia, 25(1), 45-53.
3. Apodaca, T. R., & Longabaugh, R. (2009). Mechanisms of change in motivational interviewing: a review and preliminary evaluation of the evidence. Addiction,104(5), 705-715.
4. Babor, T.F., & Higgins-Biddle, J.C. (2003). Intervenções breves para uso de risco e nocivo de álcool: manual para uso em atenção primária (C. M. Corradi, Trad.). Ribeirão Preto, SP: PAI-PAD.
5. Babor, T.F, Higgins-Biddle, J.C., Saunders, J.B., &Monteiro, M.G. (2006). AUDIT - Teste para identificação de problemas relacionados ao uso de álcool: roteiro para uso em atenção primária. Ribeirão Preto, SP: PAI-PAD.
6. Ballesteros, J., Duffy, J. C., Querejeta, I., Ariño, J., & González-Pinto, A. (2004). Efficacy of brief interventions for hazardous drinkers in primary care: systematic review and meta-analyses. Alcoholism: Clinical and Experimental Research, 28(4), 608-618.
7. Barnett, N. P., Apodaca, T. R., Magill, M., Colby, S. M., Gwaltney, C., Rohsenow, D. J., &Monti, P. M. (2011). Moderators and mediators of two brief interventions for alcohol in the emergency department.Addiction, 105(3), 452-465.
8. Barnett, N. P., Murphy, J. G., Colby, S. M., & Monti, P. M. (2007). Efficacy of counselor vs. computer--delivered intervention with mandated college students.Addictive Behaviors, 32(11), 2529-2548.
9. Bernstein, J., Bernstein, E., Tassiopoulos, K., Heeren, T., Levenson, S., &Hingson, R. (2005). Brief motivational intervention at a clinic visit reduces cocaine and heroin use. Drug and Alcohol Dependence, 77(1), 49-59.
10. Bien, T. H., Miller, W. R., & Tonigan, J. S. (1993). Brief interventions for alcohol problems: a review. Addiction,88(3), 315-336.
11. Bricker, J. B. (2015). Climbing above the forest and the trees: three future directions in addiction treatment research.Addiction, 110(3), 414-415.
12. Burke, B. L., Arkowitz, H., &Menchola, M. (2003). The efficacy of motivational interviewing: a meta--analysis of controlled clinical trials. Journal of Consulting and Clinical Psychology, 71(5), 843-861.
13. Carey, K. B., Carey, M. P., Maisto, S. A., & Henson, J. M. (2006). Brief motivational interventions for heavy college drinkers: A randomized controlled trial. Journal of Consulting and Clinical Psychology,74(5), 943-954.
14. Castro, L. A., & Laranjeira, R. (2009). Ensaio clínico duplo-cego randomizado e placebocontrolado com naltrexona e intervenção breve no tratamento ambulatorial da dependência de álcool. Jornal Brasileiro de Psiquiatria, 58(2), 79-85.
15. Connors, G. J., Carroll, K. M., DiClemente, C. C., Longabaugh, R., & Donovan, D. M. (1997). The therapeutic alliance and its relationship to alcoholism treatment participation and outcome. Journal of Consulting and Clinical Psychology, 65(4):588-598.
16. De Micheli, D., Fisberg, M., &Formigoni, M. L. O. S. (2004). Estudo da efetividade da intervenção breve para o uso de álcool e outras drogas em adolescentes atendidos num serviço de assistência primaria a saúde. Revista da Associação Médica Brasileira, 50(3), 305-313.
17. DiClemente, C. C., Carbonari, J., Zweben, A., Morrel, T., & Lee, R. E. (2001). Motivation hypothesis causal chain analysis. In R. Longabaugh & P. W. Wirtz (Eds.), Project MATCH hypotheses: Results and causal chain analyses (pp. 206–222). Bethesda, MD: U.S. Department of Health and Human Services, National Institute on Alcohol Abuse and Alcoholism.
18. Dodge, K. A., Bates, J. E., Pettit, G. S.(1990). Mechanisms in the cycle of violence.Science, 250(4988), 1678-1683.

19. Donovan, D. M., Bogenschutz, M. P., Perl, H., Forcehimes, A., Adinoff, B., Mandler, R., et al. (2012). Study design to examine the potential role of assessment reactivity in the Screening, Motivational Assessment, Referral, and Treatment in Emergency Departments (SMART-ED) protocol.Addiction science & clinical practice, 7, 16.
20. Donovan, D. M., &Mattson, M. E. (Special Issue Editors) (1994, December).Alcoholism treatment matching research: methodological and clinical approaches.Journal of Studies on Alcohol. Supplement,12, 5-171.
21. Finney, J. W., Noyes, C. A., Coutts, A. I., &Moos, R. H. (1998) Evaluating substance abuse treatment process models: I. Changes on proximal outcome variables during 12-step and cognitive-behavioral treatment.Journal of Studies on Alcohol, 59(4), 371-380.
22. Formigoni, M.L.O. S. (1992). A Intervenção Breve na Dependência de Drogas: a Experiência Brasileira. São Paulo: Contexto.
23. Fromme, K., &Corbin, W. (2004). Prevention of heavy drinking and associated negative consequences among mandated and voluntary college students. Journal of Consulting and Clinical Psychology, 72(6), 1038-1049.
24. Galbraith, I. G. (1989). Minimal interventions with problem drinkers – a pilot study of the effect of two interview styles on perceived self-efficacy.Health Bulletin, (6):311-314.
25. Gwaltney, C. J., Magill, M., Barnett, N. P., Apodaca, T. R., Colby, S. M., &Monti, P. M. (2011). Using daily drinking data to characterize the effects of a brief alcohol intervention in an emergency room. Addictive Behaviors, 36(3), 248-250.
26. Heather, N. (1995). Interpreting the evidence on brief interventions for excessive drinkers: the need for caution.Alcohol and Alcoholism, 30(3), 287-296.
27. Horvath, A. O., &Symonds, B. D. (1991). Relation between working alliance and outcome in psychotherapy: a meta-analysis. Journal of Counseling Psychology, 38(2), 139-149.
28. Kahan, M., Wilson, L., & Becker, L. (1995). Effectiveness of physician-based interventions with problem drinkers: a review. CMAJ: Canadian Medical Association Journal, 152(6), 851.
29. Kaner, E. F., Beyer F, Dickinson HO, Pienaar E, Campbell F, Schlesinger C, Heather N, et al. (2007). Effectiveness of brief alcohol interventions in primary care populations.The Cochrane Database of Systematic Reviews (electronic resource), (2), CD004148.
30. Kazdin, A. E., &Nock, M. K. (2003). Delineating mechanisms of change in child and adolescent therapy: methodological issues and research recommendations.Journal of Child Psychology and Psychiatry, and Allied Disciplines, 44(8), 1116-1129.
31. Lock, C. A., Kaner, E., Heather, N., Doughty, J., Crawshaw, A., McNamee, P., et al. (2006). Effectiveness of nurse-led brief alcohol intervention: a cluster randomized controlled trial. Journal of Advanced Nursing, 54 (4), 426-439.
32. Longabaugh, R., &Magill, M. (2012). Recent advances in behavioral addiction treatments: focusing on mechanisms of change.Current Psychiatry Reports, 13(5), 382-389.
33. Longabaugh, R., &Wirtz, P. W. (2001). Substantive review and critique.In R. Longabaugh, &P. W.Wirtz (Eds.), Project MATCH Hypotheses: Results and Causal Chain Analyses (pp. 305-325, Vol. 8). Rockville, MD: National Institute on Alcohol Abuse and Alcoholism.
34. Longabaugh, R., Donovan, D. M., Karno, M. P., McCrady, B. S., Morgenstern, J., &Tonigan, J. S. (2005).Active ingredients: how and why evidence-based alcohol behavioral treatment interventions work.Alcoholism, Clinical and Experimental Research, 29(2), 235-247.
35. MacKinnon, D. P., Fairchild, A. J., &Fritz, M. S. (2007). Mediation analysis.Annual Review of Psychology, 58, 593-614.
36. Maisto, S.A., Roos, C.R., O'Sickey, A.J., Kirouac, M., Connors, G.J., Tonigan, J.S., & Witkiewitz, K. (2015). The Indirect Effect of the Therapeutic Alliance and Alcohol Abstinence Self-Efficacy on Alcohol Use and Alcohol-Related Problems in Project MATCH. Alcoholism: Clinical and Experimental Research, 39 (3), 504–513.
37. Magill, M., &Longabaugh, R. (2013). Efficacy combined with specified ingredients: a new direction for empirically supported addiction treatment.Addiction, 108(5), 874-881.

38. Marques, A. C. P. R., &Furtado, E. F. (2004). Intervenções breves para problemas relacionados ao álcool. Revista Brasileira de Psiquiatria, 26(Supl. 1), 28-32.
39. McCambridge, J. (2013). Brief intervention content matters [Editorial].Drug and Alcohol Review, 32(4), 339-341.
40. McCambridge J., & Day, M. (2008). Randomized controlled trial of the effects of completing the Alcohol Use Disorders Identification Test questionnaire on self-reported hazardous drinking.Addiction, 103(2), 241-248.
41. Meier, P.S., Barrowclough, C. &Donmall, M.C. (2005). The role of the therapeutic alliance in the treatment of substance misuse: a critical review of the literature. Addiction, 100(3), 304-316.
42. Miller, W. R, & Rollnick, S. (2001). A Entrevista Motivacional. Porto Alegre: Artmed.
43. Miller, W. R., &Sanchez, V. C. (1993). Motivating Young Adults for Treatment and Lifestyle Change. In: G. Howard (Ed.),Issues in Alcohol Use and Misuse by Young Adults (pp. 55-82). Notre Dame: University of Notre Dame Press.
44. Monti, P. M., Barnett, N. P., Colby, S. M., Gwaltney, C. J., Spirito, A., Rohsenow, D. J., &Woolard, R.(2007). Motivational interviewing versus feedback only in emergency care for young adult problem drinking.Addiction, 102(8), 1234-1243.
45. Moyer, A., Finney, J. W., Swearingen, C. E., & Vergun, P. (2002). Brief interventions for alcohol problems: a meta-analytic review of controlled investigations in treatment-seeking and non-treatment-seeking populations. Addiction, 97(3), 279-292.
46. Neal, D. J., Fromme, K., Boca, F. K., Parks, K. A., King, L. P., Pardi, A. M., et al. (2006). Capturing the moment: innovative approaches to daily alcohol assessment.Alcoholism, Clinical and Experimental Research, 30(2), 282-291.
47. Nilsen, P., Kaner, E., & Babor, T. F. (2008). Brief intervention, three decades on.Nordic Studies on Alcohol and Drugs,25(6), 453-468.
48. O'Donnell, A., Anderson, P., Newbury-Birch, D., Schulte, B., Schmidt, C., Reimer, J., &Kaner E.(2014). The impact of brief alcohol interventions in primary healthcare: a systematic review of reviews.Alcohol and Alcoholism, 49(1), 66-78.
49. Oliveira, M. S., Andretta, I., Rigoni, M. S., & Szupszynski, K. P. R. (2008). A entrevista motivacional com alcoolistas: um estudo longitudinal. Psicologia: Reflexão e Crítica, 21(2), 261-266.
50. Pengpid, S., Peltzer, K., Skaal, L., & Van der Heever, H. (2013). Screening and brief interventions for hazardous and harmful alcohol use among hospital outpatients in South Africa: results from a randomized controlled trial. BMC public health, 13(1), 644.
51. Pereira, M. O., Anginoni, B. M., Ferreira, N. C., Oliveira, M. A. F., Vargas, D., & Colvero, L. A. (2013). Efetividade da intervenção breve para o uso abusivo de álcool na atenção primária: revisão sistemática. Revista Brasileira de Enfermagem, 66(3), 420-428.
52. Prochaska, J. O., & DiClemente, C. (1992). Stages of change in the modification of problem behaviors. In M. Hersen, M. Eiser,& W. Miller (Orgs.), Progress in Behavior Modification (pp.184-214). Sycamore: Sycamore Press.
53. Project MATCH Research Group. (1998). Matching alcoholism treatments to client heterogeneity: Project MATCH three year drinking outcomes. Alcoholism: Clinical and Experimental Research, 22(6), 1300-1311.
54. Rohsenow, D. J., Monti, P. M., Martin, R. A., Colby, S. M., Myers, M. G., Gulliver, S. B.,et al. (2004). Motivational enhancement and coping skills training for cocaine abusers: effects on substance use outcomes.Addiction, 99(7), 862-874.
55. Sales, C. M. B., & Figlie, N. B. (2009). Revisão de literatura sobre a aplicação da entrevista motivacional breve em usuários nocivos e dependentes de álcool. Psicologia em Estudo,14(2), 333-340.
56. Thom, B., Herring, R., Luger, L., & Annand, F. (2014). Delivering Alcohol IBA: Broadening the base from health to non-health contexts. Alcool Insights, (116), 1-5.
57. U.S. Preventive Services Task Force. (2004). Screening and behavioral counseling interventions in primary care to reduce alcohol misuse: recommendation statement. Annals of Internal Medicine, 140(7), 554-556.

58. Whitlock, E. P., Polen, M. R., Green, C. A., Orleans, T., & Klein, J. (2004). Behavioral counseling interventions in primary care to reduce risky/harmful alcohol use by adults: a summary of the evidence for the US Preventive Services Task Force. Annals of Internal Medicine, 140(7), 557-568.
59. Wilk, A. I., Jensen, N. M., & Havighurst, T. C. (1997). Meta-analysis of randomized control trials addressing brief interventions in heavy alcohol drinkers. Journal of General Internal Medicine, 12(5), 274-283.

CAPÍTULO 9

Intervenções Virtuais para Usuários de Substância

Michael P. Schaub

INTRODUÇÃO

Recentemente, a literatura científica descreveu modelos de tratamento que tinham como alvo a população geral e, além de fornecerem informações em níveis primário e secundário de prevenção, também oferecem ferramentas de autoajuda baseadas na internet para indivíduos com problema de uso de substâncias, com base em níveis de prevenção terciária. Até agora, existem evidências robustas indicando eficácia destas intervenções de autoajuda baseadas na internet para usuários problemáticos de álcool, mas poucos estudos investigaram a efetividade científica deste tipo de intervenção para usuários de drogas estimulantes. Existem alguns trabalhos avaliando estes modelos de intervenções na redução do uso da maconha, mas os resultados ainda são contraditórios.

Por outro lado, os pressupostos teóricos destas intervenções são mais ou menos os mesmos, pois elas se baseiam em abordagens clássicas de terapia como a Terapia Cognitivo-comportamental para Abuso de Substância (p. ex., Carroll, 1994, 2005), Entrevista Motivacional (McKee e col., 2007), Princípios de Autocontrole (Sanchez-Craig, 1993; Sobell & Sobell, 1993; Velicer e col., 1990) e o bem estabelecido Modelo de Prevenção de Recaídas, frequentemente integrado à terapia cognitivo-comportamental correspondente. Há também numerosos estudos sobre intervenções virtuais breves, focados principalmente no *feedback* individual personalizado com base em instrumentos que avaliam o consumo de substância, como o Teste de Identificação de Desordens devido ao Uso de Álcool (AUDIT) (Babor, Higgins-Biddle, Saunders, & Monteiro, 2001). Até o presente momento, há evidências suficientes da efetividade desses estudos. Os tamanhos do efeito dessas intervenções de modo geral são menores do que na intervenção da terapia baseada na web, mais abrangente, como mencionado.

Por outro lado, existe um número crescente de serviços de aconselhamento na internet. Assumidamente, muitos destes serviços são baseados na clássica troca de mensagens de *e-mail*, por vezes em sessões de *chat* anônimas, e alguns exemplos de casos clínicos baseados em formas de troca mais ostensiva na internet, como as sessões de vídeo (p. ex., via Skype ou Google Hang Outs etc.). A grande maioria desses serviços, a partir internet, não foi testada cientificamente quanto a sua efetividade no abuso de substância. Por outro lado, existem diversos estudos sobre outros problemas de saúde mental com as chamadas intervenções de terapia psicológica via internet. Diversas evidências científicas indicam que a terapia cognitivo-comportamental (p. ex., baseada em *chat* ou *e-mail*) atue reforçando os efeitos previamente comprovados de intervenções virtuais de autoajuda de modelo único, focadas em transtornos depressivos e ansiosos (Andersson & Cuijpers, 2009; Spek e col., 2007). Além disso, existem estudos indicando que é possível uma aliança terapêutica por meio de técnicas cognitivo-comportamentais a partir do uso de *e-mail*s e que sejam eficazes no controle de sintomas depressivos, transtorno de ansiedade generalizada, fobias sociais, Transtorno de Estresse Pós-Traumático (TEPT) e, entre outros (p. ex., Andersson e col., 2012; Knaevelsrud & Maercker, 2007; Preschl, Maercker & Wagner, 2011).

O objetivo deste capítulo é reunir as principais evidências científicas disponíveis atualmente para avaliar o efeito de diferentes modelos de intervenções virtuais (via internet e/ou por computador) na redução do uso de substâncias. Além disso, também buscou-se fornecer uma base teórica para essas intervenções, resumindo os conceitos terapêuticos aplicados e desenvolvendo uma estrutura conveniente para dispor as evidências científicas atuais e fornecer perspectivas de pesquisas futuras.

FUNDAMENTAÇÃO TEÓRICA

Uma das maiores vantagens de intervenções virtuais para usuários de drogas é a possibilidade de anonimato total e a independência de tempo e lugar para realizar os procedimentos (p. ex., Haug, Dymalski & Schaub, 2011). Historicamente, tanto a terapia quanto o aconselhamento via internet surgiram como uma solução emergencial em países desenvolvidos para suprir demandas, como o distanciamento geográfico devido à ausência de um profissional em pequenas cidades ou lugarejos/vilas/comunidades. Esses avanços iniciais surgiram principalmente na Austrália, Canadá e EUA, no começo dos anos 1990. Alguns são mais conhecidos pelo autor deste capítulo como grupos de autoajuda não profissionais ou serviços de troca entre pares com o objetivo de alcançar indivíduos que precisavam de uma intervenção, mas que não tinham acesso a centros especializados. Nos últimos 10-15 anos, essas soluções até então consideradas emergenciais se tornaram cada vez mais profissionais e disseminadas, tendo se desenvolvido em uma solução especial para pessoas com necessidades específicas que também são bastante proeminentes em indivíduos com problemas de abuso de substância. Neste sentido, este tipo de público geralmente não deseja contato direto com profissionais por temerem a estigmatização ou por uma necessidade de se manterem no anonimato. O terceiro motivo é o desejo dessas pessoas de manter distanciamento pessoal em relação ao profissional de saúde. As intervenções virtuais podem ser entendidas a partir de diferentes objetivos, desde aquelas que atendem a pessoas que "nunca experimentaram nenhuma substância" até aqueles que precisam de um "tratamento intensivo e/ou internação" (ver Figura 9.1).

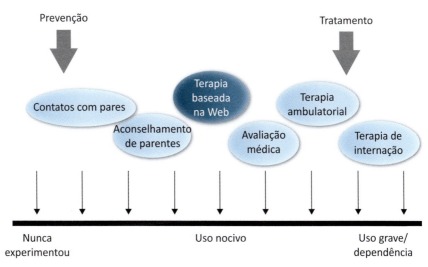

Figura 9.1 Modalidades de intervenções com base na gravidade de uso da(s) substância(s).

Em geral, as intervenções virtuais funcionam a partir de diferentes dispositivos conectados à internet. Em seu modelo de estrutura econômica de mídia para psicologia social de internet, Doering afirma que a escolha de um meio de comunicação é uma decisão consciente. Isto significa, por exemplo, que um indivíduo com problema de uso de drogas tenderá a escolher um fórum de usuários, uma intervenção de autoajuda ou uma sessão de chat orientada, dependendo da sua necessidade e do que ele realmente está buscando. Portanto, é também evidente que um indivíduo utilize diferentes meios de comunicação, conforme a fase específica do processo terapêutico em que ele se encontra. Um primeiro contato poderia, por exemplo, ocorrer em um fórum de usuários orientados (sob intervenção virtual), enquanto os contatos por chat orientado são focados principalmente nas fases mais tardias da terapia. Os contatos iniciais por e-mail muitas vezes podem terminar também em terapias presenciais. Mais frequentemente podem ocorrer situações emocionais isoladas que evoluem para questões distintas e limitadas, que por sua vez podem desencadear situações relacionadas com a dependência.

A proximidade e a distância na terapia presencial podem ser teorizadas como localizadas em um contínuo, como a partir dos diferentes meios individuais de comunicação por internet. Um aspecto que merece consideração é o contraste entre proximidade e distância entre os meios de comunicação tempo-simultâneos (chat, Skype, etc.) e tempo-divergentes (e-mails) (ver Figura 9.2). Embora exista uma lacuna de várias horas e dias entre o indivíduo que busca ajuda e a resposta de seu terapeuta no processo de intervenção por e-mails, existe apenas um intervalo breve ou quase nulo na terapia baseada em

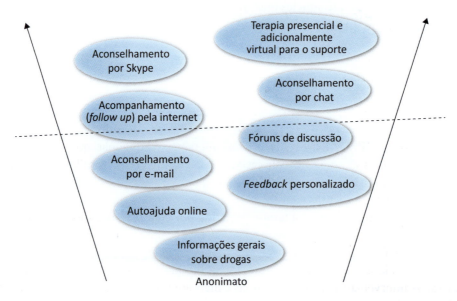

Figura 9.2 Diferentes modalidades de intervenções virtuais com base na gravidade de uso da(s) substância(s).

chat ou vídeo-chat pela internet (p. ex., com Skype, Google *Hang out*, etc.). As abordagens de terapia de autoajuda virtuais constroem a maior distância pessoal entre o desenvolvedor inicial das intervenções de terapia e o indivíduo que buscou ajuda. O completo anonimato, por fim, consiste em apresentar informação não interativa descritiva, por exemplo, em um website de informações sobre o uso de drogas.

Por último, e não menos importante, deve ser mencionado que, entre as diversas vantagens que uma intervenção virtual (direcionada ou não) pode apresentar certa desvantagem. É necessário o acesso a um computador conectado à internet, além de conhecimentos básicos de informática. Além disso, nas modalidades de comunicação por mensagem, a realização da comunicação não verbal (expressão facial, gestos) se torna bastante difícil e, por isso, a gravidade e todo o fenômeno relacionado ao uso de drogas não pode ser observado em toda a sua complexidade (p. ex., Kersting, Schlicht & Kroker, 2009). Achados preliminares, todavia, indicaram que a qualidade da relação terapêutica pode ser — na compreensão de Carl R. Rogers (empatia, congruência e apreciação) —, ao menos em longo prazo, tão boa quanto a terapia presencial. Portanto, é possível assumir que é mais uma questão de intensidade (número e frequência de contatos), até um bom terapeuta especializado na área de dependência obter uma aliança terapêutica suficiente para uma terapia tão bem-sucedida quanto a terapia presencial. Por outro lado, alguns assuntos mais íntimos, como o contato sexual sem proteção ou outros comportamentos que possam resultar em doenças infecciosas sexualmente transmitidas, costumam ser mais fácil e precocemente abordados como uma questão na terapia virtual do que na presencial.

Evidências de efetividade das intervenções virtuais na redução do uso de álcool

Até agora, o álcool é a substância com maior quantidade de evidências a partir do uso de intervenções virtuais. Alguns trabalhos de metanálises indicaram a efetividade deste modelo de intervenção a partir de *feedbacks* personalizados, destinados a diminuir o uso de álcool, com efeitos de tamanhos baixo a moderado [tamanho do efeito (d) = 0,22; Intervalo de confiança 95% = 0,16-0,29], e para redução do volume ingerido de álcool em longo prazo (Riper e col., 2011). Uma metanálise adicional, que também incluiu intervenções mais abrangentes, observou efeitos de tamanhos similares para redução do uso de álcool (d = 0,22; Intervalo de Confiança 95% = 0,14-0,29) em comparação à redução ao uso de tabaco (d = 0,14; IC95% = 0,06-0,23). Um dos primeiros estudos indicou efeito superior de uma terapia assistida por chat para usuários de drogas, comparativamente às intervenções de autoajuda isolada (não orientadas) para redução do uso de álcool 6 meses após o início do tratamento. É interessante notar que este efeito aumentou no longo prazo, decorridos 12 meses do começo da intervenção. Ainda não é claro se as intervenções virtuais assistidas e mais abrangentes sejam mais efetivas do que os tratamentos presenciais e de curta duração (como a intervenção breve) na redução do consumo pesado de álcool. Uma metanálise bastante recente não encontrou evidência que sustentasse esta hipótese. Entretanto, conforme apontam os autores, o número de intervenções assistidas para este tipo de intervenção (redução do uso de álcool) é baixo e, em alguns casos, os estudos existentes incluíram indivíduos que buscaram ajuda pela primeira vez. Desta forma, são raros os estudos conduzidos com usuários já dependentes de álcool (uso pesado). De modo não surpreendente, estudos que focaram o objetivo de diminuir o uso de substância geralmente produziram efeitos de maiores dimensões do que aqueles que tiveram a abstinência como meta.

Recentemente, também tem sido observada uma tendência de protocolos que combinam intervenções de autoajuda virtuais ou breves com aquelas presenciais para diminuição do uso de álcool a partir do uso de dispositivos móveis, como os smartphones. Estes procedimentos têm se mostrado promissores para manter os jovens utilizando estas intervenções, ou como um tipo de suporte pós-terapia adicional para adultos jovens após uma consulta prévia com profissionais, ou ainda para adultos após o tratamento ambulatorial.

Por outro lado, é algo surpreendente a falta de estudos que tenham combinado o tratamento presencial com intervenções virtuais e comparando esta abordagem com aquelas utilizando somente um enfoque virtual. Por fim, nenhum trabalho investigou a efetividade das intervenções baseadas em chat de vídeo.

Evidências de efetividade das intervenções virtuais na redução do uso de drogas estimulantes

Embora existam diversos estudos avaliando as intervenções virtuais para usuários de álcool, somente quatro pesquisas foram conduzidas até o momento focando na diminuição do uso de estimulantes.

Os resultados preliminares do primeiro estudo indicaram tanto a viabilidade quanto a efetividade de uma intervenção virtual de autoajuda anônima totalmente automatizada. Os participantes deste grupo foram expostos a procedimentos que se utilizam de diferentes módulos cognitivo-comportamentais interativos e um diário de consumo para redução do uso de cocaína, enquanto os participantes do grupo controle receberam apenas conteúdo psicoeducativo. A intervenção virtual atraiu principalmente aqueles de idade mais avançada e nível mais alto de instrução, em comparação aos programas de tratamento ambulatorial existentes em que a cocaína é a substância de abuso primária. Os participantes do grupo experimental (que receberam a intervenção) apresentaram maior tempo de tratamento do que os participantes do grupo controle. Entretanto, as taxas de resposta nas avaliações de seguimento (*follow up*) foram baixíssimas e se restringiram ao poder explicativo da análise. Nas avaliações de seguimento, o nível de gravidade da dependência de cocaína não diferiu entre os grupo experimental e controle. Além disso, não foram detectadas diferenças no desejo por cocaína, depressão ou uso de álcool e qualquer outra droga. Com relação ao consumo diário, a média de dias livres de cocaína por semana não sofreu alteração significativa, enquanto a quantidade semanal de cocaína usada diminuiu igualmente em ambos os grupos. Esta intervenção atualmente está sendo revisada e três estudos controlados randomizados serão conduzidos para testar a efetividade de um novo modelo, com aconselhamento por chat adicional *versus* apenas autoajuda *versus* uma lista de espera tradicional (grupo controle).

Outro estudo cujo nome do programa é "quebrando o gelo" avaliou o uso de anfetaminas a partir de uma metodologia randomizada e controlada com 160 adultos australianos, em comparação a um grupo controle (lista de espera). O "quebrando o gelo" consiste em três módulos que necessitam de um tempo de conclusão aproximado de 90 minutos. O conteúdo dos módulos foi adaptado a partir de protocolos clínicos da terapia cognitiva-comportamental e no fortalecimento da motivação. Após três meses, 43% dos participantes do grupo experimental e 57% do grupo controle forneceram dados de seguimento. No grupo experimental, 63% dos participantes concluíram pelo menos um módulo. A única variável sensível à intervenção foi a quantidade de dias de absenteísmo, em que indivíduos do grupo experimental permaneceram mais dias trabalhando em relação àqueles do grupo controle.

Outro estudo australiano em andamento foca em um programa de prevenção escolar pela internet, previamente avaliado e com bons resultados, destinado à prevenção do uso de álcool e maconha. Essa intervenção utiliza um modelo prévio desenhado pelos pesquisadores a partir de programa para prevenção do uso de ecstasy para estudantes de 10-12 anos de idade, em um estudo controlado randomizado agrupado.

Hoje, nenhum estudo combina o tratamento presencial com virtual para uso de substâncias, nem investiga a efetividade das intervenções de chat de vídeo para usuários dessas drogas.

Evidências de efetividade das intervenções na redução do uso de maconha e outras drogas

Atualmente existem apenas dois programas de redução do uso de drogas utilizando a internet, com resultados científicos já publicados a partir de uma metodologia randomizada e controlada. Cada um utiliza diferentes abordagens de intervenção. O programa alemão Pare com a Droga, "*Quit the Shit*", se baseia nos princípios de autorregulação e autocontrole, e consiste numa abordagem focada na resolução de conflitos. Ele é estruturado a partir de sessões semanais por meio de *feedbacks* personalizados, baseadas nos registros feitos no diário de consumo dos participantes, nos chats sobre consumo a um tempo total de 50 dias de tratamento. Nesse trabalho, houve queda do número de participantes sendo que somente 11,6% terminaram o programa em comparação ao grupo controle (lista de espera) (24,7%). Mesmo assim, os pesquisadores detectaram efeitos significativos na redução do uso de maconha. O programa australiano "*Reduce Your Use: How to Break the Cannabis Habit*" (Reduza o seu uso: como frear o hábito de uso da maconha) é uma intervenção de autoajuda totalmente automatizada, que consiste em seis módulos e se destina à melhora dos transtornos associados ao uso de maconha, baseada em abordagens de terapia cognitivo-comportamental (TCC), entrevista motivacional e autocontrole comportamental. Este programa foi testado quanto à efetividade em um estudo controlado randomizado e comparado a uma condição-controle psicoeducativa que também consistia em seis módulos. A retenção do estudo foi maior no grupo experimental e na condição-controle após seis semanas (66% × 64%) e em três meses de seguimento (54% × 52%), do que no estudo alemão já mencionado. A frequência do uso de maconha e a quantidade de maconha consumida foram menores no grupo experimental do que no grupo controle em seis semanas e em três meses de seguimento.

Um estudo suíço, que está atualmente sendo conduzido, procura investigar a efetividade da combinação de uma intervenção de autoajuda totalmente automatizada para diminuição do uso de maconha, com sessões de chat individuais. Nenhum estudo conduzido até agora investigou se o tratamento presencial do transtorno associado ao uso de maconha combinado com intervenções virtuais é mais efetivo do que intervenções virtuais isoladas. Nenhum estudo investigou a efetividade das intervenções utilizando chat de vídeo para a diminuição do uso de maconha.

Existe ainda um programa de prevenção escolar bem avaliado, conduzido na Austrália, envolvendo estudantes de 10 anos de idade. O chamado *"Climate School Alcohol and Cannabis Course"* (Clima Escola de Álcool e Maconha) foi bem-sucedido em ampliar o conhecimento relacionado à maconha e ao álcool, bem como em diminuir o consumo médio de álcool e a frequência do uso de maconha e dos episódios de uso *binge* (bebedeiras) entre os jovens. Uma primeira metanálise publicada constatou um tamanho de efeito agrupado positivo de g = 0,16 (IC95% = 0,09-0,22) para um total de 10 intervenções por computador e/ou internet destinadas à redução da frequência do uso de maconha.

Três estudos novos conduzidos nos EUA investigaram a intervenção virtual na terapia de substituição de opioides. O primeiro deles investigou a efetividade de uma intervenção comportamental virtual, que substituía parcialmente o aconselhamento padrão em um programa de substituição da metadona baseado na comunidade. A substituição de uma parte do tratamento padrão por esta intervenção resultou em elevadas taxas de abstinência de opioides mensuradas de forma objetiva. Em um segundo estudo, os participantes de um programa de tratamento de substituição de buprenorfina receberam uma intervenção de abordagem de reforço pela internet somada ao controle de contingência (dinheiro para triagens de urina negativas) ou apenas o controle de contingência. Em comparação àqueles que receberam apenas o controle de contingência, os indivíduos que receberam a intervenção combinada apresentaram maior período de abstinência e menor risco de desistência do tratamento. O terceiro estudo é o único em todo o campo do tratamento de uso de substância pela internet que testou a viabilidade e aceitabilidade de uma intervenção baseada em chat de vídeo. Os participantes do estudo na condição de chat de vídeo apresentaram maiores taxas de evasão em comparação àqueles que receberam uma intervenção presencial. No entanto, esses indivíduos apresentaram taxas semelhantes de comparecimento nos aconselhamentos e resultados positivos para drogas a partir de testes de urina.

Custo-efetividade das intervenções virtuais

Muitos especialistas consideram o fato que a implementação e a utilização de intervenções virtuais podem proporcionar uma economia considerável no sistema de tratamento de usuários de substância. Entretanto, não é tão simples quanto indicam os poucos estudos disponíveis na literatura. Apenas um único estudo referente ao uso de álcool, conduzido na Dinamarca, comparou o custo-efetividade da terapia pela internet com até dez sessões versus a autoajuda pela internet (intervenção virtual não assistida). Os esforços de intervenções vituais para a redução do uso de álcool entre usuários pesados renderam uma relação custo-efetividade de implementação do programa razoável de € 3.683,00 por indivíduo e € 14.710,00 por ganho de ano de vida, ganho ajustado pela qualidade (*Quality-Adjusted Life-Years* – QALY).

Um outro estudo, conduzido na Dinamarca – um país onde as companhias de seguro médico bancam parcialmente os custos de terapias pela internet – simulou os gastos e ganhos a partir do QUALY da população. Na Dinamarca, existe uma forte tendência de substituir até metade dos serviços para usuários de álcool (desde o aconselhamento para usuários graves até o tratamento de internação para alcoolismo) por serviços a partir da internet. Esse estudo indicou que no atual sistema de assistência médica para usuários de álcool, cada euro investido resulta em um ganho de saúde de 1,08 euros. Sob o novo sistema, em que 50% seria reposto, cada euro investido resultará em um ganho de saúde da ordem de 1,64 euros. O sistema vigente gasta 233 milhões de euros. Entretanto, os gastos estimados para alcançar o novo sistema são da ordem de 86 milhões de euros. Desta forma, na Dinamarca, um número muito maior de pessoas com problemas de álcool poderia ser ajudado, e essa ajuda poderia alcançar um êxito muito maior. Por outro lado, isto necessitaria de um pesado investimento inicial.

Nesse sentido, a principal ideia desse estudo é que os tratamentos tradicionais (presenciais) para usuários de droga devem ser, ao menos em parte, substituídos por serviços virtuais, a fim de reduzir custos. Adicionar um novo serviço baseado na internet aos serviços presenciais já existentes, por si só, resulta em gastos aumentados, cargas de trabalho maiores dos terapeutas atuais, podendo potencialmente sobrecarregar muitos destes.

DISCUSSÃO

O presente capítulo traz uma breve visão geral acerca das atuais evidências das intervenções baseadas na internet para pessoas que fazem uso abusivo e/ou dependentes de drogas. Essa é uma área bastante ativa e é possível esperar que diversos estudos venham a ser conduzidos nos próximos anos. Para a redução do uso de álcool, já existem evidências consideráveis da efetividade, a partir de metanálises, das intervenções baseadas na web destinadas a reduzir o uso problemático de álcool. Em comparação com as intervenções baseadas na web destinadas à diminuição de outros problemas mentais que não os problemas de abuso de substância, aquelas cujo objetivo é reduzir ou cessar o consumo têm de lidar com problemas de adesão dos usuários. Isso é especialmente válido para as intervenções destinadas a reduzir o uso de drogas estimulantes, menos aplicável na redução do uso de maconha e opiáceos, e minimamente válida reduzir o uso de álcool. Novos meios precisam ainda ser descobertos para minimizar esses problemas sendo que alguns destes poderiam ser solucionados ao tentar se ajustar melhor essas intervenções virtuais para subgrupos específicos de uso de substância e, potencialmente, também para suas subpopulações (p. ex., intervenção pela web para redução do uso de maconha entre usuários do sexo masculino na faixa etária de 16 a 25 anos etc.). Outra abordagem poderia ser a integração de módulos destinados a diminuir os fatores de comorbidades psiquiátricas observados com frequência nas intervenções baseadas na web para uso de substância. Existem achados iniciais mostrando que, indivíduos com sintomas de depressão mais significativos permanecem por mais tempo nas intervenções baseadas na web destinadas à redução do uso de cocaína). Então, por que não oferecer também módulos centrais a partir de intervenções pela web destinadas ao tratamento dos sintomas de depressão para aqueles que poderiam ser beneficiados? Por outro lado, ainda é necessário aumentar o número de evidências sustentando intervenções baseadas na web que não as destinadas à redução do uso de álcool, de forma que estudos adicionais ainda se fazem necessários.

Notavelmente, estudos sobre a efetividade da combinação da terapia presencial com a intervenção pela web raramente têm sido abordados. Segundo a minha própria experiência pessoal, às vezes o terapeuta especialista em uso de drogas se preocupa mais com o custo destas intervenções baseadas na web e a adesão ao tratamento do que sua eficácia, propriamente dita. No entanto, como 10% a 20% dos suíços com problemas de álcool e drogas não recebem nenhum tipo de tratamento, essas preocupações, de fato, parecem não ser éticas. Devemos aumentar o acesso ao tratamento destes usuários e também a provisão desse tratamento, empregando, para tanto, as intervenções pela web, de acordo com o principal da cobertura concomitante (i.e., intervenções não invasivas e de baixo custo, em que a intensidade terapêutica pode ser aumentada conforme a necessidade). Entretanto, a implementação de serviços baseados na internet necessitam primeiramente de investimentos adicionais, para que seja possível então ampliar o acesso ao tratamento. Esse investimento poderia ser recompensador para quase todos os países, uma vez que o acesso à internet continua aumentando, especialmente naqueles países em desenvolvimento. Todavia, para manter os investimentos e a baixa carga de trabalho, as intervenções baseadas na web não deveriam ser adicionadas aos tratamentos presenciais já implementados, mas sim completar ou substituir parcialmente esses tratamentos.

Uma questão difícil de responder é se algum dia as intervenções baseadas na web de fato alcançarão a mesma efetividade que os tratamentos presenciais para usuários de drogas – como é o caso de terapias pela internet capazes de reduzir os sintomas de depressão, em comparação ao tratamento tradicional. Atualmente, ainda não alcançamos esse estágio. Entretanto, as intervenções estão melhorando com rapidez e estamos nos aproximando cada vez mais disso.

BIBLIOGRAFIA CONSULTADA

1. Andersson, G., & Cuijpers, P. (2009). Internet-based and other computerized psychological treatments for adult depression: A meta-analysis. Cognitive Behaviour Therapy, 38(4), 196-205. doi:10.1080/16506070903318960.
2. Andersson, G., Paxling, B., Wiwe, M., Vernmark, K., Felix, C. B., Lundborg, L., Furmark, T., Cuijpers, P., & Carlbring, P. (2012). Therapeutic alliance in guided internet-delivered cognitive behavioural treatment of depression, generalized anxiety disorder and social anxiety disorder. Behaviour Research and Therapy, 50(9), 544-550. doi:10.1016/j.brat.2012.05.003.
3. Babor, T. F., Higgins-Biddle, J. C., Saunders, J. B., &Monteiro, M. G. (2001). AUDIT: The Alcohol Use Disorders Identification Test: Guidelines for Use in Primary Care, second edition. World Health Organization: Department of Mental Health and Substance Dependence.
4. Blankers, M., Koeter, M. W., & Schippers, G. M. (2011). Internet therapy versus internet self-help versus no treatment for problematic alcohol use: A randomized controlled trial. Journal of Consulting and Clinical Psychology, 79(3), 330-341. doi:10.1037/a0023498.
5. Blankers, M., Nabitz, U., Smit, F., Koeter, M. W., & Schippers, G. M. (2012). Economic evaluation of internet-based interventions for harmful alcohol use alongside a pragmatic randomized controlled trial. Journal of Medical Internet Research, 14(5), 71-83. doi:10.2196/jmir.2052.
6. Carroll, K. M. (2005). Recent advances in the psychotherapy of addictive disorders. Current Psychiatry Reports, 7(5), 329-336.
7. Champion, K. E., Teesson, M., & Newton, N. C. (2013). A cluster randomised controlled trial of the Climate Schools: Ecstasy and emerging drugs module in Australian secondary schools: study protocol. BMC Public Health,13:1168. doi:10.1186/1471-2458-13-1168.
8. Christensen, D. R., Landes, R. D., Jackson, L., Marsch, L. A., Mancino, M. J., Chopra, M. P., & Bickel, W. K. (2014). Adding an internet-delivered treatment to an efficacious treatment package for opioid dependence. Journal of Consulting and Clinical Psychology, 1-9. doi:10.1037/a0037496.
9. Copeland, J., Swift, W., Roffman, R., & Stephens, R. (2001). A randomized controlled trial of brief cognitive-behavioral interventions for cannabis use disorder. Journal of Substance Abuse Treatment, 21(2), 55-64. doi:10.1016/S0740-5472(01)00179-9.
10. David, N., Peter, D., Prudlo, U. (2005). Zur therapeutischen Beziehung im virtuellen Raum (Internet) – Eine explorative Online-Studie. Verfügbar unter: http://www.fob.uni-tuebingen.de/fachpublikum/forschung/feldstudie.php.
11. Doering, N. (2003). Sozialpsychologie des Internets. Die Bedeutung des Internets für Kommunikationsprozesse, Identitäten, soziale Beziehungen und Gruppen. Göttingen: Hogrefe Verlag. doi:10.1024//0044-3514.31.3.166.
12. Goldstein, M. G., Niaura, R., Follick, M. J., & Abrams, D. B. (1989). Effects of behavioral skills training and schedule of nicotine gum administration on smoking cessation. The American Journal of Psychiatry, 146(1), 56-60.
13. Haug, S., Dymalski, A., &Schaub, M.P. (2011). Webbasierte Tabakprävention: Evaluation vorhandener Angebote, allgemeiner Wirksamkeitsnachweis und Nutzeneinschätzung von Zielgruppen in der Schweiz. Synthesebericht. Zürich, ISGF.
14. Haug, S., Lucht, M. J., John, U., Meyer, C., & Schaub, M. P. A pilot study on the feasibility and effectiveness of text message-based aftercare among alcohol outpatients. Alcohol and Alcoholism: in press.
15. Haug, S., Schaub, M.P., Venzin, V., Meyer, C., John, U., & Gmel, G. (2013). A pre-post study on the appropriateness and effectiveness of a web-and text messaging-based intervention to reduce problem drinking in emerging adults. Journal of Medical Internet Research, 15(9), 126-137. doi:10.2196/jmir.2755
16. Kersting, A., Schlicht, S.,& Kroker, K. (2009). Internet therapy. Opportunities and boundaries. Nervenarzt. 80(7), 797-804. doi:10.1007/s00115-009-2721-5.
17. King, V. L., Brooner, R. K., Peirce, J. M., Kolodner, K., & Kidorf, M. S. (2014). A randomized trial of web-based videoconferencing for substance abuse counseling. Journal of Substance Abuse Treatment, 46(1), 36-42. doi:10.1016/j.jsat.2013.08.009.

18. Knaevelsrud, C., & Maercker, A. (2007). Internet-based treatment for PTSD reduces distress and facilitates the development of a strong therapeutic alliance: A randomized controlled clinical trial. BMC Psychiatry, 7:13. doi:10.1186/1471-244X-7-13.
19. Leuschner, F., &Tossmann, P. (2009). Internet-based drug treatment interventions. Insights, Issue 10 edited by EMCDDA, 07/2009; European Monitoring Centre for Drugs and Drug Addiction (EMCDDA), Lisbon. ISBN: 978-92-9168-348-2.
20. Marlatt, G. A. (1985). Relapse prevention: maintenance strategies in treatment of addictive behaviors. New York: Guildford Press.
21. Marsch, L. A., Guarino, H., Acosta, M., Aponte-Melendez, Y., Cleland, C., Grabinski, M., Brady, R., & Edwards, J. (2014). Web-based behavioral treatment for substance use disorders as a partial replacement of standard methadonemaintenance treatment. Journal of Substance Abuse Treatment, 46(1), 43-51. doi:10.1016/j.jsat.2013.08.012.
22. McKee, S. A., Carroll, K. M., Sinha, R., Robinson, J. E., Nich, C., Cavallo, D., & O'Malley, S. (2007). Enhancing brief cognitive-behavioral therapy with motivational enhancement techniques in cocaine users. Drug and Alcohol Dependence, 91(1), 97-101.
23. Miller, W. R., & Rollnick, S. (1991). Motivational interviewing: Preparing people for change. New York: Guilford Press.
24. Neale, J., & Stevenson, C. (2014). Homeless drug users and information technology: A qualitative study with potential implications for recovery from drug dependence. Substance Use & Misuse, 49(11), 1456-1472. doi:10.3109/10826084.2014.912231.
25. Newton, N. C., Andrews, G., Teesson, M., & Vogl, L. E. (2009). Delivering prevention for alcohol and cannabis using the internet: A cluster randomised controlled trial. Preventive Medicine: An International Journal Devoted to Practice and Theory, 48(6), 579-584. doi:10.1016/j.ypmed.2009.04.009.
26. Newton, N. C., Teesson, M., Vogl, L. E., & Andrews, G. (2010). Internet-based prevention for alcohol and cannabis use: Final results of the Climate Schools course.
27. Addiction, 105(4),749-759. doi:10.1111/j.1360-0443.2009.02853.x.
28. Postel, M. G., de Haan, H. A., ter Huurne, E. D., Becker, E. S., & de Jong, C. A. J., 2010. Effectiveness of a web-based intervention for problem drinkers and reasons for dropout: Randomized controlled trial. Journal of Medical Internet Research, 12(4), 11-22. doi: 10.2196/jmir.1642.
29. Preschl, B., Maercker, A., & Wagner, B. (2011). The working alliance in a randomized controlled trial comparing online with face-to-face cognitive-behavioral therapy for depression. BMC Psychiatry, 11:189. doi:10.1186/1471-244X-11-189.
30. Redpath, D. P., Reynolds, G. L., Jaffe, A., Fisher, D. G., Edwards, J. W., & Deaugustine, N. (2006). Internet access and use among homeless and indigent drug users in Long Beach, California. CyberPsychology & Behavior, 9(5), 548-551. doi:10.1089/cpb.2006.9.548.
31. Riper, H., Blankers, M., Hadiwijaya, H., Cunningham, J., Clarke, S., Wiers, R., Ebert, D., & Cuijpers, P. (2014). Effectiveness of guided and unguided low-intensity internet interventions for adult alcohol misuse: A meta-analysis. PLoS One, 9(6). doi:10.1371/journal.pone.0099912.
32. Riper, H., Kramer, J., Smit, F., Conijn, B., Schippers, G., &Cuijpers, P. (2008).Web-based self-help for problem drinkers: A pragmatic randomized trial. Addiction, 103(2),218-27.doi:10.1111/j.1360-0443.2007.02063.x.
33. Riper, H., Spek, V., Boon, B., Conijn, B., Kramer, J., Martin-Abello, K., & Smit, F. (2011). Effectiveness of E-self-help interventions for curbing adult problem.
34. drinking: A meta-analysis. Journal of Medical Internet Research, 13(2), 44-56. doi:10.2196/jmir.1691. Riper, H., van Straten, A., Keuken, M., Smit, F., Schippers, G., & Cuijpers, P. (2009). Curbing problem drinking with personalized-feedback interventions: A meta-analysis. American Journal of Preventive Medicine, 36(3), 247-255. doi:10.1016/j.amepre.2008.10.016.
35. Rooke, S., Copeland, J., Norberg, M., Hine, D., & McCambridge, J. (2013). Effectiveness of a self-guided web-based cannabis treatment program: Randomized controlled trial. Journal of Medical Internet Research, 15(2), 48-61. doi:10.2196/jmir.2256.

36. Rooke, S., Thorsteinsson, E., Karpin, A., Copeland, J., & Allsop, D. (2010). Computer-delivered interventions for alcohol and tobacco use: A meta-analysis. Addiction, 105(8), 1381-1390. doi:10.1111/j.1360-0443.2010.02975.x.
37. Schaub, M. P., Haug, S., Wenger, A., Berg, O., Sullivan, R., Beck, T., & Stark, L. (2013). Can reduce - the effects of chat-counseling and web-based self-help, web-based self-help alone and a waiting list control program on cannabis use in problematic cannabis users: A randomized controlled trial. BMC Psychiatry, 13:305. doi:10.1186/1471-244X-13-305.
38. Schaub, M., Sullivan, R., Haug, S., & Stark, L. (2012). Web-based cognitive behavioral self-help intervention to reduce cocaine consumption in problematic cocaine users: Randomized controlled trial. Journal of Medical Internet Research, 14(6), 47-60. doi:10.2196/jmir.2244.
39. Schaub, M,. Sullivan, R., & Stark, L. (2011). Snow control - an RCT protocol for a web-based self-help therapy to reduce cocaine consumption in problematic cocaine users. BMC Psychiatry, 11:153. doi:10.1186/1471-244X-11-153.
40. Sobell, M. B., & Sobell, L. C. (1993). Treatment for problem drinkers: A public health priority. In J. S. Baer (Ed), G. A. Marlatt (Ed), & R. J. McMahon (Ed): Addictive behaviors across the life span: Prevention, treatment, and policy issues (pp. 138-157). Thousand Oaks, CA, US: Sage Publications.
41. Spek, V., Cuijpers, P., Nyklíček, I., Riper, H., Keyzer, J., & Pop, V. (2007). Internet-based cognitive behaviour therapy for symptoms of depression and anxiety: A meta-analysis. Psychological Medicine, 37(3), 319-328. doi:10.1017/S0033291706008944.
42. Suffoletto, B., Kristan, J., Callaway, C., Kim, K. H., Chung, T., Monti, P. M., & Clark, D. B. (2014). A text message alcohol intervention for young adult emergency department patients: A randomized clinical trial. Annals of Emergency Medicine, 64(6), 664-674.e4. doi:10.1016/j.annemergmed.2014.06.010.
43. Tait, R. J., McKetin, R., Kay-Lambkin, F., Bennett, K., Tam, A., Bennett, A., Geddes, J., Garrick, A., Christensen, H., & Griffiths, K. M. (2012). Breakingtheice: A protocol for a randomised controlled trial of an internet-based intervention addressing amphetamine-type stimulant use. BMC Psychiatry, 12:67. doi:10.1186/1471-244X-12-67.
44. Tait, R. J., McKetin, R., Kay-Lambkin, F., Carron-Arthur, B., Bennett, A., Bennett, K., Christensen, H., & Griffiths, K. M. (2014). A web-based intervention for users of amphetamine-type stimulants: 3-month outcomes of a randomized controlled trial.
45. JMIR Mental Health, 1. doi:10.2196/mental.3278.
46. Tait, R. J., Spijkerman, R., & Riper, H. (2013). Internet and computer based interventions for cannabis use: A meta-analysis. Drug and Alcohol Dependence, 133(2), 295-304. doi:10.1016/j.drugalcdep.2013.05.012.
47. Tossmann, H. P., Jonas, B., Tensil, M. D., Lang, P., & Strüber, E. (2011). A controlled trial of an internet-based intervention program for cannabis users. Cyberpsychology, Behavior, and Social Networking, 14(11), 673-679. doi:10.1089/cyber.2010.0506.
48. Velicer, W. F., DiClemente, C. C., Rossi, J. S., & Prochaska, J. O. (1990). Relapse situations and self-efficacy: An integrative model. Addictive Behaviors, 15(3), 271-283. doi:10.1016/0306-4603(90)90070-E

CAPÍTULO 10

Terapia Cognitivo-Comportamental *on-line* para Dependentes de Álcool com Insônia: uma Experiência com Pacientes Ucranianos

Olena Zhabenko
Nataliya Zhabenko
Deirdre Conroy
Oleg Chaban
Anna Oliinyk

Iryna Frankova
Alexander Mazur
Kirk J. Brower
Robert A. Zucker

INTRODUÇÃO

O consumo pesado de bebidas alcoólicas entre a população adulta é comum na Ucrânia (Webb e col., 2005). De acordo com o um Relatório da Organização Mundial da Saúde (*WHO Global Information System on Alcohol and Health*), o consumo *per capita* de álcool total entre os períodos de 2003-2005 em ucranianos acima de 15 anos de idade foi de

14,3 (em litros de álcool puro). Esse consumo diminuiu para 13,9 entre os períodos de 2008-2010, com os destilados sendo o principal grupo de bebidas (48% de todo o álcool consumido), seguidos de cerveja (40%) e vinho (9%). As estimativas da prevalência de problemas associados ao consumo de álcool (incluindo a dependência e o uso de risco) em indivíduos acima de 15 anos, foi de 9,3% e 4,2% respectivamente para homens e 1,1% e 0,5% para mulheres (WHO, 2014). Nesse mesmo relatório, observou-se que os padrões mais altos de consumo de bebidas alcoólicas haviam sido encontrados na Rússia e Ucrânia.

Como consequência, a insônia é um sintoma comum que pode interferir no tratamento de dependentes de álcool, sobretudo durante o período de desintoxicação (Krystal, Thakur & Roth, 2008; Stein & Friedmann, 2006). Ao longo de 12 estudos, uma faixa de 36% a 91% (média de 58,4%) de um total de 3.294 pacientes dependentes de álcool observou-se sintomas de insônia (Baekeland, Lundwall, Shanahan & Kissin, 1974; Bokstrom & Balldin, 1992; Brower, Aldrich, Robinson, Zucker & Greden, 2001; Brower, Krentzman & Robinson, 2011; Caetano, Clark & Greenfield, 1998; Cohn, Foster & Peters, 2003; Escobar-Córdoba, Ávila-Cadavid & Cote-Menendez, 2009; Feuerlein, 1974; Foster & Peters, 1999; Mello & Mendelson, 1970; Perney, Lehert & Mason, 2012; Zhabenko, Wojnar & Brower, 2012). Esta faixa variada pode ser descrita por meio de alguns aspectos, como as características do tamanho da amostra (pacientes hospitalizados, pacientes de ambulatório, amostra da comunidade etc.), gravidade da dependência de álcool, tempo decorrido desde o último consumo, os critérios de avaliação da insônia, e a região geográfica dos pacientes. O tratamento da insônia é importante devido ao seu papel na prevenção de recaídas (Brower, 2003; Brower & Perron, 2010).

Brower e colaboradores relataram vários fatores preditivos de insônia e da gravidade desta condição, com base na análise de dois estudos, sendo um deles transversal e outro longitudinal, com tamanho amostral acima de 600 pacientes dependentes de álcool recrutados dos Estados Unidos e Polônia. Os principais achados do estudo longitudinal conduzido nos EUA foram os cerca de 50% dos pacientes que estavam em vias de iniciar o tratamento e apresentavam sintomas de insônia, cuja manifestação havia ocorrido há pelo menos 15 dias, no mês anterior. Esses sintomas de insônia estavam associados principalmente ao sexo feminino e à gravidade do sintoma psiquiátrico. Os sintomas de insônia melhoraram ao longo do período de seis meses, seja com abstinência ou com a redução do consumo de bebida em níveis moderados. Entretanto, os sintomas não melhoraram entre aqueles pacientes que retomaram o consumo pesado de bebida. Os sintomas de insônia também não melhoraram em 30% dos pacientes que já apresentavam quadros de insônia antes do consumo de álcool, apesar da abstinência ou mesmo com níveis moderados de consumo de bebidas, indicando que os resultados de um consumo satisfatório de bebidas nem sempre garantem a melhora do sono (Brower e col., 2011). Outras duas análises constataram que a quantidade de bebida consumida estava relacionada à insônia, porém os sintomas depressivos (Zhabenko, Krentzman, Robinson, Brower, 2013) e a gravidade psiquiátrica (Zhabenko, Krentzman, Robinson, Brower, 2013) influenciaram no consumo de álcool como indutor do sono. Esses achados têm implicações clínicas significativas — os sintomas psiquiátricos e o uso de álcool devem ser tratados ao mesmo tempo, para minimizar a insônia.

Outro estudo polonês descobriu que o estado de saúde física e mental, a gravidade da dependência do álcool, o número de doses consumidas diariamente nos últimos três meses e o abuso infantil atuaram como preditores para a insônia (Zhabenko e col., 2012). Perney e colaboradores constataram que níveis moderados de ansiedade e depressão em pacientes que vivem sozinhos, e níveis aumentados de gama-glutamil-transferase (gama-GT) estavam significativamente associados a um sintoma de elevada perturbação do sono (Perney e col., 2012). Isto sugere a existência de outros fatores preditores de insônia, como ansiedade e depressão.

Assim, uma hipótese ainda não testada é a de que o tratamento da insônia poderia facilitar a abstinência enquanto tratamento auxiliar no tratamento da dependência de álcool (Brower, 2003). Até o presente momento, apenas quatro estudos avaliaram abordagens não farmacológicas para queixas de insônia entre dependentes de álcool em estágio inicial de recuperação (Arnedt e col., 2007; Arnedt, Conroy, Armitage & Brower, 2011; Currie, Clark, Hodgins & Guebaly, 2004; Greeff & Conradie, 1998). Arnedtand e colaboradores constataram que a terapia cognitivo-comportamental (TCC) para insônia pode beneficiar os pacientes em recuperação que sofrem com insônia de grau leve a moderado, ao promover a melhora do sono e do funcionamento diurno, tanto em estudos não controlados (Arnedt e col., 2007) como em estudos controlados (Arnedt e col., 2011). Outro estudo controlado randomizado sobre intervenções cognitivo-comportamentais breves para insônia em dependentes de álcool em recuperação constatou que os participantes tratados apresentaram melhora significativamente maior do que os participantes do grupo controle, em termos de medidas diárias de qualidade do sono, eficiência do sono, número de vezes que despertou e quantidade de tempo para adormecer (Currie e col., 2004). O quarto estudo, sobre treino de relaxamento progressivo na insônia, ilustrou a melhora dos padrões de sono no grupo tratado, mas não encontrou alterações nos padrões de sono do grupo controle (Greeff & Conradie, 1998). Entretanto, nenhum destes estudos era computadorizado nem foi conduzido na Ucrânia. O professor Ritterband e sua equipe criaram e avaliaram a intervenção comportamental baseada na internet para amostra não alcoólica de adultos com insônia (http://shuti.bht.virginia.edu/modules/8?page=1). Em alguns estudos preliminares, as intervenções TCC pela internet reduziram a gravidade da insônia, com uma melhorada da qualidade e eficiência do sono em comparação ao grupo controle. (Ritterband e col., 2009).

Ao longo dos últimos anos, os programas de internet TCC-I sofreram expansão, particularmente em toda a América do Norte (Beaulac, Vincent & Walsh, 2014; Cheng & Dizon, 2012; Espie e col., 2014; Gosling e col., 2014; Hedman e col., 2013; Lancee, van den Bout, Sorbi & van Straten, 2013; Thorndike e col., 2013; van Straten e col., 2014). Um programa de internet TCC-I pode ser uma maneira mais conveniente de prestar cuidados aos pacientes. Esses programas se mostram promissores, como uma maneira mais conveniente e efetiva de os indivíduos com insônia receberem TCC-I. Este tratamento é melhor instituído por indivíduos certificados em Medicina do Sono Comportamental (MSC) e envolve múltiplas consultas de seguimento (*follow up*). Entretanto, existem poucos profissionais certificados em MSC fora dos EUA, sendo que esta modalidade de intervenção ainda não está indisponível para pacientes em muitas áreas do mundo, entre as quais a Ucrânia.

O objetivo do presente estudo foi desenvolver e orientar a eficácia de uma intervenção virtual TCC-I de seis semanas para pacientes dependentes de álcool, ucranianos em recuperação. Partimos da hipótese de que a TCC-I melhoraria a percepção sobre, o sono e o funcionamento diurno, bem como reduziria a gravidade do consumo de bebidas entre esses pacientes que apresentavam comorbidade de insônia.

Delineamento do estudo. Este foi um estudo longitudinal, cujos dados foram coletados por levantamento na web. Os pacientes foram recrutados por meio de anúncios e panfletos divulgados nos Programas Alcoólicos Anônimos (AA), em jornais, por envio para *e-mail* de profissionais, por encaminhamento para médicos, no grupo "*Ukrainian young psychiatrists*" do Google e nas redes sociais (i.e., Facebook, Odnoklassniki, Vkontakte). Os participantes forneceram a URL para completar a pré- e a pós-avaliação, bem como o tratamento *on-line*.

Participantes: os principais critérios de inclusão foram: 1) diagnóstico de dependência de álcool com base nos sintomas da Classificação Internacional de Doenças (CID-10); 2) diagnóstico de insônia estabelecido de acordo com o CID-10; 3) pelo menos três semanas de sobriedade contínua em relação ao uso de álcool; 4) problemas de sono autorrelatados ≥1 mês; 4) conexão de alta velocidade com a internet e computador em casa; 5) faixa etária de 18-80 anos; 6) fornecer consentimento informado *on-line* para participação. Os principais critérios de exclusão foram: 1) diagnóstico atual de psicose, comportamentos relacionados ao suicídio, transtorno afetivo bipolar, esquizofrenia, transtorno convulsivo, apneia do sono não tratada.

Uma plataforma na web (http://cbt-insomnia.com/) incluiu informação psicoeducacional, cinco sessões e uma bateria de escalas desenvolvidas pela equipe ucraniana para examinar a efetividade do pacote de TCC. O pacote é baseado na experiência de 25 anos do Dr. Gregg Jacobs em pesquisa e prática clínica (Jacobs, 2000-2010) e incorpora material adicional a partir do manual do tratamento (versão 2.0), *Cognitive-behavioral therapy for insomnia for alcohol dependence* (com permissão de Arnedt, 2004). Ambos os autores concederam permissão para desenvolver o projeto *on-line*, com base em seus manuais de tratamento.

A informação psicoeducacional sobre o *website* é dividida em três seções: dependência do álcool, insônia e TCC-I (Figura 10.1). O pacote de TCC-I consiste em acesso a cinco audiovisuais (multimídia) de sessões de TCC-I computadorizadas, de aproximadamente 45 minutos, com duração de seis semanas.

A sessão 1, "Educação do Sono e Reestruturação Cognitiva para Insônia", consiste em duas partes. A parte 1, *Conceitos básicos de sono e insônia*, define a insônia. Esta parte descreve a associação de insônia, álcool, tabaco e recaída, esclarece a justificativa da abordagem de TCC para tratamento da insônia, e explica os sistemas de sono e desper-

Terapia Cognitivo-Comportamental *On-line* para Dependentes de Álcool com Insônia: Uma ...

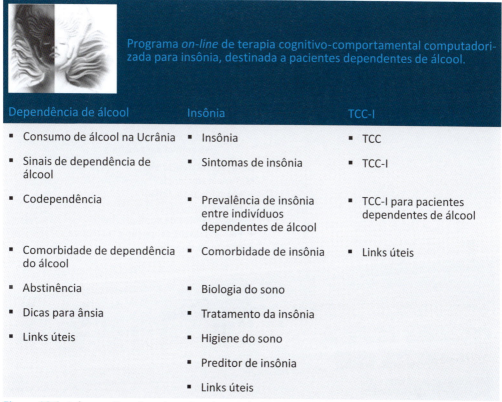

Figura 10.1 Informação psicoeducacional no *website*.

tar. A parte 2, *Reestruturação cognitiva*, traz uma introdução à reestruturação dos pensamentos e dos processos mentais. Neste sentido, esta seção fornece explicação sobre os pensamentos e os efeitos destes pensamentos sobre o corpo e o sono. O usuário aprende que a principal característica da insônia são os pensamentos negativos e imprecisos sobre o sono na hora de dormir ou durante a noite; que os pensamentos negativos sobre o sono geram emoções negativas; e que estes pensamentos negativos sobre o sono podem ocorrer no momento do despertar e durante o dia. A meta da reestruturação cognitiva é reconhecer, suprimir e substituir os pensamentos negativos sobre o sono por pensamentos adaptativos mais positivos. Esta seção também explora algumas pesquisas sobre o sono e a insônia entre indivíduos dependentes de álcool (os efeitos da insônia sobre a saúde, funcionamento diurno, estimativas subjetivas do sono, humor e efeitos da insônia sobre o consumo de álcool) (Figura 10.2).

A sessão 2, "Retirada da Medicação do Sono e Técnicas de Horário de Dormir", discute os estágios do sono e a temperatura corporal. Além disso, é fornecida informação sobre as *medicações para dormir* (tipos, efeitos colaterais, efeito placebo significativo de medicamentos para dormir). As *Técnicas de Horário de Dormir* consistem em uma introdução às técnicas, conceitos de vigília prévia e eficiência do sono, importância de um horário de despertar regular, redução do tempo alocado para o sono e dicas sobre a qualidade do sono (Figura 10.3).

A sessão 3, "Técnicas de Controle do Estímulo (TCE)", introduz a *resposta de relaxamento* (RR) que conduz os pacientes ao longo de um exercício de RR de 10 minutos.

Figura 10.2 Sessão 1 "Educação do sono e reestruturação cognitiva para insônia".

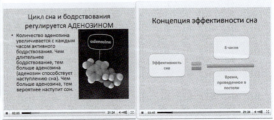

Figura 10.3 Sessão 2 "Abstinência da medicação de sono e técnicas de horário de dormir".
Nota: CE: controle de estímulo; TRH: Técnicas de Regime de Horário.

A meta da TCE é aprender a associar a cama à sonolência e ao sono, como a partir de um processo de condicionamento (Figura 10.4).

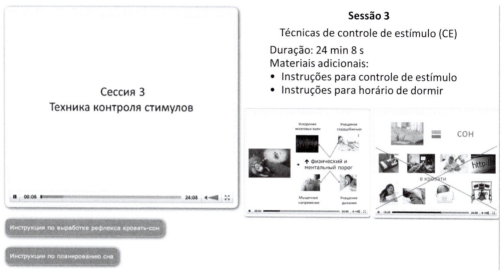

Figura 10.4 Sessão 3 "Técnicas de controle de estímulo (CE)".

A sessão 4, "A Resposta de Relaxamento" conduz o paciente ao longo de um *exercício de RR* de 10 minutos. A sessão 5 revisa a resposta de estresse, RR e mini-relaxamentos. Esta sessão também revisa o uso da RR na hora de dormir ou após o despertar durante a noite (Figura 10.5).

A sessão 5, "Técnicas de Higiene do Sono", revisa os efeitos do álcool, tabaco, cafeína e exercícios físicos; temperatura e banhos, luz brilhante, alimento, ruídos e sono. Esta sessão também revisa a prevenção de recidivas (Figura 10.6).

Cada sessão tem suas próprias fontes adicionais para tarefa de casa:

- **Sessão 1:** modelo de Spielman (Spielman & Glovinsky, 1991), lista de pensamentos positivos sobre o sono, fatos sobre TCC, planilha de preocupações construtivas (Harvey, 2002, 2005; Harvey, Sharpley, Ree, Stinsond & Clark, 2007) e eficiência do sono (Spielman, Saskin & Thorpy, 1987);
- **Sessão 2:** CE combinado com técnicas de regime de horários e instruções para extensão do sono;
- **Sessão 3:** instruções para CE e instruções para horários de dormir (Bootzin & Perlis, 1992);
- **Sessão 4:** áudio de relaxamento com duração de 20 minutos (Kahn, Baker & Weiss, 1968);
- **Sessão 5:** higiene do sono (Hauri, 1977) (Figura 10.7), manutenção do sono com prevenção de recaída e estratégias para administrar as questões de aderência.

Inovações no Tratamento da Dependência de Drogas

Sessão 4
A resposta de relaxamento
Duração: 29 min 45 s
Material adicional:
- Áudio de relaxamento

Figura 10.5 Sessão 4 "A resposta de relaxamento".

Sessão 5
Técnicas de higiene do sono
Duração: 37 min 35 s
Materiais adicionais:
- Higiene do sono
- Manutenção do sono prevenção de recaída
- Estratégias para controle das questões de aderência

Figura 10.6 Sessão 5 "Técnicas de higiene do sono".

Terapia Cognitivo-Comportamental *On-line* para Dependentes de Álcool com Insônia: Uma ...

Figura 10.7 Exemplo de material adicional.

As sessões de tratamento #1, #2, #3 são semanais, enquanto as sessões #4 e #5 são realizadas a cada duas semanas, para permitir a consolidação do aprendizado (assim, o programa tem duração total de seis semanas). As várias técnicas são ensinadas em ordem de importância e eficácia clínica.

Medidas de avaliação. As variáveis sociodemográficas incluíram idade, sexo, renda, nível de instrução, etnia, estado civil, trabalho, trabalho com a internet, condição de fumante, e abuso sexual/físico na infância. Estas variáveis foram medidas antes da intervenção.

No momento basal, ao final do estudo e em 6 e 12 semanas de seguimento, os pacientes relataram uso de substância e variáveis clínicas relacionadas; medidas de funcionamento diurno e variáveis de sono.

- **Uso de álcool e tabaco.** O *Alcohol Use Disorders Identification Test (AUDIT)* foi desenvolvido pela Organização Mundial da Saúde, como ferramenta de triagem para avaliação dos sinais iniciais do consumo perigoso e prejudicial de bebidas alcoólicas. O AUDIT inclui três domínios principais: questões # 1, 2, 3 — representam o consumo perigoso e prejudicial de álcool; questões # 4, 5, 6 — medem a síndrome da dependência do álcool; e questões # 7, 8, 9, 10 — representam reações adversas e problemas relacionados com o álcool (Saunders, Aasland, Babor, Fuente & Grant, 1993). Com base na pesquisa, é sugerido que os escores AUDIT sejam interpretados da seguinte forma: escores entre 8 e 15 são mais apropriados para recomendação simples, focada na redução do consumo perigoso de bebidas; escores entre 16 e 19 sugerem um breve aconselhamento e o monitoramento contínuo. Escores acima de 20 nitidamente justificam avaliação diagnóstica adicional para dependência de álcool (Babor, Higgins-Biddle, Saunders & Monteiro, 2002). O *Fagerstrom Test for Nicotine Dependence (FTND)* foi usado para reconhecer a gravidade da dependência de nicotina. Trata-se de um questionário de seis itens, autoaplicado e altamente confiável, com uma faixa de pontuação que vai de 0 a 10, em que os escores mais altos especificam uma dependência maior. O FTND foi correlacionado com medidas bioquímicas de dependência de nicotina, incluindo monóxido de carbono no ar exalado, cotinina salivar e nicotina salivar (Heatherton, Kozlowski, Frecker & Fagerstrom, 1991).

- **Medidas de funcionamento diurno.** A *Depression Anxiety Stress Scale (DASS 21)* consiste em um conjunto de três escalas autorrelatadas e foi usada para quantificar os estados emocionais negativos de depressão, ansiedade e estresse. Cada item foi pontuado de 0 a 3, com 0 representando "não se aplica para mim"; 1 = "aplicável até certo ponto ou por determinado tempo para mim"; 2 = "consideravelmente aplicável para mim, ou em boa parte do tempo"; 3 = "bastante aplicável para mim, ou na maior parte do tempo". Todos os itens de cada subescala foram somados com escores maiores indicando níveis mais altos de depressão, ansiedade e estresse (P. F. Lovibond & Lovibond, 1995; S. Lovibond & Lovibond, 1996). A *Epworth Sleepiness Scale (ESS)* mediu a sonolência ao longo do dia. Para cada uma das oito situações, foi usada a seguinte pontuação: 0 = "jamais adormeceria nesta situação"; 1 = "existe uma pequena possibilidade de adormecer nesta situação"; 2 = "existe uma chance mediana de adormecer nesta situação"; 3 = "existe grande possibilidade de adormecer nesta situação". Um escore total de até 10 pontos é considerado cansaço, enquanto um escore ≥11 até o máximo de 24 pontos indica níveis incomuns de sonolência (Johns, 1991).

- **Variáveis do sono.** Para avaliar a insônia, os pacientes completaram o *Sleep Problems Questionnaire (SPQ)* no decorrer do curso do estudo. Os quatro itens do questionário perguntavam: "No mês passado, com qual frequência você. . ." (1) "teve problemas para adormecer?"; (2) "acordou várias vezes durante a noite?"; (3) "teve problemas para continuar dormindo (inclusive acordar cedo demais)?"; e (4) "acordou depois de dormir a quantidade de sono usual, sentindo-se cansado e aborrecido?". Cada item foi pontuado de 0 a 5, com 0 representando 0 dias; 1 = 1–3 dias; 2 = 4–7 dias, 3 = 8–14 dias, 4 = 15–21 dias, e 5 = 22–31 dias por mês. Os quatro itens foram somados com os escores totais possíveis de 0 a 20, com escores maiores indicando maior insônia (Jenkins, Stanton, Niemcryk & Rose, 1988). O

STOP Questionnaire foi usado como ferramenta de triagem para avaliar a apneia obstrutiva do sono (AOS). O questionário STOP, de quatro itens, consiste em uma escala autorrelatada de escolhas forçadas (sim/não). Consiste nas quatro perguntas a seguir: S – "Você ronca (**s**nore) alto (mais alto do que sua voz ao falar, ou alto o suficiente para ser ouvido com as portas fechadas?"; T – "Com qual frequência você se sente cansado (**t**ired), fadigado ou sonolento ao longo do dia?"; O – "Alguém já observou (**o**bserved) você parar de respirar durante o sono?"; P – "Você tem ou está sob tratamento para pressão (**p**ressure) arterial elevada?". Os quatro itens foram somados indicando alto risco – "sim" para duas ou mais perguntas; e baixo risco – "sim" para menos de duas perguntas (Chung e col., 2008).

Resultados

Havia oito participantes ucranianos, principalmente de meia-idade (44 anos ± 11,9 anos), a maioria do sexo feminino; duas estavam mais satisfeitas, enquanto as outras duas estavam insatisfeitas com suas rendas. De um total de sete, havia cinco participantes com diploma de ensino superior. Na maioria dos casos, eles não eram casados (57,1%), estavam desempregados (42,9%) ou eram aposentados (28,6%). Todos os participantes usaram seus próprios computadores; um indivíduo compareceu à clínica para participar do estudo. A maioria também era fumante (71,4%). Um paciente sofreu abuso sexual na infância, antes dos 18 anos de idade (14,3%), um paciente sofreu abuso físico na infância antes dos 18 anos (14,3%), e outros dois após completarem 18 anos (28,6%) (Tabela 10.1).

As médias de pontuação total no AUDIT no momento basal e em seis semanas de seguimento do estudo foram, respectivamente, iguais a 29,2 (± 2,4) e 7,5 (± 10,6). A média de FTND foi 5,75. As subescalas de depressão, ansiedade e estresse de DASS, ESS e STOP diminuíram do momento basal até 12 semanas de seguimento. A incidência de depressão caiu do nível grave para o moderado. Todos os indivíduos foram classificados como tendo insônia, tendo confirmado qualquer item de SPQ com 4 ou 5. As médias (±Desvio Padrão) dos escores totais de SPQ no momento basal e em 12 semanas de seguimento do estudo foram, respectivamente, iguais a 17,17 ± 3,19 e 9,5 ± 13,44 (Tabela 10.2).

Discussão

O principal achado do presente estudo foi a demonstração efetiva da viabilidade de uma nova terapia cognitivo-comportamental computadorizada *on-line* (TCC-I), de seis semanas de duração, para insônia, destinada a pacientes ucranianos dependentes de álcool. Este estudo não controlado revelou que as medidas autorrelatadas de sono, álcool e do período diurno melhoraram no sóbrios após as cinco sessões *on-line* de tratamento não farmacológico da insônia. As melhoras subjetivas dessas variáveis foram clinicamente significativas. As decisões relacionadas ao impacto da intervenção sobre as recidivas são difíceis de expressar, devido à taxa de seguimento aquém do ideal.

Tabela 10.1 Características basais da amostra.

Variável	N	%/Média (DP)
Idade	7	44 ± 11,97
Sexo		
Homens	3	37,5
Mulheres	5	62,5
Você está satisfeito com sua renda?		
Sim, claro.	1	16,7
Sim, na maioria das vezes.	2	33,3
Não, na maioria das vezes.	1	16,7
Não, estou insatisfeito.	2	33,3
Etnia		
Ucraniana	8	100
Russa	0	0
Outras	0	0
Estado civil		
Casado	4	57,1
União estável	1	14,3
Divorciado	2	28,6
Profissional		
Emprego em tempo integral	1	14,3
Emprego parcial	1	14,3
Desempregado	3	42,9
Aposentado	2	28,6
Confiança na habilidade de usar a internet		
Sim	6	85,7
Não	1	14,3
Você fuma?		
Sim	5	71,4
Não	2	28,6
Abuso sexual na infância		
Antes de 18 anos	1	14,3
Após 18 anos	0	0
Não	6	85,7
Abuso físico na infância		
Antes de 18 anos	1	14,3
Após 18 anos	2	28,6
Não	4	57,1

Tabela 10.2 Resultados de álcool, sono e sintomas diurnos (média [±DP]) no momento basal e no pós-tratamento.

Variável	Basal	Fim do estudo	6 semanas de seguimento	12 semanas de seguimento
Uso de álcool e tabagismo				
AUDIT	29,2 ± 2,39	10±2,82	7,5 ± 10,6	-
Teste Fagestrom de dependência de nicotina	5,75 ± 4,65	-	-	-
Medidas funcionais diurnas				
DASS 21				
Depressão	21,33 ± 12,04	15 ± 21,21	25 ± 12,72	15 ± 9,9
Ansiedade	21,0 ± 11,91	14,0 ± 16,97	19,0 ± 12,73	19,0 ± 18,38
Estresse	27,0 ± 11,36	24,0 ± 22,63	31,0 ± 15,56	26,0 ± 16,97
Escala do sono de Epworth	13,0 ± 3,46	7,5 ± 9,19	-	7,0 ± 9,9
Sono				
SPQ	17,17 ± 3,19	10 ± 14,14	7,5 ± 10,6	9,5 ± 13,44
STOP	2,3 ± 1,26	-	-	1,5 ± 2,12

Uma triagem aberta prévia de tratamento cognitivo-comportamental para insônia constatou que a latência diariamente avaliada, o despertar após o início do sono e a eficiência do sono melhoraram, do mesmo modo que o *Insomnia Severity Index Previous* (avaliado pelo paciente) e o *Dysfunctional Beliefs and Attitudes about Sleep – Short Form* (avaliado pelo médico). Em comparação com o pré-tratamento, melhoras pós-tratamento significativas foram encontradas nas escalas de medição dos sintomas de depressão e ansiedade, fadiga e qualidade de vida (Arnedt, e col., 2007). Outro estudo controlado randomizado de intervenção cognitivo-comportamental, de curta duração, para insônia em dependentes em recuperação, constatou melhora autorrelatada das medidas diárias de qualidade do sono, eficiência do sono, número de vezes que acordou e tempo de demora para adormecer, as quais foram corroboradas por avaliações dos clínicos e cônjuges (Currie e col., 2004).

Estes resultados precisam ser replicados e requerem interpretação cautelosa, devido ao pequeno tamanho amostral, falta de grupo controle e avaliações de seguimento.

- **Importância clínica:** insônia e a dependência de álcool estão significativamente associadas. Além disso, evidências sugerem que o sono é um fator de risco universal de recidiva (Brower, 2003). A terapia cognitivo-comportamental (TCC) é o único tratamento não farmacológico para insônia com comprovação científica de melhora dessa condição. Três estudos baseados na internet destinados a adultos que atendiam aos critérios do DSM-IV-TR para insônia primária promoveram melhoras significativas da gravidade da insônia, fadiga geral e qualidade do sono (Ritterband e col., 2009; Ström, Pettersson & Andersson, 2004; Vincent & Lewycky, 2009). Um estudo aberto e não controlado sobre o tratamento cognitivo-comportamental para a comorbidade de insônia com dependência de álcool, conduzido por Arnedt e cols. (2007), constatou que a continuidade do sono subjetivamente relatada e algumas medidas colaterais do comprometimento diurno melhoraram em alcoólatras em recuperação. Estes apresentaram insônia leve a moderada após um tratamento oito sessões individuais de tratamento não farmacológico para insônia. Outro estudo conduzido por Arnedt e col. (2011) mostrou que os participantes do TCC-I apresentaram melhoras mais significativas em um dos resultados diários de sono primário (eficiência do sono) e em sintomas diurnos seletos (avaliações de gravidade da insônia e fadiga), além de terem sido mais propensos a serem classificados como responsivos ao tratamento de sono, em comparação ao tratamento comportamental placebo. O conhecimento sobre a efetividade do TCC-I para estes usuários poderia ajudar os especialistas nesta área a aperfeiçoarem os resultados do tratamento de pacientes dependentes de álcool.

- **Benefícios:** os benefícios da participação incluem as cinco sessões livres do tratamento de TCC-I. Entretanto, os benefícios são primários para futuros pacientes em contextos de tratamento que possam ser beneficiados pelas intervenções computadorizadas do TCC-I na internet, desenvolvidas como resultado desta pesquisa. O manual de autoajuda e o programa de computador na internet têm potencial como tratamento custo-efetivo que pode ser amplamente disseminado àqueles em processo de recuperação, comparativamente à intervenção presencial.
- **Inovação:** esta intervenção computadorizada é a primeira intervenção por computador usada na população ucraniana.
- **Limitações do delineamento do estudo:** 1. Para alguns, uma barreira em potencial foi a ausência de acesso à internet em casa. Por isso, nos locais de tratamento, foram fornecidos computadores para aqueles que não tinham acesso. 2. Os participantes não foram submetidos à polissonografia e, portanto, é possível que os sintomas de insônia talvez tenham que ser associados à apneia do sono ou a outro transtorno do sono primário. 3. Ausência de marcadores biológicos de dependência do álcool. Os métodos de autorrelato oferecem uma abordagem válida e confiável para medir o consumo de álcool (Del Boca & Darkes, 2003). 4. O tamanho reduzido da amostra limita a habilidade de generalização para uma população ampla de pacientes com DA. 5. O estudo exigiu que os sintomas de insônia estivessem presentes apenas por um mês. Isso é inconsistente com as diretrizes vigentes. A insônia é um distúrbio, segundo as orientações do DSM-V e CID-10, que requer a presença de sintomas por um período mínimo de três meses.

- **Pontos fortes do delineamento do estudo**: 1. O estudo teve quatro pontos de avaliação ao longo do tempo, e cinco sessões de tratamento. 2. Exploração dos efeitos da intervenção de TCC computadorizada via internet sobre a insônia entre pacientes dependentes de álcool. 3. Exploração das características das pessoas que buscam intervenção por computador na internet junto à população ucraniana. 4. A demonstração de que as intervenções computadorizadas via internet podem minimizar algumas barreiras associadas aos tratamentos presenciais tradicionais. Por outro lado, as consultas telefônicas e os encontros presenciais também foram disponibilizados pelos terapeutas. 5. Os participantes recrutados na comunidade e por meio da mídia, bem como aqueles encaminhados pelos médicos envolveram acesso a uma população de indivíduos dependentes de álcool com problemas de sono que, de outro modo, talvez não se dispusessem a participar do tratamento.
- **Declaração de interesse:** os autores declaram não haver conflito de interesses. Os autores são os únicos responsáveis pelo conteúdo e redação do artigo.
- **Agradecimentos:** esta pesquisa recebeu suporte parcial do *University of Michigan Addiction Research Center*, por meio do financiamento pelo *National Institutes of Health, Fogarty International Center* e *National Institute on Drug Abuse*.

BIBLIOGRAFIA CONSULTADA

1. Arnedt, J. T. (2004). Cognitive behavioral therapy for insomnia for alcohol dependence (CBT-I for AD). Treatment Manual (Version 2.0). Ann Arbor, MI.
2. Arnedt, J. T., Conroy, D., Rutt, J., Aloia, M. S., Brower, K. J., & Armitage, R. (2007). An open trial of cognitive-behavioral treatment for insomnia comorbid with alcohol dependence. Sleep medicine, 8(2), 176-180.
3. Arnedt, J. T., Conroy, D. A., Armitage, R., & Brower, K. J. (2011). Cognitive-behavioral therapy for insomnia in alcohol dependent patients: A randomized controlled pilot trial. Behaviour Research and Therapy, 49(4), 227-233.
4. Babor, T. F., Higgins-Biddle, J. C., Saunders, J. B., & Monteiro, M. G. (2002). The Alcohol Use Disorders Identification Test. Guidelines for Use in Primary Care. Second Edition. World Health Organization. Department of Mental Health and Substance Dependence.
5. Baekeland, F., Lundwall, L., Shanahan, T. J., & Kissin, B. (1974). Clinical correlates of reported sleep disturbance in alcoholics. Quarterly Journal of Studies on Alcohol, 35(4 Pt A), 1230-1241.
6. Beaulac, J., Vincent, N., & Walsh, K. (2014). Dissemination of an Internet-Based Treatment for Chronic Insomnia Into Primary Care. Behavioral sleep medicine.
7. Bokstrom, K., & Balldin, J. (1992). A rating scale for assessment of alcohol withdrawal psychopathology (AWIP). Alcoholism, clinical and experimental research, 16(2), 241-249.
8. Bootzin, R. R., & Perlis, M. L. (1992). Nonpharmacologic treatments of insomnia. [Review]. The Journal of clinical psychiatry, 53 Suppl, 37-41.
9. Brower, K. J. (2003). Insomnia, alcoholism and relapse. Sleep Medicine Reviews, 7(6), 523-539.
10. Brower, K. J., Aldrich, M. S., Robinson, E. A. R., Zucker, R. A., & Greden, J. F. (2001). Insomnia, self--medication, and relapse to alcoholism. American Journal of Psychiatry, 158(3), 399-404.
11. Brower, K. J., Krentzman, A., & Robinson, E. A. R. (2011). Persistent insomnia, abstinence, and moderate drinking in alcohol-dependent individuals. The American Journal on Addictions, 20(5), 435-440.

12. Brower, K. J., & Perron, B. E. (2010). Sleep disturbance as a universal risk factor for relapse in addictions to psychoactive substances. Medical hypotheses, 74(5), 928-933.
13. Caetano, R., Clark, C., & Greenfield, T. (1998). Prevalence, trends, and incidence of alcohol withdrawal symptoms. Alcohol Health & Research World, 22, 73-79.
14. Cheng, S. K., & Dizon, J. (2012). Computerised cognitive behavioural therapy for insomnia: a systematic review and meta-analysis.Psychotherapy and psychosomatics, 81(4), 206-216.
15. Chung, F., Yegneswaran, B., Liao, P., Chung, S. A., Vairavanathan, S., Islam, S., . . . Shapiro, C. M. (2008). STOP questionnaire: a tool to screen patients for obstructive sleep apnea. Anesthesiology, 108(5), 812-821.
16. Cohn, T., Foster, J., & Peters, T. (2003). Sequential studies of sleep disturbance and quality of life in abstaining alcoholics. Addiction biology, 8(4), 455-462.
17. Currie, S. R., Clark, S., Hodgins, D. C., & El Guebaly, N. (2004). Randomized controlled trial of brief cognitive–behavioural interventions for insomnia in recovering alcoholics. Addiction, 99(9), 1121-1132.
18. Del Boca, F. K., & Darkes, J. (2003). The validity of self reports of alcohol consumption: state of the science and challenges for research. Addiction, 98, 1-12.
19. Escobar-Córdoba, F., Ávila-Cadavid, J. D., & Cote-Menendez, M. (2009). Complaints of insomnia in hospitalized alcoholics. Revista Brasileira de Psiquiatria, 31, 261-264.
20. Espie, C. A., Kyle, S. D., Miller, C. B., Ong, J., Hames, P., & Fleming, L. (2014). Attribution, cognition and psychopathology in persistent insomnia disorder: outcome and mediation analysis from a randomized placebo-controlled trial of online cognitive behavioural therapy. Sleep medicine, 15(8), 913-917.
21. Feuerlein, W. (1974). The acute alcohol withdrawal syndrome: findings and problems. British Journal of Addiction to Alcohol & Other Drugs, 69(2), 141-148.
22. Foster, J. H., & Peters, T. J. (1999). Impaired sleep in alcohol misusers and dependent alcoholics and the impact upon outcome. Alcoholism, clinical and experimental research, 23(6), 1044-1051.
23. Gosling, J. A., Glozier, N., Griffiths, K., Ritterband, L., Thorndike, F., Mackinnon, A., . . . Christensen, H. (2014). The GoodNight study-online CBT for insomnia for the indicated prevention of depression: study protocol for a randomised controlled trial. Trials, 15, 56.
24. Greeff, A. P., & Conradie, W. S. (1998). Use of progressive relaxation training for chronic alcoholics with insomnia. Psychological reports.
25. Harvey, A. (2002). A cognitive model of insomnia. Behav Res Ther, 40, 869-893.
26. Harvey, A. (2005). A cognitive theory for chronic insomnia. J Cogn Psychother, 19, 41.
27. Harvey, A., Sharpley, A. L., Ree, M., Stinsond, K., & Clark, D. (2007). An open trial of cognitive therapy for chronic insomnia. Behav Res and Therapy, 45, 2491-2501.
28. Hauri, P. (1977). The Sleep Disorders. Current Concepts. Kalamazoo, MI: Scope Publications, Upjohn.
29. Heatherton, T. F., Kozlowski, L. T., Frecker, R. C., & Fagerstrom, K. O. (1991). The Fagerstrom Test for Nicotine Dependence: a revision of the Fagerstrom Tolerance Questionnaire. British journal of addiction, 86(9), 1119-1127.
30. Hedman, E., Ljotsson, B., Blom, K., El Alaoui, S., Kraepelien, M., Ruck, C., . . . Kaldo, V. (2013). Telephone versus internet administration of self-report measures of social anxiety, depressive symptoms, and insomnia: psychometric evaluation of a method to reduce the impact of missing data. Journal of medical Internet research, 15(10), e229.
31. Jacobs, G. D. (2000-2010). Clinical training manual for a CBT-i insomnia program.
32. Jenkins, C. D., Stanton, B. A., Niemcryk, S. J., & Rose, R. M. (1988). A scale for the estimation of sleep problems in clinical research. Journal of Clinical Epidemiology, 41(4), 313-321.
33. Johns, M. W. (1991). A new method for measuring daytime sleepiness: the Epworth sleepiness scale. Sleep, 14(6), 540-545.
34. Kahn, M., Baker, B. L., & Weiss, J. M. (1968). Treatment of insomnia by relaxation training. J Abnorm Psychol, 73(6), 556-558.

35. Krystal, A. D., Thakur, M., & Roth, T. (2008). Sleep disturbance in psychiatric disorders: effects on function and quality of life in mood disorders, alcoholism, and schizophrenia. Annals of Clinical Psychiatry, 20(1), 39-46.
36. Lancee, J., van den Bout, J., Sorbi, M. J., & van Straten, A. (2013). Motivational support provided via email improves the effectiveness of internet-delivered self-help treatment for insomnia: a randomized trial. Behaviour research and therapy, 51(12), 797-805.
37. Lovibond, P. F., & Lovibond, S. H. (1995). The structure of negative emotional states: Comparison of the Depression Anxiety Stress Scales (DASS) with the Beck Depression and Anxiety Inventories. Behaviour Research and Therapy, 33(3), 335-343.
38. Lovibond, S., & Lovibond, P. F. (1996). Manual for the depression anxiety stress scales: Psychology Foundation of Australia.
39. Mello, N. K., & Mendelson, J. H. (1970). Behavioral studies of sleep patterns in alcoholics during intoxication and withdrawal. Journal of Pharmacology and Experimental Therapeutics, 175(1), 94-112.
40. Morin, C. M. (2000). The nature of insomnia and the need to refine our diagnostic criteria. Psychosomatic Medicine, 62(4), 483-485.
41. Perney, P., Lehert, P., & Mason, J. (2012). Sleep disturbance in alcoholism: Proposal of a simple measurement, and results from a 24-week randomized controlled study of alcohol-dependent patients assessing Acamprosate efficacy. Alcohol and Alcoholism, 47(2), 133-139.
42. Reite, M., Buysse, D., Reynolds, C., & Mendelson, W. (1995). The use of polysomnography in the evaluation of insomnia Sleep, 18(01), 58-70.
43. Ritterband, L. M., Thorndike, F. P., Gonder-Frederick, L. A., Magee, J. C., Bailey, E. T., Saylor, D. K., & Morin, C. M. (2009). Efficacy of an Internet-based behavioral intervention for adults with insomnia. Archives of general psychiatry, 66(7), 692.
44. Saunders, J. B., Aasland, O. G., Babor, T. F., Fuente, J. R., & Grant, M. (1993). Development of the Alcohol Use Disorders Identification Test (AUDIT): WHO Collaborative Project on Early Detection of Persons with Harmful Alcohol Consumption II. Addiction, 88(6), 791-804.
45. Spielman, A., & Glovinsky, P. (1991). The Varied Nature of Insomnia. In: Hauri P., ed. Case Studies in Insomnia. New York: Plenum Publishing Corporation.
46. Spielman, A. J., Saskin, P., & Thorpy, M. J. (1987). Treatment of chronic insomnia by restriction of time in bed. Sleep, 10(1), 45-56.
47. Stein, M. D., & Friedmann, P. D. (2006). Disturbed sleep and its relationship to alcohol use. Substance Abuse, 26(1), 1-13.
48. Ström, L., Pettersson, R., & Andersson, G. (2004). Internet-based treatment for insomnia: a controlled evaluation. Journal of Consulting and Clinical Psychology, 72(1), 113.
49. Thorndike, F. P., Ritterband, L. M., Gonder-Frederick, L. A., Lord, H. R., Ingersoll, K. S., & Morin, C. M. (2013). A randomized controlled trial of an internet intervention for adults with insomnia: effects on comorbid psychological and fatigue symptoms.Journal of clinical psychology, 69(10), 1078-1093.
50. van Straten, A., Emmelkamp, J., de Wit, J., Lancee, J., Andersson, G., van Someren, E. J., & Cuijpers, P. (2014). Guided Internet-delivered cognitive behavioural treatment for insomnia: a randomized trial. Psychological medicine, 44(7), 1521-1532.
51. Vincent, N., & Lewycky, S. (2009). Logging on for better sleep: RCT of the effectiveness of online treatment for insomnia. Sleep, 32(6), 807.
52. Webb, C. P. M., Bromet, E. J., Gluzman, S., Tintle, N. L., Schwartz, J. E., Kostyuchenko, S., & Havenaar, J. M. (2005). Epidemiology of heavy alcohol use in Ukraine: findings from the world mental health survey. Alcohol and Alcoholism, 40(4), 327.
53. WHO. (2014). Global status report on alcohol and health 2014. Country profile, from http://www.who.int/substance_abuse/publications/global_alcohol_report/msb_gsr_2014_2.pdf?ua=1. Access from Aug 16, 2014.
54. World Health Organization.). The ICD-10 Classification on Mental and Behavioral Disorders: Diagnostic criteria for research, World Health Organization, Geneva, 1993.

55. Zhabenko, N., Wojnar, M., & Brower, K. J. (2012). Prevalence and correlates of insomnia in a Polish sample of alcohol-dependent patients. Alcoholism, clinical and experimental research, 36(9), 1600-1607.
56. Zhabenko, O., Krentzman, A. R., Robinson, E. A., & Brower, K. J. (2013). A longitudinal study of drinking and depression as predictors of insomnia in alcohol-dependent individuals.Substance use & misuse, 48(7), 495-505. doi: 10.3109/10826084.2013.781182.
57. Zhabenko, O., Krentzman, A. R., Robinson, E. A. R., & Brower, K. J. (2013). Prediction of Insomnia Severity among Alcohol-Dependent Patients Using a Lagged Mediational Analysis. The Japanese Society of Psychiatry and Neurology website. Addiction, SS441-SS451.

CAPÍTULO 11

O Efeito da Imposição de Mãos no Uso e Abuso de Drogas

Ricardo Monezi Julião de Oliveira
Adriana Scatena
André Luiz Monezi Andrade

INTRODUÇÃO

Dentre os muitos recursos que se apresentam para o manejo terapêutico de pacientes em tratamentos decorrentes do uso abusivo de substâncias psicoativas, figuram diversas "Práticas Integrativas e Complementares em Saúde" (PICS), tais como a Meditação, a Musicoterapia e diversas Técnicas de Imposição de Mãos, que vêm ganhando cada vez mais destaque neste espaço especializado de cuidado.

Técnicas de imposição de mãos: uma tradição de cuidar

Intervenções de cuidado baseadas na imposição de mãos, relacionadas a possível transmissão de energias não qualificadas pela física atual, têm sido descritas através da história, onde existem registros de que o próprio Hipócrates de Cós (460 a.C. a 400 a.C.) já referia a provável existência de um campo bioenergético presente nos seres vivos.

Acredita-se que as técnicas de imposição de mãos e transmissão de energia podem exibir propriedades terapêuticas, estando presentes em muitas culturas, como na China, Tibete, Japão, África, Índia e entre os povos nativos da América do Norte. Muitas dessas culturas acreditam que as doenças ocorrem devido ao bloqueio do fluxo dos biocampos energéticos.

Há diversos relatos de aplicações destas técnicas em inúmeras áreas da medicina como recurso complementar às terapias convencionais, demonstrando resultados promissores, sobretudo na recuperação de pacientes com doenças crônicas, como, por exemplo, pacientes oncológicos, tanto pediátricos quanto adultos, pacientes com AIDS, em pacientes obstétricas durante a gravidez, e, também, em pacientes com doenças do sistema nervoso e que podem afetar o comportamento, como a epilepsia, demência e doença de Alzheimer. Estudos também relatam efeitos positivos dos tratamentos pela imposição de mãos na reabilitação de usuários de drogas.

Podem ser encontrados na literatura médica alguns trabalhos realizados em seres humanos que sugerem alterações decorrentes de tratamentos por diferentes práticas de imposição de mãos, como, por exemplo, a ativação e elevação das funções do sistema de defesa corporal (sistema imune) em pessoas que estavam passando pela difícil situação de uma perda familiar. Existem ainda relatos de que as práticas de imposição de mãos podem atuar positivamente sobre a saúde do coração e vasos sanguíneos, prevenindo doenças cardíacas e a hipertensão.

Além de trazer benefícios aos órgãos e sistemas que compõem o corpo humano, estudos demonstram a eficácia de tratamentos de imposição de mãos na redução de dor e de sintomas psicológicos relacionados ao estresse, além de alterações positivas em padrões de comportamento, especialmente em relação ao nível de consciência, levando os usuários dessas técnicas terapêuticas a uma percepção e melhor compreensão de um estado de harmonização e bem-estar. Existem descrições científicas de que a utilização de técnicas de imposição de mãos, juntamente com tratamentos psicológicos clássicos, podem promover um grande sentimento de encorajamento em seus usuários, o que os leva a se sentirem responsáveis e dispostos a trabalharem ativamente pela sua saúde integral. Outros estudos também relatam redução de fadiga em pacientes em tratamento quimioterápico, melhoria na qualidade de vida de pacientes em radioterapia e redução dos níveis de ansiedade em mulheres grávidas com dependência química.

A diversidade de resultados promissores decorrentes de tratamentos por imposição de mãos, como terapêutica complementar a várias doenças e situações clínicas, vêm sendo publicados por profissionais de diferentes formações dentro da área da saúde, como biólogos, psicólogos, enfermeiros, fisioterapeutas e médicos, o que denota um interesse multidisciplinar pelo assunto.

Estudos chamam a atenção de alguns fatores que poderiam contribuir com a entrada das técnicas de imposição de mãos em hospitais e serviços de saúde, como, por exemplo o crescente interesse público e do número de profissionais de saúde, de diversos setores, que aprendem as técnicas e as utilizam de maneira integrada com cuidados convencionais, além de seu baixo custo e risco.

Entre as diversas técnicas que trabalham com a imposição de mãos, podemos citar o Toque Terapêutico, o Qi Gong, o Johrei e o Reiki.

Toque terapêutico, Qi Gong, Johreie, Reiki: diferentes nomes que conservam a essência do cuidado pela imposição de mãos

O Toque Terapêutico (TT), ou Método Krieger-Kunz, foi descrito no início da década de 1970 por Dolores Krieger, da Divisão de Enfermagem da Universidade de Nova York. De acordo com seus autores, é um método no qual as mãos são usadas para dirigir energias humanas. Seus praticantes alegam que os "campos energéticos" do paciente podem ser detectados e intencionalmente manipulados pelo terapeuta.

Conforme a própria criadora da técnica: *"o TT não possui qualquer base religiosa e independe da fé ou crença daquele que o recebe ou do praticante para ser efetivo. Sua aplicação requer, entretanto, a intencionalidade consciente do praticante com o intuito de repadronizar o campo energético humano".*

O Qi Gong é considerado uma técnica chinesa de imposição de mãos milenar. "Qi" significa energia e "Gong" é a união das condições fisiológicas, mentais e emocionais do praticante. É um método que visa mobilizar, harmonizar e aplicar o "fluxo energético" no corpo. Os praticantes acreditam que, ao realizar os exercícios de Qi Gong, os pontos de entrada de energia estarão abertos absorvendo a energia da natureza.

O Johrei constitui-se como uma prática de imposição de mãos, descrita por Mokiti Okada, no Japão, vinculada à Igreja Messiânica. Seus praticantes acreditam que, através da imposição de mãos sobre o corpo de uma pessoa, "energias universais divinas" podem provocar alterações nas dimensões físicas, emocionais, sociais e espirituais do ser humano.

O Reiki é uma técnica de imposição de mãos definida no Japão em meados do século XIX. A Palavra Reiki é de origem japonesa e significa "Energia da força vital do universo". A medicina tradicional asiática e seus praticantes acreditam que, através da imposição das mãos de um terapeuta Reiki, esta energia possa ser transmitida para o corpo de uma outra pessoa. Atualmente o Reiki é classificado como modalidade de medicina energética pelo National Center for Complementary and Integrative Health (NCCIH) (Vandervaart e col., 2011), sendo oficialmente recomendado pelo National Health Service Trusts (NHST, 2006) e pelo The Prince of Wales's Foundation for Integrated Health (TPWFIH, 2005). Dados do Ministério da Saúde do Brasil, apontam o Reiki como uma das PICS mais utilizadas no país (MS-BR, 2006). Corroborando este fato também é possível verificar em grandes centros de pesquisa do mundo o crescente interesse por esta prática, que parece trazer inúmeros benefícios aos seus praticantes, mas que, assim como outras técnicas de imposição de mãos, ainda não tem seu mecanismo de ação completamente compreendido pela ciência.

O princípio das terapêuticas de imposição de mãos, independente de suas denominações, é o de cuidar integralmente da pessoa e não apenas proporcionar o alívio de sintomas. Assim, a imposição de mãos pode ser considerada um sistema integral de cuidado por atuar sobre as dimensões biológicas, psicológicas, sociais e, também, da espiritualidade dos indivíduos.

Desde a década de 1990, a ciência discute evidências que sugerem que muitos resultados decorrentes de tratamentos por técnicas de imposição de mãos sejam derivados de mudanças relacionadas à espiritualidade, que pode ser conceituada como uma orientação direcionada ou dirigida ao sentimento e ao querer estar conectado com algo maior que si mesmo, uma busca pelo sagrado em sua vida.

Pesquisas propõem que pessoas espiritualizadas estão mais envolvidas com a busca e promoção de estilos de vida saudáveis e suporte social. São mais otimistas e persistentes em relação aos desafios da vida, inclusive resistindo mais ao ímpeto de voltar ao abuso da substância tóxica, garantindo a manutenção do tratamento de reabilitação. Comprovando estes dados, um estudo publicado em 2007 pela Divisão de Alcoolismo e Abuso de Drogas da Universidade de Nova York ressalta que a orientação espiritual é considerada como um aspecto extremamente importante na recuperação de frequentadores de grupos de Alcóolicos Anônimos.

Outro fato em comum entre os tratamentos pelas diferentes técnicas de imposição de mãos é a promoção de um estado de relaxamento que colabora com a redução da percepção da tensão e elevação da percepção de bem-estar, que se traduz em maiores índices de qualidade de vida.

Exemplos de efeitos de intervenções de imposição de mãos no tratamento de usuários de drogas

Transtornos relacionados ao uso abusivo de substâncias geralmente se tornam crônicos, repetitivos, levando a uma piora significativa de aspectos biológicos, psicológicos e sociais dos usuários, comprometendo até a sua espiritualidade. Apesar do desenvolvimento de medicamentos direcionados ao tratamento desses transtornos, como *Baclofeno* ou *Ondansetrona*, as terapias convencionais muitas vezes não são capazes de alterar o resultado desses transtornos. Assim, nasce uma necessidade de voltar o olhar para a utilização de sistemas alternativos e complementares de cuidado, como a imposição de mãos, que pode vir a ser um valioso recurso de reabilitação da integralidade de um ser humano em um momento de vulnerabilidade extrema, resultado do uso e abuso de drogas.

Com o propósito de examinar a eficácia do Toque Terapêutico como uma intervenção de tratamento que pudesse estender o período de abstinência relacionado ao uso abusivo de álcool e outras drogas, foi realizado no ano de 2000, pela Universidade de Kansas (EUA), um estudo com a participação de dependentes químicos que recebiam o Toque Terapêutico uma vez por semana durante oito semanas. Ao final da pesquisa, os voluntários que receberam a imposição de mãos apresentaram redução dos sintomas de depressão, da frequência de busca e do consumo de álcool e outras drogas, além de melhora nas relações familiares e sociais. As sensações mais relatadas pelos indivíduos foram calor, relaxamento, energia e "uma vontade de rir ou chorar" durante e imediatamente após a sessão de tratamento; muitos afirmaram que estavam se sentindo capazes e que não percebiam mais um motivo que os levasse à necessidade do álcool ou outras drogas. Um homem declarou que, além de todas essas coisas, ele agora poderia lidar com a crítica de sua esposa, que era o pretexto que o conduzia ao uso abusivo do álcool. O conjunto dos resultados levaram à conclusão de que o uso do Toque Terapêutico pode ser muito eficaz em prolongar os períodos de privação de álcool e outras toxicodependências de duas maneiras: primeiro, pela redução dos níveis de depressão dos participantes, o que causa uma consequente melhora do humor que facilita a manutenção da abstinência e; segundo, pela melhoria das relações sociais como consequência de maiores períodos de sobriedade.

Em um estudo publicado em 2002 foi descrita a ação terapêutica de dez dias de Qi Gong em usuários de heroína em reabilitação. Os resultados obtidos demonstraram, desde o quinto dia de intervenção, uma redução significativa nos níveis de ansiedade dos voluntários que receberam o tratamento de Qi Gong e sugerem que esta técnica de imposição de mãos pode ser uma alternativa eficaz para a desintoxicação de heroína sem efeitos colaterais.

Afim de verificar os efeitos de uma intervenção com Johrei sobre pacientes em tratamento domiciliar de recuperação de abuso de substâncias, foi realizado em 2006 um estudo preliminar com 21 voluntários divididos em dois grupos: 12 pacientes que receberam três sessões de 20 minutos de Johrei por semana, durante 35 dias; e 10 pacientes que ficaram em lista de espera. Todos os participantes continuaram, ao longo da pesquisa, com seus tratamentos convencionais de reabilitação. Os participantes que receberam os tratamentos pelo Johrei demonstraram diminuições significativas nos níveis de depressão, estresse e dor física, além de elevação da espiritualidade, energia, otimismo e bem-estar geral, concluindo assim que o Johrei pode ser um promissor tratamento adjuvante no processo de recuperação de abuso de substâncias.

A terapêutica de imposição de mãos Reiki também tem demonstrado resultados favoráveis no tratamento da dependência: estudo realizado em 2011 com portadores de HIV, com mais de 50 anos e histórico de toxicodependência, revelou que, após o tratamento pelo Reiki, ocorreu uma redução significativa da busca pela substância de abuso, além de uma maior aceitação e busca por tratamentos psicológicos de apoio.

Conclusões a respeito da utilização de técnicas de imposição de mãos para o tratamento do uso e abuso de substâncias

Evidências científicas sugerem que a utilização de técnicas de imposição de mãos no tratamento do abuso de substâncias promove a redução do estresse, dos sintomas de ansiedade, depressão e da percepção de tensão, acompanhada pelo aumento da sensação de bem-estar, qualidade de vida e espiritualidade, além de alterações fisiológicas que indicam um estado de relaxamento. Tais resultados podem ser elementos desencadeadores de uma possível reestruturação de paradigmas, pensamentos e, sobretudo, comportamentos que conduzam o usuário de substâncias à reflexão de que sua recuperação e o cuidado integral de sua saúde está literalmente ao alcance de suas mãos.

BIBLIOGRAFIA CONSULTADA

1. A, R. K.; Kurup, P. A. Changes in the isoprenoid pathway with transcendental meditation and Reiki healing practices in seizure disorder. Neurol India, v. 51, n. 2, p. 211-4, Jun 2003. ISSN 0028-3886 (Print)
2. 0028-3886 (Linking). Disponível em: <http://www.ncbi.nlm.nih.gov/pubmed/14571006>.
3. Behere, R. V.; Muralidharan, K.; Benegal, V. Complementary and alternative medicine in the treatment of substance use disorders—a review of the evidence. Drug and Alcohol Review, v. 28, n. 3, p. 292-300, 2009. ISSN 1465-3362. Disponível em: <http://dx.doi.org/10.1111/j.1465-3362.2009.00028.x>.
4. Blacher, S.; Rundio, A. Complementary and Integrative Modalities in Addiction Treatment. Journal of Addictions Nursing, v. 25, n. 4, p. 165-166, 2014. ISSN 1088-4602. Disponível em: < http://journals.lww.com/jan/Fulltext/2014/10000/Complementary_and_Integrative_Modalities_in.2.aspx >.
5. Bowden, D.; Goddard, L.; Gruzelier, J. A randomised controlled single-blind trial of the efficacy of reiki at benefitting mood and well-being. Evid Based Complement Alternat Med, v. 2011, p. 381862, 2011. ISSN 1741-4288 (Electronic)
6. 1741-427X (Linking). Disponível em: <http://www.ncbi.nlm.nih.gov/pubmed/21584234>.
7. Brooks, A. J. et al. The effect of Johrei healing on substance abuse recovery: a pilot study. J Altern Complement Med, v. 12, n. 7, p. 625-31, Sep 2006. ISSN 1075-5535 (Print)
8. 1075-5535 (Linking). Disponível em: <http://www.ncbi.nlm.nih.gov/pubmed/16970532>.
9. Bullock, M. Reiki: a complementary therapy for life. Am J Hosp Palliat Care, v. 14, n. 1, p. 31-3, Jan--Feb 1997. ISSN 1049-9091 (Print)
10. 1049-9091 (Linking). Disponível em: <http://www.ncbi.nlm.nih.gov/pubmed/9069762>.
11. Canter, P. H. et al. Johrei family healing: a pilot study. Evid Based Complement Alternat Med, v. 3, n. 4, p. 533-40, Dec 2006. ISSN 1741-427X (Print)
12. 1741-427X (Linking). Disponível em: <http://www.ncbi.nlm.nih.gov/pubmed/17173118>.
13. Chu, D. A. Tai Chi, Qi Gong and Reiki. Phys Med Rehabil Clin N Am, v. 15, n. 4, p. 773-81, vi, Nov 2004. ISSN 1047-9651 (Print)
14. 1047-9651 (Linking). Disponível em: <http://www.ncbi.nlm.nih.gov/pubmed/15458751>.
15. Coakley, A. B.; Barron, A. M. Energy therapies in oncology nursing. Semin Oncol Nurs, v. 28, n. 1, p. 55-63, Feb 2012. ISSN 1878-3449 (Electronic)
16. 0749-2081 (Linking). Disponível em: <http://www.ncbi.nlm.nih.gov/pubmed/22281310>.
17. Cook, C. A.; Guerrerio, J. F.; Slater, V. E. Healing touch and quality of life in women receiving radiation treatment for cancer: a randomized controlled trial. Altern Ther Health Med, v. 10, n. 3, p. 34-41, May-Jun 2004. ISSN 1078-6791 (Print)
18. 1078-6791 (Linking). Disponível em: <http://www.ncbi.nlm.nih.gov/pubmed/15154151>.

19. Coppa, D. The internal process of therapeutic touch. J Holist Nurs, v. 26, n. 1, p. 17-24, Mar 2008. ISSN 0898-0101 (Print)
20. 0898-0101 (Linking). Disponível em: <http://www.ncbi.nlm.nih.gov/pubmed/18332355>.
21. Crawford, S. E.; Leaver, V. W.; Mahoney, S. D. Using Reiki to decrease memory and behavior problems in mild cognitive impairment and mild Alzheimer's disease. J Altern Complement Med, v. 12, n. 9, p. 911-3, Nov 2006. ISSN 1075-5535 (Print)
22. 1075-5535 (Linking). Disponível em: <http://www.ncbi.nlm.nih.gov/pubmed/17109583>.
23. Diaz-Rodriguez, L. et al. The application of Reiki in nurses diagnosed with Burnout Syndrome has beneficial effects on concentration of salivary IgA and blood pressure. Rev Lat Am Enfermagem, v. 19, n. 5, p. 1132-8, Sep-Oct 2011. ISSN 0104-1169 (Print)
24. 0104-1169 (Linking). Disponível em: <http://www.ncbi.nlm.nih.gov/pubmed/22030577>.
25. Friedman, R. S. et al. Effects of Reiki on autonomic activity early after acute coronary syndrome. J Am Coll Cardiol, v. 56, n. 12, p. 995-6, Sep 14 2010. ISSN 1558-3597 (Electronic)
26. 0735-1097 (Linking). Disponível em: <http://www.ncbi.nlm.nih.gov/pubmed/20828654>.
27. Galanter, M. et al. Assessment of spirituality and its relevance to addiction treatment. Journal of Substance Abuse Treatment, v. 33, n. 3, p. 257-264, 2007. ISSN 0740-5472. Disponível em: <http://www.sciencedirect.com/science/article/pii/S0740547206002066>.
28. Hagemaster, J. Use of therapeutic touch in treatment of drug addictions. Holist Nurs Pract, v. 14, n. 3, p. 14-20, Apr 2000. ISSN 0887-9311 (Print)
29. 0887-9311 (Linking). Disponível em: <http://www.ncbi.nlm.nih.gov/pubmed/12119624>.
30. HART, J. Healing Touch, Therapeutic Touch, and Reiki: Energy Medicine Advances in the Medical Community. Alternative and Complementary Therapies, v. 18, n. 6, p. 309-313, 2012. ISSN 1076-2809
31. 1557-9085.
32. Jahnke, R. et al. A comprehensive review of health benefits of qigong and tai chi. Am J Health Promot, v. 24, n. 6, p. e1-e25, Jul-Aug 2010. ISSN 0890-1171 (Print)
33. 0890-1171 (Linking). Disponível em: <http://www.ncbi.nlm.nih.gov/pubmed/20594090>.
34. Jain, S.; Mills, P. J. Biofield therapies: helpful or full of hype? A best evidence synthesis. Int J Behav Med, v. 17, n. 1, p. 1-16, Mar 2010. ISSN 1532-7558 (Electronic)
35. 1070-5503 (Linking). Disponível em: <http://www.ncbi.nlm.nih.gov/pubmed/19856109>.
36. Krieger, D. Healing by the laying-on of hands as a facilitator of bioenergetic exchange: The response of in vivo human hemoglobin. International Journal for Psychoenergetic, v. 2, 1976.
37. Labbe, E. E.; Fobes, A. Evaluating the interplay between spirituality, personality and stress. Appl Psychophysiol Biofeedback, v. 35, n. 2, p. 141-6, Jun 2010. ISSN 1573-3270 (Electronic)
38. 1090-0586 (Linking). Disponível em: <http://www.ncbi.nlm.nih.gov/pubmed/19847641>.
39. Larden, C. N.; Palmer, M. L.; Janssen, P. Efficacy of therapeutic touch in treating pregnant inpatients who have a chemical dependency. J Holist Nurs, v. 22, n. 4, p. 320-32, Dec 2004. ISSN 0898-0101 (Print)
40. 0898-0101 (Linking). Disponível em: <http://www.ncbi.nlm.nih.gov/pubmed/15486152>.
41. Latorre, M. A. The use of Reiki in psychotherapy. Perspect Psychiatr Care, v. 41, n. 4, p. 184-7, Oct-Dec 2005. ISSN 0031-5990 (Print)
42. 0031-5990 (Linking). Disponível em: <http://www.ncbi.nlm.nih.gov/pubmed/16297024>.
43. Li, M.; Chen, K.; Mo, Z. Use of qigong therapy in the detoxification of heroin addicts. Altern Ther Health Med, v. 8, n. 1, p. 50-4, 56-9, Jan-Feb 2002. ISSN 1078-6791 (Print)
44. 1078-6791 (Linking). Disponível em: <http://www.ncbi.nlm.nih.gov/pubmed/11795622>.
45. Macintyre, B. et al. The efficacy of healing touch in coronary artery bypass surgery recovery: a randomized clinical trial. Altern Ther Health Med, v. 14, n. 4, p. 24-32, Jul-Aug 2008. ISSN 1078-6791 (Print)
46. 1078-6791 (Linking). Disponível em: <http://www.ncbi.nlm.nih.gov/pubmed/18616066>.
47. Manning, L. K. Navigating hardships in old age: exploring the relationship between spirituality and resilience in later life. Qual Health Res, v. 23, n. 4, p. 568-75, Apr 2013. ISSN 1049-7323 (Print)

48. 1049-7323 (Linking). Disponível em: <http://www.ncbi.nlm.nih.gov/pubmed/23282796>.
49. Mehl-Madrona, L.; Renfrew, N. M.; Mainguy, B. Qualitative Assessment of the Impact of Implementing Reiki Training in a Supported Residence for People Older Than 50 Years with HIV/AIDS. Perm J, v. 15, n. 3, p. 43-50, Summer 2011. ISSN 1552-5775 (Electronic)
50. 1552-5767 (Linking). Disponível em: <http://www.ncbi.nlm.nih.gov/pubmed/22058669>.
51. Miles, P.; True, G. Reiki--review of a biofield therapy history, theory, practice, and research. Altern Ther Health Med, v. 9, n. 2, p. 62-72, Mar-Apr 2003. ISSN 1078-6791 (Print)
52. 1078-6791 (Linking). Disponível em: <http://www.ncbi.nlm.nih.gov/pubmed/12652885>.
53. Mills, E.; Wu, P.; Ernst, E. Complementary therapies for the treatment of HIV: in search of the evidence. Int J STD AIDS, v. 16, n. 6, p. 395-403, Jun 2005. ISSN 0956-4624 (Print)
54. 0956-4624 (Linking). Disponível em: <http://www.ncbi.nlm.nih.gov/pubmed/15969772>.
55. Monzillo, E.; Gronowicz, G. New insights on therapeutic touch: a discussion of experimental methodology and design that resulted in significant effects on normal human cells and osteosarcoma. Explore (NY), v. 7, n. 1, p. 44-51, Jan-Feb 2011. ISSN 1878-7541 (Electronic)
56. 1550-8307 (Linking). Disponível em: <http://www.ncbi.nlm.nih.gov/pubmed/21194672>.
57. MS-BR. Política nacional de práticas integrativas e complementares no SUS - Atitude de ampliação de acesso. MINISTÉRIO DA SAÚDE, B. Brasília: Ministério da Saúde: 92 p. 2006.
58. Naito, A. et al. The impact of self-hypnosis and Johrei on lymphocyte subpopulations at exam time: a controlled study. Brain Res Bull, v. 62, n. 3, p. 241-53, Dec 30 2003. ISSN 0361-9230 (Print)
59. 0361-9230 (Linking). Disponível em: <http://www.ncbi.nlm.nih.gov/pubmed/14698357>.
60. NHST. The NHS New Guide to Healthy Living. London: The NHS Trusts Association 2006.
61. Oschman, J. L. Energy medicine – the scientific basis. London: Churchill Livingstone, 2000. 275
62. Post-White, J. et al. Therapeutic massage and healing touch improve symptoms in cancer. Integr Cancer Ther, v. 2, n. 4, p. 332-44, Dec 2003. ISSN 1534-7354 (Print)
63. 1534-7354 (Linking). Disponível em: <http://www.ncbi.nlm.nih.gov/pubmed/14713325>.
64. Quinn, J. F.; Strelkauskas, A. J. Psychoimmunologic effects of therapeutic touch on practitioners and recently bereaved recipients: a pilot study. ANS Adv Nurs Sci, v. 15, n. 4, p. 13-26, Jun 1993. ISSN 0161-9268 (Print)
65. 0161-9268 (Linking). Disponível em: <http://www.ncbi.nlm.nih.gov/pubmed/8512301>.
66. Rakestraw, T. Reiki: the energy doula. Midwifery Today Int Midwife, n. 92, p. 16-7, Winter 2009. ISSN 1551-8892 (Print)
67. 1551-8892 (Linking). Disponível em: <http://www.ncbi.nlm.nih.gov/pubmed/20092137>.
68. Ring, M. E. Reiki and changes in pattern manifestations. Nurs Sci Q, v. 22, n. 3, p. 250-8, Jul 2009. ISSN 0894-3184 (Print)
69. 0894-3184 (Linking). Disponível em: <http://www.ncbi.nlm.nih.gov/pubmed/19567731>.
70. SHAMSALINA, A. et al. Recovery based on spirituality in substance abusers in Iran. Glob J Health Sci, v. 6, n. 6, p. 154-62, Nov 2014. ISSN 1916-9736 (Print)
71. 1916-9736 (Linking). Disponível em: <http://www.ncbi.nlm.nih.gov/pubmed/25363097>.
72. Strout, K. A.; Howard, E. P. The six dimensions of wellness and cognition in aging adults. J Holist Nurs, v. 30, n. 3, p. 195-204, Sep 2012. ISSN 1552-5724 (Electronic)
73. 0898-0101 (Linking). Disponível em: <http://www.ncbi.nlm.nih.gov/pubmed/22713605>.
74. Tattam, A. Reiki--healing and dealing. Aust Nurs J, v. 2, n. 2, p. 3, 52, Aug 1994. ISSN 1320-3185 (Print)
75. 1320-3185 (Linking). Disponível em: <http://www.ncbi.nlm.nih.gov/pubmed/7849997>.
76. TPWFIH. Complementary Health Care: a Guide for Patients. London: The Prince of Wales's Foundation for Integrated Health 2005.
77. Vandervaart, S. et al. The effect of distant reiki on pain in women after elective Caesarean section: a double-blinded randomised controlled trial. BMJ Open, v. 1, n. 1, p. e000021, Jan 1 2011. ISSN 2044-6055 (Electronic). Disponível em: <http://www.ncbi.nlm.nih.gov/pubmed/22021729>.

78. Vandervaart, S. et al. A systematic review of the therapeutic effects of Reiki. J Altern Complement Med, v. 15, n. 11, p. 1157-69, Nov 2009. ISSN 1557-7708 (Electronic)
79. 1075-5535 (Linking). Disponível em: <http://www.ncbi.nlm.nih.gov/pubmed/19922247>.
80. Ventegodt, S.; Morad, M.; Merrick, J. Clinical holistic medicine: classic art of healing or the therapeutic touch. ScientificWorldJournal, v. 4, p. 134-47, Mar 4 2004. ISSN 1537-744X (Electronic)
81. 1537-744X (Linking). Disponível em: <http://www.ncbi.nlm.nih.gov/pubmed/15010568>.
82. Vitale, A. T.; O'connor, P. C. The effect of Reiki on pain and anxiety in women with abdominal hysterectomies: a quasi-experimental pilot study. Holist Nurs Pract, v. 20, n. 6, p. 263-72; quiz 273-4, Nov-Dec 2006. ISSN 0887-9311 (Print)
83. 0887-9311 (Linking). Disponível em: <http://www.ncbi.nlm.nih.gov/pubmed/17099413>.
84. Wardell, D. W.; Engebretson, J. Biological correlates of Reiki Touch(sm) healing. J Adv Nurs, v. 33, n. 4, p. 439-45, Feb 2001. ISSN 0309-2402 (Print)
85. 0309-2402 (Linking). Disponível em: <http://www.ncbi.nlm.nih.gov/pubmed/11251731>.
86. Winstead-Fry, P.; Kijek, J. An integrative review and meta-analysis of therapeutic touch research. Altern Ther Health Med, v. 5, n. 6, p. 58-67, Nov 1999. ISSN 1078-6791 (Print)
87. 1078-6791 (Linking). Disponível em: <http://www.ncbi.nlm.nih.gov/pubmed/10550906>.
88. Woods, D. L.; Beck, C.; Sinha, K. The effect of therapeutic touch on behavioral symptoms and cortisol in persons with dementia. Forsch Komplementmed, v. 16, n. 3, p. 181-9, Jun 2009. ISSN 1661-4127 (Electronic)
89. 1661-4119 (Linking). Disponível em: <http://www.ncbi.nlm.nih.gov/pubmed/19657203>.
90. Zhang, W. B.; Yu, W. L.; Yang, Y. J. Absence of an analgesic effect of qigong "external qi" in rats. Am J Chin Med, v. 26, n. 1, p. 39-46, 1998. ISSN 0192-415X (Print)
91. 0192-415X (Linking). Disponível em: <http://www.ncbi.nlm.nih.gov/pubmed/9592592>.

CAPÍTULO 12

Evidências da Prática do Yoga na Dependência de Drogas

Rui Ferreira Afonso

O QUE É YOGA

Dispensamos um tempo para uma abordagem mais filosófica e teórica para que o Yoga seja entendido no seu contexto original e não confundido com exercício físico.

O Yoga surgiu na Índia remota, mas a data de seu nascimento é um mistério. Sabemos que é muito antigo, alguns milênios antes da era Cristã. Há relatos do Yoga já nos primeiros livros da humanidade, os Vedas, que datam de mais de 3500 a.C. A palavra Yoga vem do Sânscrito, língua que era falada na Índia, e significa união, unir, atrelar, juntar. Também tem o sentido de trabalho e aplicação. Bem, com isto, já podemos começar a definir o Yoga. Por ser uma tradição baseada na investigação e transformação psicoespiritual do ser humano, o Yoga tem como objetivo a união do ser individual (você) com o Todo, o Divino, o

Sagrado etc. Portanto não está muito distante do sentido original das *religiões* cujo objetivo era o de *"religare"* – origem etimológica da palavra religião. Mas para que aconteça esta UNIÃO ou *"re-ligação"*, é necessário um trabalho, uma aplicação ou um conjunto de técnicas específicas. Estas técnicas também recebem o nome de Yoga. Desta forma, Yoga é tanto um fim (o estado de UNIÃO), como um meio (as ferramentas necessárias) que conduz o praticante à UNIÃO. Mais recentemente, o homem contemporâneo e pragmático percebeu que as técnicas milenares do Yoga podem ser usadas para fins terapêuticos e de qualidade de vida. No entanto, o que está por trás das técnicas (ensinamentos para a vida, valores, comportamento e conduta) também deve ser praticado, pois Yoga pode ser encarado como uma "filosofia de vida". Assim, além de desenvolver saúde física, o Yoga tem a capacidade de transformação da psique, do caráter e da alma.

Até aqui, falamos de forma muito geral sobre o Yoga. Mas como praticá-lo? O primeiro *"manual"* de Yoga surgiu aproximadamente 200 a 400 anos a.C., e é baseado neste manual que se desenvolveram quase a totalidade das escolas ou formas diferentes de Yoga que conhecemos hoje em dia. Em um livrinho bem sucinto de apenas 196 sutras (ou frases), o autor, *Patañjali*, escreveu o *Yoga Sutra* ou Aforismos do Yoga. Logo no começo do texto, esse sábio define o Yoga:

"Yoga é a inibição das modificações da mente" (tradução de Taimni) ou, para ficar mais fácil para o leigo entender: Yoga é a não identificação do Ser (indivíduo) com os diversos papéis e personagens que este representa. Se me perguntarem quem eu sou, minha resposta pode variar bastante. Se esta pergunta for feita na reunião de condomínio eu digo: eu sou o morador do apartamento 12. Se a mesma pergunta for feita em um ambiente profissional, eu digo que sou professor de Yoga. Se esta mesma pergunta for feita na reunião da escola do meu filho, a resposta será diferente, e assim por diante. Percebem como representamos vários papéis? Mas qual é a relação disso no contexto da dependência química? Em se tratando de dependência é muito comum escutarmos: eu sou dependente; eu sou ansioso; eu sou usuário de substância; eu sou fracassado; eu sou... Nestes exemplos, o sujeito tomou a parte pelo todo. O indivíduo pode manifestar sintomas de ansiedade ou qualquer outro problema, mas isto não define ninguém. De acordo com o Yoga, esse indivíduo que se diz ansioso está identificado com algumas sensações físicas ou psíquicas e isto toma tanta importância que ele se torna incapaz de se livrar desses pensamentos e perceber que ele não é essa sensação, esse sintoma ou esse pensamento, logo não pode inibir as modificações da mente, como foi definido no início do texto Yoga Sutra. O que Patañjali ensina é que possamos ver nossa verdadeira natureza, que é livre de limitações, feliz e cheia de bem-aventurança, e não limitada por pequenas definições. Para isso, ele revela um caminho com 8 passos: *Yama, Niyama, Asana, Pranayama, Pratyahara, Dharana, Dhyana e Samadhy*.

Os dois primeiros passos, *Yama* e *Niyama*, são um código de conduta moral e comportamental. Não violência, a prática da verdade, não roubar, não cobiçar e o direcionamento correto da energia sexual são os *Yamas*. A prática do contentamento, purificação, disciplina, autoestudo e a entrega ao todo compõem os *Niyamas*. Estes dois primeiros passos servem para harmonizar o indivíduo com a sociedade e consigo mesmo. Se observados os *Yamas* e *Niyamas* haverá uma profunda paz interna, o que ajuda bastante nas práticas cujo objetivo é acalmar a mente.

Asana e *Pranayama* são o terceiro e quarto passos, aqueles mais conhecidos pelos leigos. Os *Asana* são as posturas psicofísicas. Psicofísicas porque é através do corpo que alcançamos estados internos de maior consciência. O corpo assume várias formas durante uma prática. São feitas flexões, extensões, torções, compressões e muitas outras ações corporais. Esta etapa pode ser confundida com exercício físico, ginástica ou alongamento. No entanto, o objetivo não é o desenvolvimento da *performance* física, e sim acalmar o corpo e seus movimentos, desta forma acalmando a mente. As posturas são mantidas por certo tempo, buscando-se o conforto e a estabilidade em todos os momentos. Na pausa dos movimentos, que acontece durante os *Asana*, o praticante pode perceber várias sensações, desenvolvendo consciência corporal e consequentemente uma melhor percepção de si mesmo, algo muito importante para o usuário de substância. Os *Pranayama* são os exercícios de respiração. Na maior parte do tempo a respiração acontece de forma automática, ou seja, não precisamos pensar para respirar. Mas a respiração também pode ser controlada pela nossa vontade. Não temos o controle de órgãos como o coração, por exemplo. Não conseguimos fazer o coração obedecer à nossa vontade, e é assim com todos os outros órgãos. No entanto, temos bastante controle sobre o movimento respiratório. Podemos acelerar a respiração, podemos pausar a respiração, controlar a quantidade de ar que entra nos pulmões etc. Pelo fato de a respiração ser tanto do controle autônomo como voluntário, podemos influenciar os vários sistemas do nosso corpo através da respiração, como, por exemplo, acalmar os batimentos do coração, ajudar na redução da pressão arterial, aumentar ou diminuir a atividade cerebral em determinadas áreas do cérebro e muitos outros. Isso se torna importante principalmente quando o paciente é acometido por alguns sintomas físicos, como os da ansiedade, por exemplo, que aumenta a frequência cardíaca. Através do controle respiratório pode-se reduzir os batimentos do coração e, desta forma, reduzir a ansiedade. Então, os *Pranayamas* são muito úteis para serem usados agudamente nas várias situações e desafios enfrentados pelo paciente.

A partir do momento que o corpo e sua agitação é controlada, que a respiração e os vários sistemas do organismo entram em equilíbrio, então chegou a hora de lidar com os cinco órgãos do sentido ou *Pratyahara* – recolhimento dos sentidos. A mente é projetada para fora através dos sentidos: nos distraímos com os sons, com os cheiros, com as diferentes texturas dos objetos, formas e as cores do ambiente. Você pode não se dar conta, mas grande parte da agitação da mente se deve à necessidade de permanecer no "mundo externo" através dos sentidos e a consequente dificuldade em entrar em contato com o "mundo interno", onde os sentidos são dispensáveis. No contexto do abuso de substâncias, muitos elementos do ambiente podem ser disparadores de comportamentos nocivos, pelo fato da mente estar condicionada aos cheiros, lugares, pessoas etc. Muitas vezes, a recaída se dá por causa de um cheiro, por exemplo. Daí a necessidade de ter um maior controle sobre a "voracidade" dos sentidos.

Nos três últimos passos do Yoga, um é a evolução do outro. *Dharana* é o que chamamos de concentração. Nesse momento, a mente ainda tem suas distrações, mas bem menos que uma mente não treinada. Quando conseguimos dominar por completo a mente e suas distrações entramos em *Dhyana* ou meditação, então estamos a um passo de *Samadhi* ou "iluminação".

Para o indivíduo cujos condicionamentos o faz repetir as mesmas coisas, o Yoga é um caminho que pode ajudar a observar-se com uma consciência testemunha, imparcial e, dessa forma, sair do ciclo de condicionamentos que o aprisiona.

Atualmente, a maior parte das linhas de Yoga (diferentes metodologias) é derivada de uma antiga escola chamada *Hatha Yoga*. *Hatha* significa equilíbrio entre a energia do Sol e da Lua, ou seja, o equilíbrio entre os opostos. Os antigos praticantes de Yoga notaram que o corpo é influenciado por energias contrárias: relaxamento e contração; sono e vigília; inspiração e expiração; estado de excitação e estado de calma; e várias outras. Fazendo um paralelo com a ciência ocidental, percebemos que esses pares de opostos coincidem com as ações do sistema nervoso autônomo simpático (aquele que "ativa") e parassimpático (aquele que "acalma"). Portanto, essa modalidade de Yoga desenvolve o equilíbrio entre o sistema nervoso simpático e o sistema nervoso parassimpático. Para nós, isto é muito interessante, pois diversos sintomas da abstinência e fissura são causados pelo desequilíbrio no sistema nervoso autônomo, melhor compreendidos no tópico a seguir.

Yoga, dependência química e pesquisas

Até aqui o Yoga foi abordado de forma mais teórica e conceitual. Agora vou falar um pouco sobre as experiências do Yoga como uma terapia complementar no tratamento da dependência química. Não há muitos trabalhos científicos que utilizam o Yoga como recurso para o tratamento de usuários de substâncias. Há algumas clínicas, principalmente fora do Brasil, que oferecem essa modalidade além de outros tratamentos, com resultados interessantes e boa aceitação por parte dos internos.

Um dos problemas mais comuns na sociedade moderna é o estresse. Na sua forma crônica, o estresse pode gerar uma série de prejuízos físicos, psíquicos e sociais. O estresse causa ou agrava a maior parte das doenças: transtornos psiquiátricos, doenças do sistema imunológico, neoplasias, doenças do aparelho cardiovascular e muitas outras. No contexto do abuso de substâncias químicas, o usuário enfrenta penosamente esse problema, principalmente na abstinência. Muitas pessoas, não só o dependente, recorrem ao uso dessas substâncias porque estão muito estressadas e desejam "relaxar". É a falsa ideia de que um copo de bebida alcoólica vai ajudar a relaxar e enfrentar melhor os problemas. Nas práticas de Yoga aprendemos a ser observadores de nós mesmos, de modo imparcial. No fundo, muitos usam essa desculpa de "relaxar" para fazer o uso das substâncias com menos culpa. Saber identificar esse pensamento sabotador de uma real necessidade é fundamental, e o Yoga nos oferece esta possibilidade através de suas práticas contemplativas. O Yoga funciona não só nos tornando mais conscientes, mas também reduzindo os sintomas do estresse. Além dos praticantes relatarem a importância do Yoga na diminuição do estresse, observamos em alguns trabalhos científicos a redução dos níveis de cortisol, um hormônio relacionado ao estresse. Existe um eixo neuroendócrino do estresse chamado HPA – Hipotálamo, hipófise (ou Pituitária) e Adrenal. A ativação desse eixo se inicia na percepção do estímulo estressor e a consequente liberação de hormônios como o cortisol. Em estados crônicos de estresse, este eixo está hiper-reativo. Vários trabalhos científicos concluem que o Yoga é capaz de diminuir a ativação desta via. Foram feitos alguns estudos em populações com altos níveis de estresse: pacientes com câncer, veteranos de guerra, cuidadores de pacientes com Alzheimer etc., e na maior parte desses estudos que analisou amostras de cortisol, esse hormônio reduziu bastante nos voluntários que praticaram Yoga, sendo, desta forma, uma intervenção interessante para a redução do estresse. Em outros estudos, quando foram avaliados sintomas de estresse crônico, houve redução de grande parte destes sintomas como: pressão arterial, respiração irregular, dores musculares, dor de cabeça, nervosismo, irritabilidade, cansaço físico e mental, perda de concentração e outros. A maioria desses sintomas é causada pelo desequilíbrio do sistema nervoso autônomo, com tônus aumentado no sistema nervoso simpático (aquele que "ativa"), que está relacionado com a maior parte dos sintomas do estresse e da fissura, por exemplo. Como uma das propostas do Yoga é "equilibrar os opostos", é oferecido ao praticante a possibilidade de retorno ao equilíbrio e homeostase. Há evidências científicas da redução do tônus simpático e aumento no tônus parassimpático em praticantes de Yoga, portanto a redução do estresse via sistema nervoso autônomo, além daquela já mencionada do eixo HPA.

O estresse aumenta muito na abstinência e na fissura, juntamente com a ansiedade. A ansiedade é um distúrbio que pode ser acompanhado de sintomas físicos e psíquicos muito desagradáveis como angústia, tensão muscular, dor de cabeça, problemas de sono, dificuldade de concentração e relaxamento, dor muscular e muitos outros. Há bastante tempo, o Yoga vem sendo usado para ajudar no tratamento da ansiedade. O relato dos praticantes sobre seu efeito calmante é quase unanimidade. Isso pode ser verificado em muitas pesquisas que utilizaram questionários de sintomas de ansiedade para avaliar o efeito do Yoga. Em grande parte desses estudos, a prática de Yoga foi eficiente na redução dos níveis de ansiedade. Além disso, existe um neurotransmissor inibitório no sistema nervoso central chamado ácido gama aminobutírico ou simplesmente GABA. Baixos níveis de GABA estão associados à ansiedade e grande parte dos efeitos dos benzodiazepínicos (drogas ansiolíticas) se deve a esse neurotransmissor, portanto de vital importância para o bem-estar físico e psíquico. Pesquisadores da Universidade de Boston, nos EUA, conduziram um experimento no qual foram analisadas concentrações de GABA em certas regiões do cérebro de sujeitos que iniciaram um programa de Yoga e estes foram comparados com um grupo que fez caminhadas. Após 12 semanas houve aumento nos níveis de GABA naqueles que praticaram Yoga. Houve também melhora nos níveis de humor e estresse, que foi correlacionada com aumento nas concentrações de GABA dos praticantes. Resultado semelhante já havia sido encontrado em um trabalho anterior feito pelo mesmo grupo, no qual compararam praticantes experientes de Yoga com sujeitos normais. A princípio, fizeram o exame de espectroscopia por ressonância magnética nos dois grupos. Após o exame, foi solicitado que os praticantes de Yoga fizessem 60 minutos de prática enquanto os outros voluntários fizeram 60 minutos de leitura, atividade supostamente calma e tranquilizante. No final desse tempo, foi repetido o mesmo exame nos voluntários. No grupo que praticou Yoga houve aumento de 27% nas concentrações do neurotransmissor em certa área do cérebro, o que não aconteceu no grupo que apenas leu. Assim, o Yoga pode ajudar bastante o paciente tanto crônica como agudamente nos momentos de ansiedade ou fissura. Sintomas específicos da ansiedade, como dores e tensão muscular, também são aliviados com algumas técnicas como o relaxamento, chamado *Yoganidra* e posturas, *Asana*. Nesse momento, o praticante aprende a acessar um relaxamento profundo e consciente de cada parte do corpo e desenvolve consciência corporal e melhor compreensão dos estados de contração e relaxamento. Quando submetidos a programas baseados nessas duas técnicas, os voluntários com queixas de dor crônica (como artrite, artrose, lombalgia) e tensão muscular, alongam os músculos, alinham o corpo, aliviam a sobrecarga das articulações melhorando bastante suas queixas.

Queixas como a de insônia também podem estar associadas à dependência e seu entorno. Às vezes, a própria insônia leva o indivíduo a se tornar dependente de benzodiazepínicos ou outras drogas. O meu trabalho de mestrado foi com mulheres na menopausa com queixas de insônia. Certamente elas não tinham problemas com abuso de substância, mas compartilhavam muitas coisas com os dependentes, como ansiedade, estresse e insônia. Além disso, essas mulheres tinham muitos sintomas do climatério e não podiam fazer uso de nenhum medicamento para aliviar nem a insônia nem os tais sintomas, ou seja, um grupo bem difícil. No final de algumas sessões, elas já reportavam melhoras, mas a comprovação veio no final do estudo, onde os testes mostraram que a prática de Yoga havia reduzido os sintomas do climatério e a insônia. Nesse trabalho não fizemos dosagens de melatonina, um hormônio relacionado ao sono e bem-estar. No entanto, pesquisadores em Delhi, Índia, submeteram um grupo de militares a um programa de Yoga e meditação e, após três meses de prática diária, observaram aumento da melatonina nos militares que praticaram Yoga e também a melhora do perfil psicológico destes.

Tais alterações, tanto na esfera física quanto psicológica, não acontecem isoladamente. Há uma série de sistemas do organismo agindo em conjunto e, na maioria das vezes, uma pesquisa mensura somente algumas dessas variáveis, como as pesquisas citadas até então. Sabemos que mudanças no humor e bem-estar estão relacionadas a neurotransmissores como a serotonina. Um grupo de pesquisadores do Defence Institute of Physiology and Allied Sciences, em Delhi, Índia, mensurou algumas variáveis, dentre elas a serotonina, em um grupo de voluntários que iria iniciar um programa de Yoga. A serotonina teve seus níveis aumentados nos praticantes após três meses do início do programa. Grande parte dos medicamentos antidepressivos age no sistema de serotonina, aumentando os níveis deste neurotransmissor na fenda sináptica. Uma vez que há estados positivos de humor e bem-estar, ocorre uma melhora no estado de saúde geral e na qualidade de vida. Diversos estudos foram desenvolvidos com os mais variados tipos de voluntários, suscetíveis aos transtornos de humor como: pacientes com câncer, idosos, pacientes com dor crônica, vítimas de violência e também depressão primária e muitos outros. O Yoga se mostra como uma alternativa bastante eficiente para melhora dos sintomas de depressão.

Até então observamos vários dos sintomas que podem estar presentes nos usuários de substâncias. Em se tratando de pesquisas, a maior parte dos trabalhos que abordaram o tema e aplicaram o Yoga como um recurso complementar ao tratamento tiveram resultados positivos. Alguns trabalhos aplicaram isoladamente uma técnica específica do Yoga, como exercícios de respiração, relaxamento ou meditação. Outros estudos fizeram uso de um programa de Yoga completo. Um trabalho bem interessante foi feito em um laboratório em Londres, Inglaterra. Os pesquisadores solicitaram que um grupo de fumantes ficasse sem fumar com o intuito de investigar a abstinência aguda. Foi ensinado um exercício de respiração (*Pranayama*) para um grupo de voluntários. A partir daí, os voluntários poderiam fazer o uso dessa técnica sempre que necessário. No final de 36 horas de abstinência, os voluntários que fizeram o uso do exercício de respiração reduziram a fissura por cigarro. Quando as técnicas de relaxamento (*yoga nidra*) foram aplicadas em outro grupo de fumantes, os resultados foram semelhantes, reduzindo a fissura, sintomas de abstinência e diminuindo a pressão arterial sistólica. Na maior parte dos programas desenvolvidos para o usuário, as intervenções são um recurso a mais para ajudar o paciente a enfrentar, principalmente, os sintomas da abstinência. Depois de passarem por um programa de desintoxicação de uma semana, voluntários alcoolistas foram divididos em dois grupos, e foram feitas práticas de Yoga por um destes grupos. Após duas semanas, os indivíduos que praticaram Yoga tiveram maior redução nos sintomas de depressão, redução na liberação de cortisol e ACTH (hormônios relacionados ao estresse e a alguns transtornos psiquiátricos). Melhorar os sintomas de depressão é importante não só para a saúde geral do paciente, mas também como um aspecto de motivação para enfrentar as dificuldades que surgirão durante a sua luta, pois muitos desistem. A este respeito, aderência ao tratamento, em um programa para mulheres pararem de fumar, a taxa de aderência às sessões de Yoga foi maior do que a taxa para um grupo de saúde e bem-estar. Nesse estudo que comparou dois grupos: Yoga e grupo de saúde e bem-estar, houve maior taxa de abstinência nas mulheres que participaram do grupo Yoga. Também neste grupo, depois de oito semanas de práticas, as mulheres reportaram redução na tentação por cigarro, redução da ansiedade, melhora do humor e aumento na sensação de bem-estar. Em se tratando de Yoga e abuso de substância, devemos pensar não só no tratamento, mas também na prevenção ao uso e dependência. Pessoas com estresse pós-traumático têm maior risco de desenvolver dependência, por exemplo. Resultados de um estudo sugerem que a prática de Yoga, além de atenuar os sintomas de estresse pós-traumático, reduz o risco para o uso de álcool e drogas, agindo na prevenção.

Portanto, a prática de Yoga se apresenta como uma forma viável para complementar o tratamento de dependência.

BIBLIOGRAFIA CONSULTADA

1. A ciência do Yoga. I.K.Taimni. 3ª Edição. Editora Teosófica, Brasília 2004
2. Acute effects of aerobic exercise and Hatha yoga on craving to smoke.Elibero A, Janse Van Rensburg K, Drobes DJ. Nicotine Tob Res. 2011 Nov;13(11):1140-8.
3. Effects of yoga on depressionand anxiety of women. Javnbakht M, Hejazi Kenari R, Ghasemi M. Complement Ther Clin Pract 2009;15:102-104.
4. Effects of Hatha yoga and Omkar meditation on cardiorespiratory performance, psychologic profile, andmelatonin secretion.Harinath K, Malhotra AS, Pal K, et al. Altern Complement Med 2004;10:261-268.
5. Sudarshan Kriya Yogic breathing in the treatmentof stress, anxiety, and depression.Brown RP, Gerbarg PL. Part IIVclinical applications andguidelines. J Altern Complement Med 2005;11:711-717.
6. Testing the efficacy of yoga as a complementary therapy for smoking cessation: design and methods of the BreathEasytrial. Contemp Clin Trials. 2014 Jul;38(2):321-32
7. Bock BC, Rosen RK, Fava JL, Gaskins RB, Jennings E, Thind H, Carmody J,Dunsiger SI, Gidron N, Becker BM, Marcus BH.
8. The effect of a yoga intervention on alcohol and drug abuse risk in veteran and civilian women with posttraumaticstress disorder.Reddy S, Dick AM, Gerber MR, Mitchell K.
9. J Altern Complement Med. 2014 Oct;20(10):750-6.
10. The Yoga Tradition, Feuerstein G. 3rd ed. Prescott, AZ: Hohm Press, 2002.
11. Yoga as a Complementary Treatment for Smoking Cessation in Women
12. Beth C. Bock, Joseph L. Fava, Ronnesia Gaskins, Kathleen M. Morrow, David M. Williams, Ernestine Jennings, Bruce M. Becker, Geoffrey Tremont, Bess H. Marcus
13. J Womens Health (Larchmt) 2012 February; 21(2):240-248.
14. Yoga as a complementary treatment for smoking cessation: rationale, study design and participant characteristics of the Quitting-in-Balance study. Beth C Bock, Kathleen M Morrow, Bruce M Becker, David M Williams, Geoffrey Tremont, Ronnesia B Gaskins, Ernestine Jennings, Joseph Fava, Bess H Marcus BMC Complement Altern Med. 2010;10:14.
15. Yoga prático. Pedro Kupfer. 3ª Dharma Florianópolis 2001.
16. Yoga Asana sessionsincrease brain GABA levels: a pilot study.Streeter CC, Jensen JE, Perlmutter RM, et al. J Altern Complement Med2007;13:419-426.
17. Yoga decreases insomniain postmenopausal women: a randomized clinical trial. Afonso RF, Hachul H, Kozasa EH, et al. Menopause 2012;19:186-93.

CAPÍTULO 13

Exercício Físico e o Tratamento de Dependentes

Andrea Maculano Esteves
Paulo Daubian Nosé
Marco Tulio de Mello

ATIVIDADE FÍSICA × EXERCÍCIO FÍSICO

Está muito bem descrita na literatura a diferença entre atividade física (sem planejamento) e exercício físico (planejado). Atividade física se trata de qualquer movimento corporal produzido por músculos, e que resulta em maior dispêndio de energia, por outro lado, exercício físico é uma atividade física planejada, estruturada, repetitiva e proposital.

Sendo assim, podemos nos referir ao exercício de duas formas: exercício de efeito geral (EEG), que por sua vez recruta mais de 1/7 a 1/6 dos músculos corporais, ou exercício de efeito localizado (EEL), que por sua vez recruta menos de 1/7 a 1/6 dos músculos corporais. A partir desse conceito, podemos dividir EEG e EEL em aeróbico e anaeróbico. Segundo Barbanti, exercício aeróbico é uma sequência planejada de movimentos realizada com energia do metabolismo aeróbico, e exercício resistido é uma sequência de movimentos onde se adiciona uma resistência (carga) como exigência adicional ao músculo com o propósito de aumentar a força.

IMPORTÂNCIA DO EXERCÍCIO FÍSICO

Discussões são estabelecidas sobre os benefícios do exercício físico na saúde, qualidade de vida, estética, *performance* e reabilitação. O exercício físico tem diversas propriedades; dentre elas, têm destaque a proteção do sistema circulatório, a melhora dos níveis sanguíneos de colesterol, a regulação do açúcar no sangue, o aumento da resposta do sistema nervoso parassimpático (não durante o exercício, mas durante o resto do dia), que diminui em repouso a frequência cardíaca e a pressão sanguínea; reduz os marcadores inflamatórios, contribui na prevenção e no combate à obesidade.

O exercício físico age de forma multissistêmica. Assim, apresentaremos os benefícios do exercício físico em nível sistêmico:

1. Sistema Esquelético.
2. Sistema Articular.
3. Sistema Muscular.
4. Sistema Circulatório.
5. Sistema Respiratório.
6. Sistema Imunológico.
7. Sistema Nervoso.

SISTEMA ESQUELÉTICO

Diariamente, todos nós estamos expostos ao que diz respeito à saúde óssea (como tropeçar em um degrau e cair, ou um choque praticando alguma modalidade esportiva). Segundo DiVasta & Gordon, o osso é um tecido dinâmico que responde tanto a estímulos internos, quanto a estímulos ambientais externos, incluindo os fatores de estilo de vida, durante toda a vida; as maiores proporções de mediadores da saúde óssea são intrínsecos, fatores esses imutáveis, incluindo gênero, raça e história familiar; estilo de vida e escolhas estão entre os poucos fatores modificáveis que podem levar a alterações na densidade do osso ou da estrutura. O tecido conjuntivo ósseo representa aproximadamente 10% da massa corporal, em jovens indivíduos saudáveis. Juntos, a massa óssea e geometria óssea determinam a resistência óssea e a resistência a fraturas.

Exercício físico regular está consistentemente associado com uma variada gama de benefícios à saúde, incluindo melhoras nas inflamações, densidade e metabolismo ósseo. Em geral, a massa óssea nas mulheres é menor, por diferenças hormonais entre os sexos, portanto o exercício físico pode desempenhar um papel importante na redução do risco de osteoporose. Segundo DiVasta & Gordon, é importante caracterizar os tipos de atividade física associadas com os resultados mais positivos, bem como avaliar longitudinalmente a duração dessas mudanças positivas.

SISTEMA ARTICULAR

Segundo Marchetti e col., articulação é o conjunto de elementos através dos quais ocorre a união de dois ou mais ossos ou cartilagens, móveis ou não, entre si. A articulação sinovial tem vários componentes-chave que contribuem para a sua estrutura geral e função; as cápsulas articulares, ligamentos e tendões da articulação sinovial são compostos por tecido conjuntivo fibroso, que oferece estabilidade e força para a articulação.

Problemas articulares podem surgir ao longo da vida, podemos preveni-los, para uma saúde articular e para uma melhor qualidade de vida. A osteoartrite (OA) é uma doença crônica comum que afeta geralmente as articulações do joelho, quadril e mão. Segundo a revisão de Hunter & Eckstein, o exercício físico desempenha um papel importante na patogênese e na gestão da osteoartrite.

SISTEMA MUSCULAR

O sistema muscular pode ser dividido em três categorias de músculos: cardíaco, liso e esquelético; cada qual com características especiais e funções definidas, ainda segundo Marchetti e col., os músculos executam trabalho mecânico e podem ser classificados sob a forma dinâmica (locomoção e movimento dos segmentos) e estática (postura corporal e sustentação segmentar). Mais de 400 músculos compõem o corpo humano, o tecido muscular representa, em média, algo em torno de 30% a 50% da massa corporal. A massa muscular esquelética é largamente dependente da síntese da proteína muscular (SPM), e uma proteína quinase chamada de alvo da rapamicina em mamíferos (mTOR) tem sido amplamente reconhecida como um regulador-chave de crescimento muscular.

Uma das propriedades do exercício físico é ampliar o estado funcional muscular (acentuando a coordenação intramuscular e intermuscular), promovendo, assim, a hipertrofia (sarcoplasmática e/ou miofibrilar) e uma série de outras adaptações miopositivas.

SISTEMA CIRCULATÓRIO

Segundo Barbanti, sistema circulatório é o sistema que transporta material necessário para todas as células do corpo de um animal e transporta refugos para fora das células. O exercício físico tem se mostrado benéfico para o coração, tanto no que se refere aos parâmetros do EEG quanto o EEL.

A pressão arterial elevada é um grave problema de saúde pública em todo o mundo. Segundo Rovere & Pinna, a atividade física regular é indicada para prevenir ou até mesmo melhorar as anormalidades relacionadas com a idade de função autonômica cardíaca. O treinamento físico (com e sem reduções do tempo sedentário) traz melhorias no VO_2 pico, peso, composição e gordura corporal total e na pressão arterial sistólica. O exercício resistido reduz os níveis de glicose no sangue, restaura a função endotelial e diminui a pressão arterial, e o exercício aeróbico traz benefícios crônicos para complicações cardiovasculares.

SISTEMA RESPIRATÓRIO

Segundo Barbanti, sistema respiratório engloba todos os componentes do corpo que contribuem para as trocas de gás entre o ambiente externo e o sangue. Determinantes fisiopatológicos da disfunção respiratória incluem a obstrução das vias aéreas, a hiperinflação pulmonar e desnutrição. Outras evidências indicam funções inspiratórias e expiratórias debilitadas (como resultado direto da obesidade), mesmo na ausência de doença pulmonar intersticial.

Adrianopoulos e col. sugere o exercício de caminhada, o treinamento resistido, o treinamento aquático, os exercícios periodizados (não lineares) e o Tai Chi como viáveis eficazes em subgrupos de pacientes com doença pulmonar.

SISTEMA IMUNOLÓGICO

Sistema complexo de interações que protege o corpo de organismos causadores de doenças e outros invasores estranhos, incluindo as respostas humorais, principalmente as que envolvem as células B e a produção de anticorpos, e as respostas mediadoras de células, envolvendo as células T e a ativação de leucócitos específicos. Sabe-se que as infecções, tais como a gripe e herpes zoster, estão associadas com a imunidade do corpo humano, e que os indivíduos que têm declínios substanciais nas funções imunológicas estão mais suscetíveis a contrair doenças infecciosas.

Tem-se visto na literatura muitos estudos relacionando o exercício físico e o perfil imunológico. O exercício envolve uma série de mudanças individuais no perfil imune, variando de acordo com o tipo, intensidade e duração da atividade realizada ao longo da vida. Segundo Gholamnezhad e col., o exercício moderado tem um efeito positivo sobre a função imunológica e uma diminuição na suscetibilidade de infecção viral.

SISTEMA NERVOSO

O sistema nervoso possibilita a comunicação entre o cérebro e as diferentes partes do corpo; anatomicamente, pode ser dividido em central (encéfalo e medula espinal) e periférico (nervos sensoriais e motores); funcionalmente, esse sistema pode ser classificado quanto ao seu controle involuntário e voluntário.

O exercício físico é uma abordagem racional para o desenvolvimento de tratamentos neuroprotetores e neurorestauradores, aumentando a produção de energia mitocondrial, estimulando defesas antioxidantes, reduzindo inflamações, causando adaptações como a angiogênese e sinaptogênese.

Novas evidências sugerem que o exercício físico pode promover adaptações benéficas corticais; plasticidade do córtex motor está entre os principais objetivos dos programas de reabilitação após uma lesão cerebral, e muita atenção tem sido focada na capacidade do exercício físico para atuar como um primeiro potencial para mudanças de tarefas específicas subsequentes na excitabilidade cortical associadas à reabilitação baseada na aprendizagem.

O exercício físico influencia os sistemas dopaminérgicos, noradrenérgicos e serotoninérgicos. Embora haja grandes discrepâncias nos protocolos experimentais, os resultados indicam que há evidências em favor de alterações na síntese e metabolismo de monoaminas durante o exercício físico.

Evidências do exercício físico como coadjuvante no tratamento de dependentes de drogas de abuso

Além dos benefícios que o exercício físico traz para a saúde física e mental, ele também atua como um potencial tratamento não farmacológico para a dependência. O exercício físico atua em ambas as fases do processo de dependência (precoce e tardia), acarretando também benefícios secundários à saúde, como, por exemplo, a prevenção da obesidade e doenças secundárias, tais como a diabetes.

Drogas de abuso, incluindo psicoestimulantes, álcool, nicotina, alucinógenos, canabinoides e opiáceos aumentam a dopamina no *nucleus accumbens* (chamada via de recompensa). O exercício físico atua ativando esse mesmo caminho de recompensa das drogas de abuso, através do aumento nas concentrações de dopamina.

Assim, visto que o exercício físico está se tornando cada vez mais considerado como um potencial tratamento para a dependência, e dado que é uma opção relativamente fácil de ser implementada e livremente disponível, torna-se importante identificar as condições em que o exercício físico produz efeitos benéficos, e aquelas que podem levar a efeitos prejudiciais.

Nesse contexto, é importante discutir as evidências para a eficácia do exercício físico nas diferentes fases do processo do vício, incluindo o início do uso, a transição para a dependência, abstinência e recaída.

Terry-MacElrath e col. demonstraram que um aumento da participação dos adolescentes em programas de exercício físico prevê uma diminuição nas taxas de tabagismo e uso de maconha e outras drogas ilícitas durante a vida adulta. No mesmo contexto, em estudo realizado por Korhonen e col. com gêmeos (que proporcionam um melhor controle de fatores ambientais), foi mostrado que o gêmeo mais ativo em relação à prática de atividade física apresentava uma diminuição do risco de fumar e uso de drogas ilícitas durante a idade adulta, em comparação com o gêmeo menos ativo.

No entanto, nem todas as pesquisas demonstram essa associação negativa entre os níveis de atividade física e o uso de álcool e de drogas, sendo demonstrada uma variação de acordo com tipo de esporte praticado e entre os gêneros.

Essas descobertas indicam que o tipo de exercício e/ou interações psicossociais associados a certas formas de exercícios/esportes também podem influenciar no início do uso de drogas. O nível de atividade física, através da participação em equipes também pode influenciar, visto que os níveis de atividade física podem ser altamente variáveis entre esporte e entre indivíduos. Kulig e col. demonstraram em uma amostra de 15.349 estudantes americanos de ensino médio que quase um quarto dos indivíduos participantes de esporte em equipe não foi vigorosamente mais ativo, sugerindo que a participação no esporte de equipe pode não ser uma medida útil para o nível de atividade física ou exercício.

Em revisão realizada por Barbosa Filho e col. sobre o uso de álcool e tabaco entre os adolescentes brasileiros foi demonstrado que o uso de álcool variou de 23,0% para 67,7%, e a prevalência média foi de 34,9%. A prevalência do uso de tabaco variou de 2,4% a 22,0%, e a prevalência média foi de 9,3%. Foi demonstrado também que a literatura brasileira tem destacado que fatores ambientais, como religiosidade, condições de trabalho e uso de substâncias entre os familiares e amigos, e fatores psicossociais, como conflitos com pais e os sentimentos de negatividade e solidão, estão associados com o uso de tabaco e de álcool entre os adolescentes.

Base neurobiológica para a eficácia do exercício físico na dependência

O exercício pode funcionar como uma alternativa de recompensa que compete com a droga e diminui a probabilidade de seu uso. Esse processo ocorre devido aos efeitos do exercício físico sobre a sinalização da via dopaminérgica de recompensa, dado o papel fundamental que a dopamina desempenha nessa fase do processo de dependência.

A capacidade de o exercício físico funcionar como um fator de recompensa devido à semelhança do processo na via dopaminérgica foi demonstrada por Sutoo & Akiyaman, em um estudo em que foi observado que ratos que realizaram corrida forçada aumentavam o transporte de cálcio para o cérebro, que por sua vez aumentava a síntese da dopamina por meio de um sistema dependente de calmodulina.

O exercício crônico também pode levar a uma regulação positiva do receptor de dopamina D1, outro marcador do aumento da vulnerabilidade à dependência. Estes resultados são importantes porque sugerem que, apesar de níveis moderados de exercício físico produzirem alterações na via de recompensa que podem proteger contra o uso de drogas, mais tarde, os altos níveis de exercício físico crônico, assim como a exposição crônica para drogas de abuso, podem sensibilizar o caminho de recompensa. Essa ideia é suportada por estudos que mostram que o ilimitado acesso a uma roda de corrida aumenta a vulnerabilidade subsequente para adquirir metanfetamina por autoadministração e desenvolver preferência por um ambiente de droga associada. Em humanos, evidências sugerem que o exercício físico excessivo pode produzir muitas das mesmas alterações comportamentais e neuroquímicas no cérebro como as que ocorrem na exposição crônica a drogas de abuso.

A base neurobiológica para a eficácia do exercício físico durante o período de retirada da droga está pautada na importância do exercício normalizar o hipofuncionamento do sistema mesolímbico, que ocorre após a exposição crônica de drogas. Essa ideia é reforçada pelas descobertas recentes que mostram a sua eficácia em normalizar a atividade neuronal global na via de recompensa. Por exemplo, a retirada da exposição crônica ao etanol está associada com a regulação positiva de neurotransmissão glutamatérgica excitatória, dada a capacidade do exercício físico de normalizar níveis elevados de glutamato. No entanto, embora a retirada de outras drogas de abuso, incluindo psicoestimulantes e opioides, também esteja relacionada com uma regulação positiva da sinalização glutamatérgica, estes efeitos são normalmente observados após prolongada abstinência, frente ao que ocorre durante períodos de abstinência iniciais. Assim, é possível que o exercício físico venha produzir efeitos diferentes durante as etapas precoce *versus* posterior de retirada de psicoestimulantes e opioides. Nesse contexto, esses resultados sugerem que o exercício físico pode potencialmente servir como uma intervenção durante a retirada, devido à sua capacidade de *upregulation* da sinalização dopaminérgica e normalização da sinalização glutamatérgica (talvez particularmente para o álcool).

O exercício físico também tem sido proposto como um tratamento que pode reduzir o risco de recaída no uso de drogas com a ação na redução na ânsia do seu uso.

Por exemplo, Taylor e col. demonstraram em uma revisão sistematizada de 14 estudos que uma única sessão de exercício físico pode ser recomendada como uma ajuda à cessação de fumar para a regulação dos desejos, os sintomas de abstinência e efeitos negativos, bem como para a necessidade de beber álcool por pacientes em fase de desintoxicação. Períodos mais longos de exercício físico levam à redução dos níveis de desejo entre indivíduos dependentes de *cannabis*. O exercício físico também melhora os resultados do tratamento entre dependentes de álcool e de drogas ilícitas quando usado como um complemento de intervenções. Brown e col. avaliaram a viabilidade do exercício físico aeróbio como um complemento para o tratamento do abuso de substâncias entre os pacientes dependentes de drogas. Os pacientes dependentes de drogas participaram de 12 semanas de exercício aeróbico de intensidade moderada, e os resultados demonstraram um aumento significativo em dias em abstinência de álcool e drogas no final do tratamento, e aqueles que compareceram a pelo menos 75% das sessões de exercício físico tiveram resultados significativamente melhores do que aqueles que não o fizeram. Além disso, os participantes mostraram um aumento significativo na sua capacidade cardiorrespiratória até o final do tratamento.

Barbanti investigou a mudança na qualidade de vida em 141 pacientes dependentes químicos (DQ) (álcool, tabaco e outras drogas) e depressivos (DP), que participaram de programas de exercícios físicos. As alterações da qualidade de vida foram medidas pelas respostas do questionário de qualidade de vida SF-36. Os resultados demonstraram que houve melhora na qualidade de vida nos indivíduos que realizaram atividades físicas após dois meses e após quatro meses do início do tratamento.

Em revisão realizada por Ferreira e col. foi demonstrada uma indicação de atividades e intensidade de execução para indivíduos em recuperação do uso de drogas psicotrópicas, conforme demonstrada na Tabela 13.1.

Em conclusão, é importante ressaltar que os efeitos de exercício físico dependem da neurobiologia subjacente, que varia com a fase do processo de dependência, idade, gênero, tipo de droga, e também do tipo de exercício físico. Especificamente, propõe-se que o uso do exercício físico durante a iniciação ao uso de drogas apresenta uma capacidade de facilitar a transmissão dopaminérgica, podendo impedir o uso de drogas, servindo como um reforçador alternativo. Produz também adaptações persistentes na sinalização dopaminérgica, e estes efeitos podem alterar a vulnerabilidade de um indivíduo para o uso de drogas subsequente. Moderados níveis de exercício físico podem ser vistos também como fator de proteção, no entanto intensos níveis podem imitar os efeitos do abuso de drogas e aumentar a vulnerabilidade.

Tabela 13.1 Indicação de atividades e intensidade de execução para indivíduos em recuperação do uso de drogas psicotrópicas.

Atividade	Intensidade	Tempo	Justificativa
Corrida	Inicial: 60% VO_2 máx. Progressão até 90% VO_2 máx.	30 minutos (3 vezes sem.)	↑ DA circuito motor (↓ progressiva após 20'); ↑ NA (durante: ↓ atividade simpática, após: ↓↓); ↑ 5-HT e beta-endorfina (melhora do humor) *Up-regulation* D1 e a *down-regulation* D2 e beta.
Natação	Inicial: 60% VO_2 máx. Progressão até 90% VO_2 máx.	40 minutos (3 vezes sem.)	Praticamente as mesmas adaptações da corrida. Condicionamento geral.
Musculação	Inicial: R.M.L. Treino de resistência e força	90 minutos (2 vezes sem.)	Resistência e força muscular, menor demanda miocárdica para o esforço.
Dança	Moderada	90 minutos (2 vezes sem.)	Socialização, melhora da coordenação motora e da atenção.
Basquete	Moderada	60 minutos (2 vezes sem.)	Coordenação motora, atenção, socialização e condicionamento geral.
Alongamento	Moderada	30 minutos	Alongamento, flexibilidade e relaxamento.

Fonte: Ferreira e col. (2001).

BIBLIOGRAFIA CONSULTADA

1. Adrianopoulos, V., Klijn, P., Franssen, F.M.E., Spruit, M.A. (2014). Exercise Training in Pulmonary Rehabilitation. Clin Chest Med, 35, 313–322.
2. Ahmed, M.S., Matsumura, B., Cristian, A. (2005). Age-related changes in muscles and joints. Physical Medicine and Rehabilitation Clinics of North America, 16, 19–39.
3. Arena, R., Cahalin, L.P. (2014). Evaluation of Cardiorespiratory Fitness and Respiratory Muscle Function in the Obese Population. Progress in Cardiovascular Diseases, 56, 457-464.
4. Baker, D.A., McFarland, K., Lake, R.W., Shen, H., Tang, X.C., Toda, S., Kalivas, P.W. (2003). Neuroadaptations in cystine-glutamate exchange underlie cocaine relapse. Nat Neurosci, 6, 743–749.
5. Barbanti, E.J. (2006). Efeito da atividade física na qualidade de vida Em pacientes com depressão e dependência química. Revista Brasileira de Atividade Física & Saúde, 11, 37-45.
6. Barbanti, V. (2011). Dicionário de Educação Física e Esporte. 3 ed. Barueri: Editora Manole.
7. Barbosa Filho, V.C., Campos, W., Lopes, A.S. (2012). Prevalence of alcohol and tobacco use among Brazilian adolescents: a systematic review. Rev Saúde Pública, 46,901-17.
8. Bauer, J., Pedersen, A., Scherbaum, N., Bening, J., Patschke, J., Kugel, H., Heindel, W., Arolt, V., Ohrmann, P. (2013). Craving in alcohol-dependent patients after detoxification is related to glutamatergic dysfunction in the nucleus accumbens and the anterior cingulate cortex. Neuropsychopharmacology, 38,1401-8.
9. Bennell, K.L., Dobson, F., Hinman, R.S. (2014). Exercise in osteoarthritis: Moving from prescription to adherence. Best Practice & Research Clinical Rheumatology, 28, 93–117.
10. Ben-Shahar, O.M., Szumlinski, K.K., Lominac, K.D., Cohen, A., Gordon, E., Ploense, K.L., DeMartini, J., Bernstein, N., Rudy, N.M., Nabhan, A.N., Sacramento, A., Pagano, K., Carosso, G.A., Woodward, N. (2012). Extended access to cocaine self-administration results in reduced glutamate function within the medial prefrontal cortex. Addict Biol, 4, 746–757.
11. Berczik, K., Szabo, A., Griffiths, M.D., Kurimay, T., Kun, B., Urban, R., Demetrovics, Z. (2012). Exercise addiction: symptoms, diagnosis, epidemiology, and ctiology. Subst Use Misuse, 47, 403–417.
12. Bielemann, R.M., Martinez-Mesa, J., Gigante, D.P. (2013). Physical activity during life course and bone mass: a systematic review of methods and findings from cohort studies with young adults. http://www.biomedcentral.com, 14:77.
13. Brown, R.A., Abrantes, A.M., Read, J.P., Marcus, B.H., Jakicic, J., Strong, D.R., Oakley, J.R., Ramsey, S.E., Kahler, C.W., Stuart, G.G., Dubreuil, M.E., Gordon, A.A. (2010). A pilot study of aerobic exercise as an adjunctive treatment for drug dependence. Ment Health Phys, 3, 27–34.
14. Caspersen, C.J., Powell, K.E., Christenson, G.M. (1985). Physical Activity, Exercise and Physical Fitness: Definition and Distinctions for Healthrelated Research. Public Health Rep, 100, 126-131.
15. Dassios, T. (2014). Determinants of respiratory pump function in patients with cystic fibrosis. Pediatric Respiratory Reviews, 1–5.
16. Divasta, A.D., Gordon, C.M. (2013). Exercise and bone: where do we stand? Metabolism Clinical and Experimental, 62, 1714-1717.
17. Eisenstein, S.A., Holmes, P.V. (2007). Chronic and voluntary exercise enhances learning of conditioned place preference to morphine in rats. Pharmacol Biochem Behav, 86, 607–615.
18. Engelmann, A.J., Aparicio, M.B., Kim, A., Sobieraj, J.C., Yuan, C.J., Grant, Y., Mandyam, C.D. (2013). Chronic wheel running reduces maladaptive patterns of methamphetamine intake: regulation by attenuation of methamphetamine-induced neuronal nitric oxide synthase. Brain Struct Funct, 219, 657-72.
19. Ferreira, S.E., Tufik, S., de Mello, M.T. (2001). Neuroadaptação: uma proposta alternativa de atividade física para usuários de drogas em recuperação. Rev Bras Ciên e Mov, 9, 31-39.
20. Fischer-Smith, K.D., Houston, A.C., Rebec, G.V. (2012). Differential effects of cocaine access and withdrawal on glutamate type 1 transporter expression in rat nucleus accumbens core and shell. Neuroscience, 210, 333–339.
21. Gholamnezhad, Z., Boskabady, M.H., Hosseini, M., Sankian, M., Rad, A.K. (2014). Evaluation of immune response after moderate and overtraining exercise in wistar rat. Iranian Journal of Basic Medical Sciences, 17, 1-8.

22. Hunter, D.J., Eckstein F. (2009). Exercise and osteoarthritis. Journal of Anatomy, 214, 197–207.
23. Iavari, A., Mobasseri, M., Najafipoor, F., Aliasgarzadeh, A., Niafar, M. (2014). The effect of a long term regular physical activity with hypertension and body mass index in type 2 diabetes patients. The Journal of Sports Medicine and Physical Fitness, 19.
24. Joy, J.M., Gundermann, D.M., Lowery, R.P., Jäger, R., Mccleary, S.A., Purpura, M., Roberts, M.D., Wilson, S.M.C., Hornberger, T.S., Wilson, J.M. (2014).Phosphatidic acid enhances mTOR signaling and resistance exercise induced hypertrophy. Nutrition & Metabolism, 11, 29.
25. Keadle, S.K., Lyden, K., Staudenmayer, J., Hickey, A., Viskochil, R., Braun, B., Freedson, P.S. (2014). The independent and combined effects of exercise training and reducing sedentary behavior on cardiometabolic risk factors. Appl Physiol Nutr Metab, 39, 770–780.
26. Korhonen, T., Kujala, U.M., Rose, R.J., Kaprio, J. (2009). Physical activity in adolescence as a predictor of alcohol and illicit drug use in early adulthood: a longitudinal population-based twin study. Twin Res Hum Genet, 12, 261–268.
27. Kulig, K., Brener, N.D., McManus, T. (2003). Sexual activity and substance use among adolescents by category of physical activity plus team sports participation. Arch Pediatr. Adolesc Med, 157, 905–912.
28. Lynch, W.J., Kiraly, D.D., Caldarone, B.J., Picciotto, M.R., Taylor, J.R. (2007). Effect of cocaine self-administration on striatal PKA-regulated signaling in male and female rats. Psychopharmacology, 191 (2), 263–271.
29. Lynch, W.J., Peterson, A.B., Sanchez, V., Abel, J., Smith, M.A. (2013). Exercise as novel treatment for drug addiction: a neurobiological and stage-dependent hypothesis. Neurosci Biobehav Rev, 37, 1622-44.
30. Marchetti, P., Calheiros, R., Charro, M. (2007). Biomecânica Aplicada: Uma Abordagem para o Treinamento de Força. São Paulo: Editora Phorte.
31. Marques, E.A., Mota, J., Viana, J.L., Tuna, D., Figueiredo, P., Guimarães, J.T., Carvalho, J. 2013. Responseof bone mineral density, inflammatory cytokines, and biochemical bone markers to a 32-week combined loading exercise programme in older men and women. Archives of Gerontology and Geriatrics, 57, 226-233.
32. Martinsen, M., Sundgot-Borgen, J. (2014). Adolescent elite athletes' cigarette smoking, use of snus, and alcohol. Scand J Med Sci Sports, 24, 439-46.
33. Mcardle, W.D., Katch F.I., Katch, V.L. (1988). Fisiologia do Exercício: Energia, Nutrição e Desempenho Humano. 4. ed. Rio de Janeiro: Editora Guanabara Koogan.
34. Meeusen, R., De Meirleir, K. (1985). Exercise and brain neurotransmission. Sports Med, 20, 160-88.
35. Morro-García, M.A., Fernandez-García, B., Echeverría, A., Rodríguez-Alonso, M., Suárez-García, F.M., Solano-Jaurrieta, J.J., López-Larrea, C., Alonso-Árias, R. (2014). Frequent participation in high volume exercise throughout life is associated with a more differentiated adaptive immune response. Brain, Behavior, and Immunity, 39, 61–74.
36. Mota, M.M., Silva, T.L.T.B., Fontes, M.T., Barreto, A.S., Araújo, J.E.S., Oliveira, A.C.C., Wichi, R.B., Santos, M.R.V. (2014). Resistance Exercise Restores Endothelial Function and Reduces Blood Pressure in Type 1 Diabetic Rats. Arq Bras Cardiol, 103, 25-32.
37. Mustroph, M.L., Stobaugh, D.J., Miller, D.S., DeYoung, E.K., Rhodes, J.S. (2011). Wheel running can accelerate or delay extinction of conditioned place preference for cocaine in male C57BL/6J mice, depending on timing of wheel access. Eur J Neurosci, 34, 1161–1169.
38. Peretti-Watel, P., Guagliardo, V., Verger, P., Pruvost, J., Mignon, P., Obadia, Y. (2003). Sporting activity and drug use: alcohol, cigarette and cannabis use among elite student athletes. Addiction,98, 1249-1256.
39. Prestes, J., Foschini, D., Marchetti, P., Charro, M. (2010). Prescrição e Periodização do Treinamento de Força em academias. 1. ed. Barueri: Editora Manole.
40. Rainbow, T.H., Wang, C.W., Siu-Man, N.G., Andy, H.Y., Ziea, E.T.C., Wong, V.T., Chan, C.L.W. The Effect of T'ai Chi Exercise on Immunity and Infections: A Systematic Review of Controlled Trials. The Journal of Alternative and Complementary Medicine, 5, 389–396.

41. Rovere, M.T.L., Pinna, G.D. (2014). Beneficial Effects of Physical Activity on Baroreflex Control in the Elderly. Ann Noninvasive Electrocardiol, 19, 303–310.
42. Singh, A.M., Duncan, R.E., Neva, J.L., Staines, W.R. (2014). Aerobic exercise modulates intracortical inhibition and facilitation in a nonexercised upper limb muscle. BMC Sports Science, Medicine, and Rehabilitation, 6, 23.
43. Smith, M.A., Schmidt, K.T., Iordanou, J.C., Mustroph, M.L. (2008). Aerobic exercise decreases the positive-reinforcing effects of cocaine. Drug Alcohol Depend, 98, 129–135.
44. Sutoo, D., Akiyama, K. (1996). The mechanism by which exercise modifies brain function. Physiol Behav, 60, 177–181.
45. Taylor, A.H., Ussher, M.H., Faulkner, G. (2007). The acute effects of exercise on cigarette cravings, withdrawal symptoms, affect and smoking behaviour: a systematic review. Addiction, 102, 534–543.
46. Terry-Mc Elrath, Y.M., O'Malley, P.M. (2011). Substance use and exercise participation among young adults: parallel trajectories in a national cohort-sequential study. Addiction, 106, 1855–1865.
47. Tortora, G.J., Grabowski, S.R. (2008). Corpo humano: Fundamentos de Anatomia e Fisiologia. 6. ed. Porto Alegre: Artmed.
48. Ussher, M., Sampuran, A.K., Doshi, R., West, R., Drummond, D.C. (2004). Acute effect of a brief bout of exercise on alcohol urges. Addiction, 99, 1542–1547.
49. Volkow, N.D., Wang, G.J., Fowler, J.S., Tomasi, D., Telang, F. (2011). Addiction: beyond dopamine reward circuitry. Proc Natl Acad Sci USA, 108, 15037–15042.
50. Worsley, J.N., Moszczynska, A., Falardeau, P., Kalasinsky, K.S., Schmunk, G., Guttman, M., Furukawa, Y., Ang, L., Adams, V., Reiber, G., Anthony, R.A., Wickham, D., Kish, S.J. (2000). Dopamine D1 receptor protein is elevated in nucleus accumbens of human, chronic methamphetamine users. Mol Psychiatry, 5, 664–672.
51. Zhang, Y., Svenningsson, P., Picetti, R., Schlussman, S.D., Nairn, A.C., Ho, A., Greengard, P., Kreek, M.J. (2006). Cocaine self-administration in mice is inversely related to phosphorylation at Thr34 (protein kinase A site) and Ser130 (kinase CK1 site) of DARPP-32. J Neurosci, 26, 2645–2651.
52. Zigmond, M.J., Smeyne, R.J. (2014). Exercise: Is it a neuroprotective and if so, how does it work?. Parkinsonism and Related Disorders, 20S1, 123–127.

CAPÍTULO 14

Neurofeedback no Transtorno por Uso de Substâncias

Fateme Dehghani-Arani

O QUE É *NEUROFEEDBACK*

Os diferentes estados mentais de um indivíduo são controlados por ondas cerebrais de frequências variadas, as quais podem ser mensuradas em ciclos por segundo ou hertz (Hz) a partir de técnicas de eletroencefalografia (EEG). Trata-se das frequências de EEG Delta, Teta, Alfa, Beta e Gama. A frequência Gama representa atividade de EEG muito rápida, acima de 30 Hz. Essa atividade está associada à atenção intensamente focada, bem como em auxiliar o cérebro a processar e conectar informações de diferentes áreas cerebrais. A frequência Beta é uma onda cerebral pequena e relativamente rápida (entre 13 e 30 Hz), associada a um estado de atividade mental e intelectual, bem como à concentração das atividades normais do dia-
-dia. A atividade na extremidade inferior dessa frequência

(p. ex., o ritmo sensoriomotor ou RSM) está associada a estados de relaxamento. As ondas cerebrais Alfa são mais lentas e maiores (8 a 12 Hz) e, em geral, estão associadas ao estado de relaxamento. A atividade na metade inferior desta faixa representa um grau considerável de mudança do cérebro para um modo de "engrenagem ociosa", em relaxamento e algo desengajado, aguardando para responder quando for necessário. No estado de olhos fechados e visualização de uma cena tranquila, as ondas cerebrais Alfa começam a aumentar. Isto envolve uma extensão especialmente ampla no terço posterior da cabeça. A atividade Teta (4 a 8 Hz) geralmente representa um estado mental de sonho, fora da realidade, associado à baixa atividade mental. Em níveis muito lentos, a atividade de onda cerebral Teta corresponde a um estado muito relaxado, representando a zona crepuscular entre a vigília e o sono. A onda cerebral Delta é muito lenta e tem alta amplitude (0,5 a 3,5 Hz), ocorrendo quando áreas cerebrais entram no estado "desligado" para obtenção de nutrientes, ou durante o sono profundo, sonolência (com Teta mais lenta) ou nos estados de desatenção e devaneio (com mais Teta). A onda Delta também está associada com anormalidades de aprendizado.

Em geral, há homogeneidade nos padrões de EEG e diferentes condições diagnósticas. Exemplificando, em estados de ansiedade e tensão excepcionais, pode haver uma frequência excessivamente alta de ondas cerebrais Beta em diferentes partes do cérebro, contudo, isso pode estar associado a um excesso de atividade Alfa ineficiente nas áreas frontais associadas com o controle emocional. Indivíduos com transtorno do déficit de atenção/hiperatividade (TDAH), lesões cranianas, acidente vascular encefálico, epilepsia, incapacitações do desenvolvimento e, muitas vezes, síndrome da fadiga crônica e fibromialgia tendem a apresentar excesso de ondas lentas (em geral, Teta e, às vezes, excesso de Alfa). Quando uma quantidade excessiva de ondas lentas está presente nas partes frontais do cérebro, torna-se difícil controlar a atenção, o comportamento e as emoções. Estes indivíduos costumam ter problemas de concentração, memória, controle dos impulsos e do humor, ou hiperatividade. Além disso, podem apresentar problemas de foco e eficiência intelectual diminuída.

No final da década de 1970, estudos demonstraram que é possível recondicionar e retreinar os padrões de ondas cerebrais, bem como treinar os indivíduos a controlar a ativação cerebral localizada usando imagens de *neurofeedback* em tempo real. Estes trabalhos começaram com o treino para aumentar a atividade de ondas cerebrais Alfa, com o propósito de aumentar o relaxamento, enquanto outro trabalho iniciado na *University of California*, em Los Angeles (EUA), enfocou primeiro a pesquisa sobre assistência para epilepsia não controlada com animais e, depois, com seres humanos. Esse treino de ondas cerebrais é chamado *biofeedback* de EEG ou *neurofeedback* (NFB). O NFB é uma técnica de condicionamento operante que treina as ondas cerebrais para agirem de modo mais otimizado e, assim, melhorar as experiências emocionais, cognitivas, comportamentais e físicas. Pode ser usado para transformar os ritmos e as frequências das ondas cerebrais em ritmos e frequências relativamente normais, para então, subsequentemente, normalizar os estados psicológicos e emocionais alterados.

Durante uma sessão de NFB, um ou mais eletrodos são colocados no couro cabeludo sendo que um ou dois geralmente são colocados nos lobos das orelhas. Em seguida, o equipamento eletrônico de alta tecnologia fornece um *feedback* (em geral auditivo e visual) instantâneo, em tempo real, sobre a atividade das ondas cerebrais. Os eletrodos nos permitem mensurar os padrões elétricos oriundos do cérebro — do mesmo modo como o médico auscultando o coração junto à superfície cutânea. Nenhuma corrente elétrica é aplicada no cérebro. A atividade elétrica cerebral é transmitida ao computador e em seguida, registrada. Normalmente, as pessoas não podem influenciar de modo confiável seus padrões de ondas cerebrais, por não terem consciência deles. Entretanto, se puderem ver suas ondas cerebrais na tela do computador, isto lhes confere a habilidade de influenciar e modificar gradualmente os padrões. O mecanismo de ação em geral é considerado um condicionamento operante que, literalmente, promove o recondicionamento e retreinamento do cérebro. Com *feedback*, treinamento e prática contínuas, padrões de ondas cerebrais mais saudáveis geralmente podem ser retreinados. O processo é semelhante a submeter o cérebro a exercícios ou à fisioterapia, melhorando o controle e a flexibilidade cognitiva. Para favorecer o desempenho de pico em indivíduos normais e melhorar diversos sintomas, como TDAH, incapacitação de aprendizado, acidente vascular encefálico, lesão craniana, déficits subsequentes à neurocirurgia, epilepsia não controlada, disfunção cognitiva associada ao envelhecimento, depressão, ansiedade, transtorno obsessivo-compulsivo e autismo, o NFB oferece oportunidades adicionais de reabilitação por meio do retreinamento direto dos padrões de atividade elétrica no cérebro.

EVIDÊNCIAS CIENTÍFICAS DO *NEUROFEEDBACK*

Estudos de NFB relataram achados sobre melhora da cognição e da memória em indivíduos normais. No campo da clínica, o TDAH é o primeiro e o mais citado dentre os distúrbios estudados em pesquisas sobre NFB. A maioria dos estudos neste campo demonstrou que o NFB produz melhoras comparáveis àquelas conseguidas com a substância Metilfenidato (Ritalina®). No primeiro estudo controlado randomizado, Levesque, Beauregard e Mensour relataram alterações positivas na função cerebral e alterações comportamentais em crianças com TDAH, após o tratamento com NFB. Do mesmo modo, os estudos controlados randomizados de Leins e col. e Gevensleben e col., bem como os estudos duplo-cego controlados com placebo de deBeus e Kaiser e Lansbergen, van Dongen-Boomsma, Buitelaar e Slaats-Willemse comprovaram a efetividade do NFB no TDAH. Com relação à persistência dos resultados de NFB, Lubar publicou seguimentos de casos com duração de 10 anos, tendo constatado que, em cerca de 80% dos pacientes, o NFB melhorou substancialmente os sintomas de TDA e TDAH, e que essas alterações foram mantidas. Também foi observado que as melhoras no comportamento e na atenção permaneceram estáveis ao longo de um período de seis meses de seguimento, em estudos relatados por Strehl e col. e Gevensleben e col. Uma pesquisa em que foi conduzido um seguimento de dois anos, constatou que a melhora do comportamento e da atenção não só permaneceu estável como também algumas avaliações parentais demonstraram melhora continuada ao longo do período de dois anos após o início do estudo. Estas avaliações de seguimento sustentaram fortemente que as melhoras decorrentes do NFB no TDAH deveriam ser duradouras.

Com relação às incapacitações de aprendizado, estudos controlados com placebo e estudos de seguimento demonstraram que o NFB pode ser um tratamento efetivo, e que as melhoras alcançadas foram mantidas. Na epilepsia, os estudos constataram que o NFB produz, em média, uma redução de 70%, com duração média de 4 a 6 anos livres de convulsão nos seguimentos. O NFB tem sido usado como método terapêutico para curar outros tipos de distúrbios, como depressão, transtornos de ansiedade, fibromialgia, transtorno obsessivo-compulsivo, autismo e síndrome de Asperger, insônia, zumbido, dor e cefaleias/enxaquecas. Quanto à LCT (lesão cerebral traumática) e ao acidente vascular encefálico, pesquisas de alta qualidade adicionais sobre NFB se fazem necessárias.

PRINCIPAIS DESCOBERTAS NO TRANSTORNO POR USO DE SUBSTÂNCIAS

As anormalidades neuropsicofisiológicas associadas ao transtorno por uso de substância (TUS) destacam a necessidade de métodos terapêuticos complementares para este distúrbio, os quais devem apresentar efeitos duradouros e efeitos colaterais mínimos. O NFB parece ser um desses métodos terapêuticos complementares e promissores. O primeiro protocolo de NFB empregado no TAS foi o treinamento Alfa, conduzido por Passini, Watson, Dehnel, Herder e Watkins, que demonstraram os efeitos do treinamento Alfa de NFB na redução da ansiedade e melhora das escalas medidoras de personalidade em pacientes com TAS. Goldberg, Greenwood e Taintor também ressaltaram que o programa de condicionamento Alfa diminuiu o uso de drogas e aumentou o autocontrole em quatro pacientes considerados dependentes. Subsequentemente, o método NFB foi usado como método terapêutico para TAS e, conforme relatado na literatura, isto está associado à reforma das consequências neuropsicológicas negativas do uso de substâncias, diminuição dos sintomas de busca pela droga, melhora das variáveis psicológicas e neurofisiológicas e abstinência mais prolongada. O protocolo Alfa-Teta é o programa de NFB mais importante, enfatizado em todos os estudos. Este protocolo tornou-se conhecido como protocolo Peniston, conforme especificado para o tratamento de TAS por Eugene Peniston.

PROTOCOLO PENISTON (*FEEDBACK* ALFA-TETA)

O NFB Alfa-Teta foi o primeiro descrito por Elmer Green e colaboradores, com base nas observações de Green sobre EEG único durante os estados meditativos. Green percebeu que quando o *feedback* do sinal de Alfa e Teta era aplicado aos indivíduos, ocorriam estados de profundo relaxamento. O método poderia ser visto como o uso do *feedback* do sinal das ondas cerebrais para permitir que um indivíduo mantenha um estado de consciência similar a um *insight* de psicoterapia em um estado meditativo ou hipnótico relaxado. O primeiro uso relatado do *feedback* Alfa-Teta no TUS foi um programa integrado iniciado em 1973. Esse programa incluiu terapias em grupo e individuais em que foram conduzidas sessões diárias de 20 minutos de NFB (integrado com *biofeedback* de EMG e *biofeedback* de controle da temperatura), durante seis semanas. Os pacientes discutiram seus *insights* e experiências associadas ao NFB nas sessões de terapia em grupo. Esses estudos iniciais mostraram a utilidade do protocolo de NFB Alfa-Teta na promoção de *insight* e mudança de atitude usuários de álcool, considerando que essas alterações têm associação com uma maior consciência e sugestibilidade, e que isso facilitaria o processo de recuperação desses pacientes. Nesses estudos, porém, os dados de resultado referentes à abstinência não foram relatados.

Subsequentemente, o primeiro relato de estudo controlado e randomizado sobre TUS por NFB foi popularizado pelo trabalho de Peniston, que introduziu dois procedimenos aos protocolos dos últimos estudos: treino de temperatura e roteiro. Neste estudo, dez pacientes dependentes de álcool foram submetidos a cerca de 15 sessões de treinamento de ondas cerebrais Alfa-Teta occipitais. Esses pacientes apresentaram a ocorrência de alterações positivas significativas na atividade de ondas cerebrais, além de depressão em comparação ao observado no grupo controle. Em um relato adicional sobre os mesmos indivíduos dos grupos controle e experimental, Peniston e Kulkosky descreveram alterações significativas da personalidade nos resultados do teste de personalidade (Inventário Clínico Multiaxial de MILLON (MCMI-III); Questionário Fatorial de Personalidade (16PF-5) do grupo experimental, em comparação aos resultados do grupo controle. Além disso, 80% destes indivíduos permaneceram em geral abstinentes por um período mínimo de três anos após o tratamento com NFB.

Fahrion, Walters, Coyne e Allen repetiram estes resultados em 1992, em um estudo de caso controlado. Os mesmos resultados foram alcançados em estudos conduzidos por Bodehnamer e Callaway, e também por Burkett e col., envolvendo usuários de crack e cocaína. Esses pesquisadores constataram que a inserção do protocolo de Peniston Alfa-Teta aos regimes de tratamento em usuários de crack e cocaína pode ser uma promessa de intervenção efetiva para tratamento do abuso dessas drogas, bem como para aumentar a adesão ao tratamento. Em outro estudo conduzido por Raymond, Varney, Parkinson e Gruzelier, indivíduos submetidos ao treinamento Alfa-Teta apresentaram melhora significativa do humor e dos escores do Inventário Multifásico Minnesota de Personalidade (MMPI). Estudos de seguimento também relataram resultados consistentes do tratamento em indivíduos dependentes de álcool ou em outras drogas, que concluíram um protocolo NFB Alfa-Teta. Trudeau mostrou os mesmos resultados referentes à efetividade de NFB em adolescentes com TUS.

No protocolo de *Peniston*, os pacientes primeiro empregaram frases autoafirmativas e foram ensinados a relaxar profundamente no decorrer de cinco sessões de *feedback* de temperatura. Esses pacientes foram treinados em NFB e, uma vez relaxados e de olhos fechados, receberam sinais auditivos oriundos do aparelho de EEG que, por sua vez, recebe sinais de onda provenientes de um eletrodo colocado no lobo occipital esquerdo do couro cabeludo (O1). Ao mesmo tempo, um roteiro de indução padrão contendo sugestões para relaxamento e "aprofundamento" é lido pelo paciente. A seguir, há um exemplo desse tipo de roteiro modificado de acordo com Peniston, que foi usado no laboratório de NFB em Minneapolis, VA:

> "Com os olhos fechados —permita-se relaxar completamente — enquanto você escuta os sons — diga ao seu cérebro para produzir mais ondas Alfa — permita-se aprofundar em um estado mentalmente alerta e relaxado— imagine como é o seu cérebro — imagine a parte subconsciente do seu cérebro — diga à parte subconsciente do seu cérebro para guiar você — veja-se a si mesmo na situação de uso de droga ao lado das pessoas que usam esta substância com você — veja-se diante de alguém que esteja lhe oferecendo essa droga — veja-se a si mesmo recusando-a, levantando e dizendo "não obrigado(a)", deixando esta situação e seus colegas usuários para trás — diga ao seu subconsciente para acalmar suas emoções — afunde em um estado de devaneio, deixando seus pensamentos fluírem — completamente relaxado — faça isso." (Trudeau e col., 2009)

Quando as ondas cerebrais Alfa (8 a 12 Hz) excedem um limiar preestabelecido, um tom agradável é ouvido. Aprendendo a produzir este tom de maneira voluntária, o indivíduo relaxa progressivamente. Quando as ondas cerebrais Teta (4 a 8 Hz) são produzidas em alta amplitude, um segundo tom é ouvido e o indivíduo torna-se mais relaxado. É possível que ele entre em estado hipnagógico de devaneio livre e alta sugestibilidade. Em seguida à sessão, com o paciente em estado relaxado e sugestível, uma sessão de terapia é conduzida entre pacientes e terapeuta, em que os conteúdos do imaginário vivenciado são explorados. Em conformidade com esta orientação, White acredita que o poder do protocolo de Peniston Alfa-Teta é baseado naquilo que o método traz consigo: uma combinação do procedimento, o envolvimento empático do terapeuta, a intenção no sentido de um resultado positivo e saudável, e uma atmosfera de segurança e suporte. A pesquisadora mencionou que o elemento central da efetividade do Protocolo de Peniston é a alteração do processo inconsciente (tanto o esclarecimento dos efeitos do trauma inicial como a queda em um novo programa de comportamento) que leva a alterações profundas na atitude e no comportamento. Esses resultados com frequência diminuem e até eliminam a necessidade do paciente de se automedicar com uma substância. Parece representar uma tecnologia que contém elementos dos cinco sentidos e é projetada para a indução de estados mais elevados de consciência e *insight*, ajudando a alterar o relacionamento de alguém consigo mesmo e com o mundo, como resultado daquilo que é visto e compreendido nos estados superiores.

A técnica envolve a medida simultânea de ondas occipitais Alfa (8 a 13 Hz) e Teta (4 a 8 Hz), e *feedback* por tons auditivos separados para cada frequência representando amplitudes acima dos limiares preestabelecidos. O participante é incentivado a relaxar e prolongar o intervalo de tempo em que o sinal é ouvido. Isso aumentaria a quantidade de tempo que a amplitude de cada largura de banda definida excede o limiar.

MODIFICAÇÃO DE SCOTT-KAISER DO PROTOCOLO DE PENISTON

Em 2005, Scott e col. executaram o tradicional protocolo de NFB Alfa-Teta de Peniston para tratar pacientes com TUS com diferentes substâncias (poliusuários), especialmente entre aqueles que faziam uso de drogas estimulantes. As anormalidades crônicas de EEG e a alta prevalência comorbidades psiquiátricas nestes pacientes, como o TDAH, sugerem que esses pacientes podem ter maior dificuldade de engajamento hipnagógico e autossugestivo ao protocolo de Peniston. Além disso, o *feedback* Alfa com olhos fechados como protocolo de partida pode ser prejudicial em pacientes que fazem uso abusivo de drogas estimulantes, cuja anormalidade EEG mais comum é o excesso de Alfa frontal. De acordo com esta explicação, no estudo de Scott e col., os pacientes que faziam uso abusivo de drogas estimulantes eram tratados usando protocolos de NFB do tipo déficit de atenção (aumento de Beta e/ou RSM com supressão de Teta), seguidos do protocolo de Peniston. O protocolo Beta e/ou RSM usado para normalizar a atenção e, em seguida, o protocolo Peniston padrão, sem treino de temperatura, podem ser utilizados. Essa abordagem de tratamento é amplamente conhecida como modificação de Scott-Kaiser do protocolo de Peniston. Em seu estudo, Scott e col. constataram que esse protocolo duplicou o índice de recuperação para dependência de drogas. Esses pesquisadores relataram melhoras significativas do funcionamento psicológico e da capacidade dos indivíduos do grupo experimental de focar seus pensamentos e processar informação. Adicionalmente, os achados revelaram melhora substancial nos índices de abstinência em longo prazo entre esses pacientes. Decorridos apenas 45 dias de tratamento, quase um terço do grupo controle havia abandonado as instalações residenciais do tratamento, em comparação aos 6% observado no grupo experimental.

A modificação de Scott-Kaiser do protocolo de Peniston é necessária a uma população específica de indivíduos com histórico de abuso drogas, especialmente as estimulantes (cocaína, crack, metanfetaminas, nicotina). Com base nesse protocolo, os protocolos de treinamento de NFB nas primeiras dez sessões consistiam de treinos de ritmo sensorial motor (RSM) bipolar nas áreas C_4 (córtex cerebral central) e Pz (córtex parietal central), e protocolos de treino Beta bipolar nas áreas C_3 (córtex central esquerdo) e FPz (córtex frontoparietal central), com cada protocolo durando cerca de 25 minutos. Após essas sessões iniciais, diminuímos o tempo dos protocolos de RSM e Beta, e adicionamos 20 minutos de protocolos de treino Alfa-Teta monopolar na área Pz (córtex cerebral parietal central) e continuamos aumentando o tempo desse protocolo até as sessões finais. Todos esses protocolos foram realizados utilizando o sistema *Thought Technology ProComp 2*, um EEG para um indivíduo usado no autotreinamento, pesquisa e trabalho com outros. O sistema *Thought Technology ProComp 2* exibia a atividade elétrica cerebral (via eletrodos colocados no couro cabeludo do paciente) em um monitor, na forma de exercício audiovisual. O *feedback* informava aos pacientes o êxito por eles alcançado em fazer alterações. O treino foi introduzido como um jogo de computador, em que os pacientes podiam marcar pontos usando o pensamento. Os participantes eram aconselhados a permanecer atentos ao *feedback* e a encontrar a estratégia mental mais bem-sucedida para marcar o máximo de pontos possível. Nenhuma outra instrução específica foi dada.

Nos protocolos de treino RSM e beta, o *feedback* era audiovisual. Eletrodos ativos foram colocados nas áreas C_4 e C_3, fazendo referência às áreas Pz e FPz. Um eletrodo-terra foi colocado na orelha esquerda. Neste programa, a banda de reforço era composta por bandas de frequência RSM (12-15 Hz) e Beta (15-18 Hz) em cada protocolo, enquanto as bandas suprimidas eram aquelas de frequência Delta (2 a 5 Hz), Teta (5 a 8 Hz) e Beta alta (18 a 30 Hz), em ambos os protocolos. Os limiares foram ajustados de modo a receber *feedback* quando os pacientes mantinham a banda de reforço acima do limiar por 80% do tempo durante pelo menos 0,5 segundos e a banda suprimida abaixo do limiar em 20% do tempo. Quando os pacientes conseguiam manter a banda de reforço acima do limiar em 90% do tempo em dois estudos contínuos, o limiar era mudado automaticamente, de modo a se aproximar mais do limiar ótimo.

No protocolo de treino Alfa-Teta na área Pz, o *feedback* era somente no formato de áudio. Neste protocolo, os indivíduos fechavam os olhos e apenas ouviam o som que tocavam para eles. Três vias conectadas a esse protocolo foram dedicadas às bandas de frequência Teta (5 a 8 Hz), Alfa (8 a 12 Hz) e Beta (15 a 18 Hz), enquanto uma via adicional foi usada para controlar a banda de frequência Delta (2 a 5 Hz). As sessões iniciais foram usadas para treinar os pacientes a diminuírem os níveis Alfa ≥ 12 mV (pico a pico) e, ao mesmo tempo, aumentassem os níveis Teta, até que houvesse *crossover*. Isso foi definido como sendo o ponto em que a amplitude Alfa caía abaixo do nível Teta. Após alcançar o primeiro *crossover*, ambas as frequências, Alfa e Teta, eram aumentadas e a faixa de frequência Delta era suprimida. Isto foi feito com o propósito de desestimular a transição para o sono durante os estados de baixa excitação. Cada sessão Alfa-Teta começava com o indivíduo sentado em uma cadeira com olhos fechados. O eletrodo ativo era colocado na área Pz, com referência na orelha esquerda (A1), e o terra, na orelha direita (A2). Dois tons distintos foram empregados para reforço Alfa e Teta, com o som mais alto usado para indexar a banda Alfa de alta frequência. No início de cada sessão, o terapeuta passou de 3 a 5 minutos lendo um roteiro guiado de uma situação imaginária para os pacientes do grupo experimental, em que a história continha elementos essenciais da manutenção da abstinência. Em seguida à imaginação guiada, os indivíduos foram claramente informados de que o objetivo do treino não envolvia repetição explícita do roteiro durante o NFB. Aqueles pacientes que relataram práticas meditativas prévias foram solicitados a não usá-las durante o treino, porque foi observado que a meditação anula os efeitos de reforço Alfa-Teta. Em seguida ao treinamento Alfa-Teta, os indivíduos tiveram a oportunidade de processar suas experiências. Quando parecia que a atividade Delta deles começava a aumentar e que o sono poderia ocorrer durante o treino, era dito a eles, antes da sessão seguinte, que movimentassem um membro se ouvissem o terapeuta dizer, por exemplo, "mão esquerda". Subsequentemente, durante as sessões em que a onda Delta aumentava no sentido dos níveis de irresponsividade, os sons de *feedback* eram inibidos para desestimular a transição para o sono.

Os estudos que se seguiram avaliaram os resultados terapêuticos do protocolo de NFB de Scott-Kaiser no TUS. O estudo de Burkett e col. mostrou que a inserção do protocolo de NFB aos regimes de tratamento para usuários de crack e cocaína causou diminuição significativa das taxas de recaída, depressão e ansiedade, em comparação às formas convencionais de tratamento para o TUS. Dehghani-Arani e col. também compararam os resultados de 30 sessões de NFB aplicadas a pacientes dependentes de opiáceos submetidos ao tratamento ambulatorial (manutenção de Metadona ou Buprenorfina) *versus* um grupo controle que recebeu somente tratamento ambulatorial. Os pacientes que receberam NFB apresentaram melhoras significativas no estado de saúde geral e em termos de fissura pelo uso dos opiáceos. O próximo estudo é o de Unterrainer e col., em que um caso de abuso de múltiplas substâncias (poliuso) recebeu 11 sessões, incluindo um seguimento de dois meses de protocolo NFB combinado com psicoterapia psicodinâmica. O pré-/pós-tratamento e a avaliação de seguimento confirmaram uma significativa redução dos sintomas relacionados ao uso das drogas. Além do mais, não houve recaída durante a fase de seguimento do estudo. O estudo de Rostami e Dehghani-Arani é a aplicação mais recente do protocolo de NFB de Scott-Kaiser, especialmente para indivíduos dependentes de metanfetamina. O estudo incluiu 100 pacientes submetidos a um tratamento médico que foram aleatoriamente designados para um grupo experimental ou para o grupo controle. Os resultados mostraram que os indivíduos do grupo experimental, que foram submetidos a 30 sessões de NFB, apresentaram menor gravidade nos escores para dependência, melhora nos aspectos psicológicos e de qualidade de vida em comparação ao grupo controle.

Outras abordagens de *neurofeedback* no TUS

A revisão da literatura mostrou uma ampla gama de pesquisas em que outras formas distintas de NFB foram aplicadas. Exemplificando, Horrell e colaboradores usaram 12 sessões de protocolo NFB TDAH-específico (treino de RSM/Teta) e a primeira parte da modificação de Scott & Kaiser do protocolo de treinamento de ondas cerebrais de *Peniston* acrescido de pelo menos duas sessões de entrevista motivacional para dez indivíduos que faziam uso abusivo de cocaína. Durante o protocolo RSM/Teta, conforme suas últimas modificações no estudo de Lubar, os indivíduos foram treinados para aumentar a amplitude de RSM junto à banda de frequência especificada (12 a 15 Hz em C3, com referência monopolar ao mastoide esquerdo), e/ou a suprimir a amplitude das bandas de frequência Teta (4 a 7 Hz em F3, com referência monopolar ao mastoide esquerdo). As avaliações clínicas pós-tratamento mostraram aumento da amplitude de RSM central, acompanhado de diminuição dos autorrelatos de depressão e dos escores de estresse, além de resultados de teste de urina apontando menores concentrações no organismo de cocaína e maconha. Por outro lado, os efeitos do NFB resultaram em menor reatividade Gama de EEG a imagens relacionadas à droga, em um teste de indício de reatividade pós-NFB. Em particular, Gama-evocada mostrou diminuições de potência para indícios droga-relacionados não alvo e, em menor extensão, para indícios para alvos relacionados à droga. Entretanto, a potência Gama induzida diminuiu globalmente para ambos os indícios de droga, alvo e não alvo. Por fim, os pesquisadores concluíram que as medidas de reatividade a indício de banda Gama são suficientemente sensíveis como resultados funcionais do tratamento de NFB. Foi enfatizada a utilidade dos métodos neurocientíficos cognitivos baseados em medidas de banda Gama de EEG, para avaliação dos resultados funcionais de intervenções à base de NFB para distúrbios associados ao uso de cocaína.

Em outros trabalhos inovadores sobre NFB e TUS, Li e col. e Hanlon e col. exploraram a viabilidade da autorregulação da ativação cortical frontal usando NFB de imagem de ressonância magnética funcional (fIRM) em tempo real (tr-fIRM), para reduzir a fissura em fumantes dependentes de nicotina. Na verdade, trata-se de um método que consiste em uma abordagem de "NFB motivacional" que emprega sinais de fIRM deflagrados por pistas ambientais (fotos) e relacionados a processos motivacionais, como a fissura. O subsistema de *feedback* visual fornece *feedback* simultâneo por meio dessas imagens, conforme o tamanho delas corresponde à magnitude da mudança do sinal de fIRM a partir de uma área cerebral-alvo. Durante a autorregulação das respostas cerebrais evocadas por estas pistas, as reduções e aumentos de tamanho das imagens promovem as consequências motivacionais reais, em termos de abordagem por indício *versus* evitação, e isto aumenta a validade diante da abordagem no contexto aplicado. Além disso, a abordagem destacada engloba NFB (regulação) e corridas "espelho" que permitem controlar efeitos inespecíficos e não relacionados à tarefa, como a habituação ou adaptação neural. Nos estudos de Li e col., Hanlon e col. e Hartwell, Prisciandaro, Borckardt, George & Brady, para diminuir a ânsia dos participantes, eles foram instruídos a diminuir a atividade do córtex cingulado anterior (CCA) durante quatro sessões de NFB de rt-fIRM. Os participantes tiveram êxito em diminuir a atividade do CCA e os resultados da análise de regressão linear mostraram uma correlação significativa entre ativação reduzida de CCA e diminuição dos índices de ânsia. Sokunbi e col., do mesmo modo, em um estudo-piloto com dez voluntárias, demonstrou a viabilidade deste paradigma de NFB motivacional recém-desenvolvido para inibir a ativação cerebral em resposta a imagens de alimentos apetitosos. Por fim, os pesquisadores mencionaram que este subsistema de *feedback* recém-desenvolvido pode ser integrado a protocolos para interfaces cérebro-computador (ICC) baseados em imagens, e podem facilitar as pesquisas e aplicação do NFB em processos motivacionais saudáveis e patológicos, como a dependência e a compulsão alimentar. De modo geral, os estudos de Li e col., Hanlon e col. e Sokunbi e col. sugeriram que alguns tabagistas podem ser capazes de usar NFB via rt-fIRM para regular a ativação do CCA e diminuir a fissura induzida por pistas ambientais, apesar de ainda haver necessidade de pesquisas adicionais para determinar os parâmetros ideais de NFB de rt-fIRM, e para determinar se este método eventualmente possa se tornar uma ferramenta terapêutica para a dependência da nicotina.

O NFB tomográfico eletromagnético de baixa resolução (NFB-ETMR) no CCA é outro método para tratamento de TUS, que foi iniciado a partir dos estudos de Cannon e colaboradores. Esses estudos demonstram as relações existentes entre as regiões límbica e cortical nas frequências específicas que podem ser influenciadas pelo NFB-ETMR no TUS. Durante as sessões de NFB-ETMR, após uma sessão preliminar de controle muscular, o participante é informado dos aspectos inibitórios e recompensadores do treino de NFB para aumentar a atividade de potência em 14 a 18 Hz (baixa-beta) em um aglomerado de neurônios de 7 *voxels*, no CCA direito. Este protocolo propicia a oportunidade de treinar os pacientes com TUS a influenciarem a atividade elétrica em regiões que não tendem a ser influenciadas pelo treino de EEG topograficamente específico. A atividade de treino de 14 a 18 Hz no giro cingulado anterior direito (dCCA) influenciaria diretamente a atividade nas regiões cortical e límbica de interesse (ROI; incluindo o hipocampo direito, o complexo amigdaloide direito, o córtex orbitofrontal [COF] direito, o lobo occipital direito, o córtex insular direito, o uncus direito e duas regiões no córtex pré-frontal esquerdo), que exibe diminuição ou aumento significativo comprovado em dependentes em recuperação. Similarmente, Center relatou um estudo de caso que demonstrou a aplicação de NFB-ETMR, treino de variabilidade da frequência cardíaca e reestruturação cognitiva para treinamento de um homem de 55 anos dependente de álcool de longa data e que era resistente ao tratamento, além de apresentar a comorbidade com Transtornos de Humor e problemas de sono. Neste mesmo paciente, também foi detectada redução significativa do consumo de álcool ao final do treino e esta redução se manteve durante o período de seguimento de 6, 9 e 14 meses após a conclusão do treinamento.

DISCUSSÃO

Juntos, Sokhadze, Stewart, Tasman, Daniels e Trudeau validaram o imenso potencial que os protocolos de NFB têm de dobrar (se não triplicar) os índices de resultado alcançados com o tratamento de usuários de álcool enquanto tratamento coadjuvante a outras abordagens de tratamento já consagradas na literatura. Isto é devido ao potencial deste método de melhorar as habilidades de autorregulação da atenção, emoção e comportamento em pacientes com TUS. As intervenções que incorporam as técnicas de NFB são destinadas a reeducar os pacientes a controlar e autorregular seus estados emocional e motivacional, bem como a restabelecer a homeostase (equilíbrio) biológica, cognitiva, comportamental e hedônica normal, alterada pelo TUS.

De acordo com Rostami e Dehghani, o achado mais importante nos estudos sobre NFT e TUS é que, no tratamento do TUS, uma combinação de diferentes abordagens terapêuticas, incluindo farmacoterapia, psicoterapia e métodos neuroterápicos, como a NFB, é altamente mais eficaz do que usar um único método isoladamente. Embora as abordagens de farmacoterapia ou psicoterapia apenas possam levar a certa melhora em pacientes com TUS, são também acompanhadas de alguns pontos fracos que incluem efeitos colaterais e alto risco de recaída. Como o NFB, por outro lado, lida com as funções operacionais fundamentais do cérebro e atua como mecanismo para autorregulação cerebral, tem a habilidade de corrigir funções cerebrais irregulares e, consequentemente, melhorar disfunções psicológicas e emocionais. Além do mais, pesquisas confirmaram a manutenção dos efeitos terapêuticos do NFB e seu baixo potencial de efeitos colaterais. Portanto, a farmacoterapia pode ser usada para manter o equilíbrio inicial entre saúde fisiológica e saúde psicológica no TUS e, então, o treino de NFB pode ser usado para guiar o paciente rumo a uma saúde e equilíbrio mais duradouros.

Atualmente, existem várias opiniões teóricas sobre os mecanismos fundamentais de efetividade do NFB como método terapêutico para TUS. A maioria dessas opiniões se concentrava no protocolo de Peniston Alfa-Teta. McPeak, Kennedy e Gordon, Rosenfeld, e Taub, Steiner, Smith, Weingarten e Walton introduziram este protocolo como um tipo de técnica de meditação e sugeriram que os estados alterados autoinduzidos encontrados em várias formas de meditação às vezes podem substituir a busca por álcool e drogas. Cowan sugeriu que a efetividade deste tipo de treino pode ser devida à impressão intensificada de sugestões de temperança positivas e à sensação de poder interno que o estado Alfa-Teta parece incentivar. Em uma visão mais detalhada, Ochs sugeriu que as propriedades mais ativas (e aparentemente transformantes) dos protocolos de NFB no tratamento do TUS podem ensinar os indivíduos a aumentar intencionalmente a amplitude e interação coerente de ambas as frequências, Alfa-Teta, de ondas cerebrais em qualquer uma das localizações cerebrais. Complementando este achado, Simkin e col. (2014) explicaram que o protocolo de NFB Alfa-Teta treina pacientes com TUS a promoverem redução do estresse e atingirem estados de relaxamento profundo, aumentando as ondas cerebrais Alfa-Teta, e diminuindo as ondas cerebrais Beta rápidas. Segundo a perspectiva de Scott e col., a eficácia do NFB Alfa-Teta pode residir em sua habilidade de permitir que os indivíduos tolerem melhor o estresse, ansiedade e situações deflagradoras de ansiedade, que são particularmente evidentes durante as fases iniciais de recuperação. Por outro lado, White e Richards mencionaram que o protocolo Alfa-Teta pode induzir estados mais altos de consciência e *insights*, ajudando a alterar a relação de um indivíduo com ele próprio e com o mundo, como resultado daquilo que é visto e compreendido naqueles estados mais elevados. Os pesquisadores concluíram que a efetividade deste protocolo pode ser explicada, em grande parte, por um conceito de neuroplasticidade conhecido como maleabilidade de memória, implicando a revisitação e reavaliação de experiências antigas via protocolo Alfa-Teta. Este protocolo permite a "reescrita" neurológica da memória do indivíduo e, em consequência, modifica as reações afetivas e altera a natureza das memórias. Além disso, no protocolo Alfa-Teta, as memórias subconscientes (emocional) se tornam mais disponíveis para o processo consciente (episódico), enquanto as memórias traumáticas muitas vezes são liberadas e aparecem como *flashbacks* do passado. À medida que estes *flashbacks* são revividos no contexto dos atuais recursos e percepções do indivíduo já adulto, as memórias subconscientes podem se tornar mais prontamente disponíveis para cura e alteração.

Por outro lado, ao explicarem a efetividade dos protocolos de NFB no TUS, alguns neurofisiologistas enfocaram a normalização condicional de sistemas de reforço no cérebro. Blum e col. se preocuparam com a síndrome da privação de recompensa (SPR) como disfunção junto à cascata de recompensa cerebral (CRC), a qual leva à fissura pelo uso da droga e constitui um possível candidato à suscetibilidade ao alcoolismo e ao TUS. Portanto, os pacientes com TUS têm uma incapacidade de base neurológica de vivenciar sensações agradáveis e relaxantes a partir da estimulação simples. Foi constatado que a disfunção dessa sensação agradável é o fator mais importante a forçar os pacientes a sentirem fissura e a recorrerem ao abuso de substância. Seguindo esta ideia, alguns estudos estabeleceram que uma aparente "normalização" neurológica poderia ser responsável pela mudança do indivíduo treinado para um estado físico de relaxamento. Estudos sugeriram que o treino de NFB pode iniciar esta mudança normalizante neurológica.

Recentemente, os mecanismos pelos quais a terapia de NFB pode promover alterações comportamentais foram sugeridos por pesquisas em plasticidade neuronal. Alguns pesquisadores estão essencialmente em conformidade, destacando que a experiência direta contínua que evoca ativação neuronal persistente altera a estrutura e o funcionamento cerebral. Uma possível ligação é observada entre estimulação de estado estável, ativação neuronal induzida e plasticidade neuronal no crescente corpo de evidências que mostram que a atividade elétrica cerebral regula a síntese, secreção e ações das neurotrofinas. Estas, atuando juntas, promovem a sinaptogênese, ou seja, o desenvolvimento de novas conexões sinápticas. Na explicação de Sokhadze e col., as alterações da atividade elétrica observadas no pré- e pós-tratamento são consideradas influências positivas sobre o controle motor, função inibitória cortical, excitação geral e nível de alerta. Isso pode mediar os efeitos positivos do protocolo de NFB proposto sobre os comportamentos relacionados à dependência. O ponto crucial com relação ao NFB está em sua ação direta sobre as oscilações cerebrais, as quais estão alteradas no TUS. Assim, as modificações induzidas por NFB poderiam ser manifestações de plasticidade neural que, por sua vez, é um fenômeno considerado mecanismo básico para as modificações comportamentais.

BIBLIOGRAFIA CONSULTADA

1. Becerra, J., Fernandez, T., Harmony, T., Caballero, M. I., Garcia, F., Fernandez- Bouzas, A., ... & Prado-Alcala, R. A. (2006). Follow-up study of learning-disabled children treated with neurofeedback or placebo.Clinical EEG & Neuroscience, 37, 198–203.
2. Blum, K., Cshen, A. L. C., Giordano, J., Borsten, J., Chen, T. J. H., Hauser, M., . . . Barh, D. (2012). The addictive brain: All roads lead to dopamine.Journal of Psychoactive Drugs, 44(2), 134-143.
3. Bodehnamer, D. E., Callaway, T. (2004). Extended follow-up of Penistonprotocol results with chemicaldependency.Journal of Neurotherapy, 8(2), 135-148.
4. Boulay, C. B., Sarnacki, W. A., Wolpaw, J. R., & McFarland, D. J. (2011). Trained modulation of sensorimotor rhythms can affect reaction time.Clinical Neurophysiology, 122, 1820–1826.
5. Breteler, M. H. M., Arns, M., Peters, S., Giepmans, I., & Verhoeven, L. (2010). Improvements in spelling after QEEG-based neurofeedback in dyslexia: A randomized controlled treatment study.Applied Psychophysiology & Biofeedback, 35(1), 5–11.
6. Burkett, V. S., Cummins, J. M., Dickson, R. M., & Skolnick, M. (2005). An open clinical trial utilizing real-time EEG operant conditioning as an adjunctive therapy in the treatment of crack cocaine dependence.Journal of Neurotherapy, 9(2), 27-47.

7. Callaway, T. G., & Bodenhamer-Davis, E. (2008). Long-term follow-up of a clinical replication of the peniston protocol for chemical dependency. Journal of Neurotherapy, 12(4), 243-259.
8. Cannon, R., & Lubar, J. (2008). EEG spectralpower and coherence: Differentiating effects ofSpatial-Specific Neuro–Operant Learning (SSNOL)utilizing LORETA Neurofeedback training in theanterior cingulate and bilateral dorsolateral prefrontalcortices. Journal of Neurotherapy, 11(3), 25-44.
9. Cannon, R., Lubar, J., Congedo, M., Thornton, K.,Hutchens, T., & Towler, K. (2007). The effects ofNeurofeedback in the cognitive division of the anteriorcingulate gyrus. The International Journal of Neuroscience, 117, 337–357.
10. Cannon, R., Lubar, J., Gerke, A., Thornton,K., Hutchens, T., & McCammon, V. (2006).Topographical coherence and absolute powerchanges resulting from LORETA Neurofeedback inthe anterior cingulate gyrus. Journal ofNeurotherapy, 10, 5–31.
11. Cannon, R., Lubar, J., Sokhadze, E., & Baldwin, D. (2008). LORETA neurofeedback for addiction and the possible neurophysiology of psychological processes influenced: A case study and region of interest analysis of LORETA neurofeedback in right anterior cingulate cortex. Journal of Neurotherapy, 12(4), 227-241.
12. Center, W. D. (2014). LORETA neurofeedback in alcohol use disorders: A case study. Z score neurofeedback: Clinical applications, (pp. 243-272). doi:10.1016/B978-0-12-801291-8.00011-X.
13. Choi, S. W., Chi, S. E., Chung, S. Y., Kim, J. W., Ahn, C. Y., & Kim, H. T. (2011). Is alpha wave neurofeedback effective with randomized clinical trials in depression? A pilot study.Neuropsychobiology, 63, 43–51.
14. Cortoos, A., De Valck, E., Arns, M., Breteler, M. H., & Cluydts, R. (2010). An exploratory study on the effects of tele-neurofeedback and tele-biofeedback on objective and subjective sleep in patients with primary insomnia.Applied Psychophysiology & Biofeedback, 35, 125–134.
15. Cowan, J. D. (1994). Alpha-theta brain wave biofeedback: The many possible theoretical reasons for its success. Megabrain Report.Journal of Mind Technology, 2(3), 29-35.
16. Crocetti, A., Forti, S., & Bo, L. D. (2011). Neurofeedback for subjective tinnitus patients.Auris Nasus Larnx, 38, 735–738.
17. deBeus, R. J., & Kaiser, D. A. (2011). Neurofeedback with children with attention deficit hyperactivity disorder: A randomized doubleblind placebo-controlled study. In R. Coben & J. R. Evans (Eds.),Neurofeedback and neuromodulation techniques and applications.New York, NY: Academic Press.
18. Dehghani-Arani, F., Rostami, R., & Nadali, H. (2013). Neurofeedback training for opiate addiction: Improvement of mental health and craving.Applied Psychophysiology and Biofeedbck, 38(2),133-141.
19. Dehghani-Arani, Fateme; Rostami, Reza;& Nosratabadi, Masoud. (2010). Effectiveness of Neurofeedback Training as a Treatment for Opioid- Dependent Patients. Clinical EEG and Neuroscience, 41(3), 170-177.
20. Fahrion, S. L., Walters, E. D., Coyne, L., & Allen, T. (1992). Alteration in EEG amplitude, personality factors and brain electrical mapping after alpha-theta training: A controlled case study of an alcoholic recovery. Clinical and Experimental Research, 16(3), 547-552.
21. Gani, C., Birbaumer, N., & Strehl, U. (2008). Long term effects after feedback of slow cortical potentials and of theta-beta amplitudes in children with attention-deficit/hyperactivity disorder. International Journal of Bioelectromagnetics, 10, 209–232.
22. Gevensleben, H., Holl, B., Albrecht, B., Schlamp, D., Kratz, O., Studer, P., ... & Heinrich, H. (2010). Neurofeedback training for children with ADHD: 6-month follow-up of a randomised controlled trial. European Child & Adolescent Psychiatry, 19, 715–724.
23. Gevensleben, H., Holl, B., Albrecht, B., Vogel, C., Schlamp, D., Kratz, O., ... & Heinrich, H. (2009b). Is neurofeedback an efficacious treatment for ADHD? A randomized controlled clinical trial. Journal of Clinical Psychology & Psychiatry, 50, 780–789.
24. Goldberg, R. J., Greenwood, J. C., & Taintor, Z. (1976). Alpha conditioning as an adjust treatment for drug dependence. International journal of addiction, 11, 1085-1089.

25. Goslinga, J. J. (1975). Biofeedback for chemical problem patients: a developmental process. Journal of Biofeedback, 2, 17–27.
26. Gossop, M., Stewart, D., Browne, N., & Marsden, J. (2002). Factors associated with abstinence, lapse or relapse to heroin use after residential treatment: Protective effect of coping responses. Addiction, 97(10), 1259–1267.
27. Green, E. E., Green, A. M. and Walters, E. D. (1974). Alpha–theta biofeedback training. Journal of Biofeedback, 2, 7–13.
28. Hammer, B. U., Colbert, A. P., Brown, I. A., & Ilioi, E. C. (2011). Neurofeedback for insomnia: A pilot study of Z-score SMR and individualized protocols. Applied Psychophysiology & Biofeedback, 36, 251–264.
29. Hammond, D. C. (2011). What is neurofeedback: An update. Journal of Neurotherapy, 15(4), 305-336.
30. Hanlon, C. A., Hartwell, K. J., Canterberry, M., Li, X., Owens, M., Lematty, T., & et al. (2013). Reduction of cue induced craving through real-time neurofeedback in nicotine users: the role of region of interest selection and multiple visits. Psychiatry Researches, 213, 79–81.
31. Hartwell, K. J., Prisciandaro, J. J., Borckardt, J., Li, X., George, M. S., & Brady, K. T. (2013). Real-time fMRI in the treatment of nicotine dependence: A conceptual review and pilot studies. Psychology of Addictive Behaviors, 27(2), 501-509.
32. Horrell, T., El-Baz, A., Baruth, J., Tasman, A., Sokhadze, G., Stewart, C., & Sokhadze, E. (2010). Neurofeedback effects on evoked and induced EEG gamma band reactivity to drug-related cues in cocaine addiction. Journal of Neurotherapy, 14(3), 195-216.
33. Ibric, V. L., & Dragomirescu, L. G. (2009). Neurofeedback in pain management. In T. H. Budzyknski, H. K. Budzynski, J. R. Evans & A. Abarbanel (Eds.), Introduction to quantitative EEG and neurofeedback: Advanced theory and applications (2nd ed). New York, NY: Elsevier.
34. Johnson, K. A., Hartwell, K., Lematty, T., Borckardt, J., Morgan, P. S., Govindarajan, K., Brady, K., & George, M. S. (2012). Intermittent 'real-time' fMRI feedback is superior to continuous presentation for a motor imagery task: a pilot study. Journal of Neuroimaging, 22, 58–66.
35. Kaiser, D. A., Othmer, S., & Scott, B. (1999). Effect of neurofeedback on chemical dependency treatment. Biofeedback & Self-Regulation, 20(3), 304-305.
36. Kamiya, J. (2011). The first communications about operant conditioning of the EEG. Journal of Neurotherapy, 15(1), 65–73.
37. Keizer, A. W., Verment, R. S., & Hommel, B. (2010). Enhancing cognitive control through neurofeedback: A role of gamma-band activity in managing episodic retrieval. Neuroimage, 490, 3404–3413.
38. Kelley, M. J. (1997). Native Americans, neurofeedback, and substance abuse theory: three year outcome of alpha/theta neurofeedback training in the treatment of problem drinking among Dine' (Navajo) people. Journal of Neurotherapy, 2(3), 24-60.
39. Kleber, B., Gruzelier, J., Bensch, M., & Birbaumer, N. (2008). Effects of EEGbiofeedback on professional singing performances. Revista Espanola Psichologica, 10, 77–61.
40. Knezevic, B., Thompson, L., & Thompson, M. (2010). Pilot project to ascertain the utility of Tower of London Test to assess outcomes of neurofeedback in clients with Asperger's Syndrome. Journal of Neurotherapy, 14(3), 3–19.
41. Kreek, M. J., Nielsen, D. A., Butelman, E. R., & LaForge, K. S. (2005). Genetic influences on impulsivity, risk taking, stress responsivity and vulnerability to drug abuse and addiction. Nature Neuroscience, 8, 1450–1457.
42. Lansbergen, M. M., van Dongen-Boomsma, M., Buitelaar, J. K., & Slaats-Willemse, D. (2011). ADHD and EEG-neurofeedback: a double-blind randomized placebo-controlled feasibility study. Journal of Neural Transmission, 118(2), 275–284.
43. Leins, U., Goth, G., Hinterberger, T., Klinger, C., Rumpf, N., & Strehl, U. (2007). Neurofeedback for children with ADHD: A comparison of SCP and theta/beta protocols. Applied Psychophysiology & Biofeedback, 32, 73–88.

44. Levesque, J., Beauregard, M., & Mensour, B. (2006). Effect of neurofeedback training on the neural substrates of selective attention in children with attention-deficit/hyperactivity disorder: A functional magnetic resonance imaging study. Neuroscience Letters, 394, 216–221.
45. Li, X., Hartwell, K. J., Borckardt, J., Prisciandaro, J. J., Saladin, M. E., Morgan, P. S., ... & George, M. S. (2013). Volitional reduction of anterior cingulate cortex activity produces decreased cue craving in smoking cessation: A preliminary real-time fMRI study. Addiction Biology, 18(4), 739-748.
46. Lubar, J. F. (1995). Neurofeedback for the management of attention-deficit=hyperactivity disorders. In M. S. Schwartz (Ed.), Biofeedback: A practitioner's guide. New York, NY: Guilford.
47. McPeak, J. D., Kennedy, B. P., & Gordon, S. M. (1991). Altered states of consciousness therapy: A missing component in alcohol and drug rehabilitation treatment. Journal of Substance Abuse Treatment, 8, 75-82.
48. Muller, H. H., Donaldson, C. C. S., Nelson, D. V., & Layman, M. (2001). Treatment of fibromyalgia incorporating EEG-driven stimulation: a clinical study. Journal of clinical psychology, 57(7), 933-925.
49. Ochs, L. (1992). EEG Biofeedback Treatment of Addictions. Applied Psychophysiology and Biofeedback, 20(1), 8-16.
50. Passini, F. T., Watson, C. G., Dehnel, L., Herder, J., & Watkins, B. (1977). Alpha wave biofeedback training therapy in alcoholics. Journal of Clinical Psychology, 33, 292-299.
51. Peniston, E. G. & Kulkosky, P. J. (1990). Alcoholic personality and alpha–theta brainwave training. Medical Psychotherapy, 2, 37–55.
52. Peniston, E. G., & Kulkosky, P. J. (1989). Alpha-theta brainwave training and beta-endorphin levels in alcoholics. Clinical and Experimental Research, 13, 271-279.
53. Peniston, E. G., & Saxby, E. (1995). Alpha-theta brainwave neurofeedback training: an effective treatment for male and female alcoholics with depression symptoms. The Biofeedback Center, 51(5), 685-693.
54. Raymond, J., Varney, C., Parkinson, L. A., & Gruzelier, J. H. (2005). The effect of alpha/ theta neurofeedback on personality and mood. Cognitive Brain Research, 23, 287-292.
55. Rosenfeld, J. P. (1992). EEG treatment of addictions: Commentary on Ochs, Peniston and Kulkosky. Applied Psychophysiology and Biofeedback, 20(2), 12-17.
56. Rosenzweig, M. R. (2003). Effects of differential experience on the brain and behavior. Developmental Neuropsychology, 24(2-3), 523-540.
57. Rossiter, T. R. (2005). The effectiveness of neurofeedback and stimulant drugs in treating ADHD Part II. Replication. Applied Psychophysiology & Biofeedback, 29, 233–243.
58. Rostami, R., & Dehghani-Arani, F. (2015). Neurofeedback Training as a New Method in Treatment of Crystal Methamphetamine Dependent Patients: A Preliminary Study. AppliedPsychophysiology and Biofeedbck, 40(3), 151-161.
59. Salansky, N., Fedotchev, A., & Bondar, A. (1998).Responses of the Nervous System to Low Frequency Stimulation and EEG Rhythms: Clinical Implications. Neuroscience & Biobehavioral Reviews, 22(3), 395-409.
60. Saxby, E. & Peniston, E. G. (1995). Alpha–theta brainwave neurofeedback training: an effective treatment for male and female alcoholics with depressive symptoms. Journal of Clinical Psychology, 51(5), 685–693.
61. Schindler, A. F., & Poo, M. (2000). The neurotrophin hypothesis for synaptic plasticity. Trends in Neuroscience, 23(12), 639-45.
62. Scott, W. C., Kaiser, D., Othmer, S., & Sideroff, S. I. (2005). Effects of an EEG biofeedback protocol on a mixed substance abusing population. The American Journal of Drug and Alcohol Abuse, 3, 1455–469.
63. Simkin, D. R., Thatcher, R. W., & Lubar, J. (2014). Quantitative EEG and neurofeedback in children and adolescents anxiety disorders, depressive disorders, comorbid addiction and attention-deficit/Hyperactivity disorder, and brain injury. Child and Adolescent Psychiatric Clinics of North America, 23(3), 427-464.
64. Sokhadze, E., Stewart, C. M., Tasman, A., Daniels, R., & Trudeau, D. (2011). Review of rationale for neurofeedback application in adolescent substance abusers with comorbid disruptive behavioral disorders. Journal of Neurotherapy, 15(3), 232-261.

65. Sokhadze, T. M., Stewart, C. M., & Hollifield, M. (2007). Integrating cognitive neuroscience research and cognitive behavioral treatment with neurofeedback therapy in drug addiction comorbid with posttraumatic stress disorder: A conceptual review. Journal of Neurotherapy, 11(2), 13-44.
66. Sokhadze, T. M., Cannon, R. L., & Trudeau, D. L. (2008). EEG biofeedback as a treatment for substance use disorders: review, rating of efficacy, and recommendations for further research. Applied Psychophysiology and Biofeedback, 33(1), 1–28.
67. Sokunbi, M. O., Linden, D. E. J., Habes, I., Johnston, S., & Ihssen, N. (2014). Real-time fMRI brain-computer interface: Development of a "motivational feedback" subsystem for the regulation of visual cue reactivity. Frontiers in Behavioral Neuroscience, 8, doi:10.3389/fnbeh.2014.00392.
68. Sterman, M. B., LoPresti, R. W., & Fairchild, M. D. (2010). Electroencephalographic and behavioral studies of monomethylhydrazine toxicity in the cat. Journal of Neurotherapy, 14, 293–300.
69. Stokes, D. A., & Lappin, M. S. (2010). Neurofeedback and biofeedback with 37 migraineurs: A clinical outcome study. Behavior and Brain Functions, 6, 9-12.
70. Strehl, U., Leins, U., Gopth, G., Klinger, C., Hinterberger, T., & Birbaumer, N. (2006). Self-regulation of slow cortical potentials: A new treatment for children with attention deficit/hyperactivity disorder. Pediatrics, 118, 1530–1540.
71. Surmeli, T., Ertem, A., Eralp, E., & Kos, I. H. (2011). Obsessive compulsive disorder and the efficacy of qEEG-guided neurofeedback treatment: A case series. Clinical EEG and Neuroscience, 42, 195–201.
72. Taub, E., Steiner, S. S., Smith, R. B., Weingarten, E., & Walton, K.G. (1994). Effectiveness of broad spectrum approaches to relapse prevention in severe alcoholism: A long-term, randomized, controlled trial of transcendental meditation, EMG biofeedback, and electronic neurotherapy. Alcoholism Treatment Quarterly, 11, 187-220.
73. Trudeau, D. L. (2009). Brainwave Biofeedback for Addictive Disorder. Journal of Neurotherapy, 12(4), 181-183.
74. Trudeau, D. L. (2005). Applicability of brain wave biofeedback to substance use disorder in adolescents. Child and Adolescent Psychiatric Clinics of North America, 14(1), 125-136.
75. Trudeau, D. L. (2005).EEG Biofeedback for Addictive Disorders—The Stateof the Art in 2004. Journal of Adult Development, 12 (2/3), 139-146.
76. Trudeau, D. L., Sokhadze, T. M., & Cannon, R. L. (2009). Neurofeedback in alcohol and drug dependency. In T. Budzynski., H. Budzynski., J. Evans., & A. Abarbanel (Eds), Introduction to quantitative EEG and neurofeedback: Advanced Theory and Applications Series (Second Edition),Waltham, Massachusetts: Academic Press.
77. Twemlow, S. W. and Bowen, W. T. (1976). EEG biofeedback induced self-actualization in alcoholics. Journal of Biofeedback, 3, 20–25.
78. Twemlow, S. W. and Bowen, W. T. (1977). Sociocultural predictors of self-actualization in EEG biofeed¬back treated alcoholics. Psychological Reports, 40, 591–598.
79. Unterrainer, H. F., Chen, M. J., & Gruzelier, J. H. (2014). EEG-neurofeedback and psychodynamic psychotherapy in a case of adolescent anhedonia with substance misuse: Mood/theta relations. International Journal of Psychophysiology, 93(1), 84-95.
80. VanPraag, H., Kempermann, G., & Gage, F. H. (2000). Neural consequences of environmental enrichment. Nature Reviews Neuroscience, 1, 191-198.
81. Walker, J. E. (2010a). Case report: Dyslexia remediated with QEEG-guided neurofeedback. Neuro-Connections, 28.
82. Walker, J. E. (2010b). Using QEEG-guided neurofeedback for epilepsy versus standardized protocols: Enhanced effectiveness? Applied Psychophysiology & Biofeedback, 35(1), 29–30.
83. Walker, J. E. (2011). QEEG-guided neurofeedback for recurrent migraine headaches. Clinical EEG & Neuroscience, 42(1), 59–61.
84. White, N. E. (2008). The transformational power of the Peniston protocol: A therapist's experiences. Journal of Neurotherapy, 12(4), 261-265.

85. White, N. E., & Richards, L. M. (2009). Alpha-theta neurotherapy and the neurobehavioral treatment of addictions, mood disorders and trauma. In T. Budzynski., H. Budzynski., J. Evans., & A. Abarbanel (Eds), Introduction to quantitative EEG and neurofeedback: Advanced Theory and Applications Series (Second Edition),Waltham, Massachusetts: Academic Press.
86. Zoefel, B., Huster, R. J., & Herrmann, C. S. (2010). Neurofeedback training of the upper alpha frequency band in EEG improves cognitive performance. Neuroimage, 54, 1427–1431.

Índice Remissivo

A

Abstinência, 3
  crise de, 7
  da medicação de sono e técnicas de horário de dormir, 178
Abuso
  de substância, 76
  na infância, 75
Ácido (s)
  alfa-linolênico, 126
  docosahexanoico, 126
  eicosapnetanoico, 126
  gama-linoleico, 126
  graxos, 126
  linoleico, 126
Aconselhamento
  pela internet, 162
  por chat, 162
  por Skype, 162
Afetos, 114
Ageratum conyzoides, 60
Agir com consciência, 120
Álcool
  condições de saúde associadas ao uso do, 12
  efeitos agudos no SNC, 27
  frequência de consumo, gráfico, 11
  uso nocivo do, 11
Aliança terapêutica, 153
Alucinógenos, 5
Amígdala, 24
Anfetamina, 28
Ashwagandha, 65
Atenção sustentada, 109
Atitude de não julgamento, 120
Atividade
  e intensidade de execução para indivíduos em recuperação do uso de drogas psicotrópicas, 216
  física × exercício físico, 209
  Teta, 222
AUDIT (Teste de identificação de desordens devido ao uso de álcool), 160
Autoadministração, paradigma de, 24
Autoajuda *on line*, 162
Automedicação, 72
Ayahuasca, 61
  plantas utilizadas na preparação da, 62
  pré-tratamento oral com, 62

B

Banisteriopsis caapi, 61
Barbitúricos, 5
"Bebedor Pesado Episódico", 12
Benfotiamina, 132
Benzodiazepínicos, potencial dos, 29
Bulimia, 4

C

Caixa de Skinner, 24
Cannabis sativa, 46
Capsicum chinenese, 67
Carydolis yanhusuo, 66
Chá
  da sobriedade, 57
  de hortelã, 54
Cloridrato de cocaína, 9
Cocaína, 28
  cheirada, 23
Codeína, 29
Cognição sobre cognição, 107
Cogumelos alucinógenos, 54
Comorbidades, 41
  psiquiátricas, 47, 72, 99
Comportamento (s)
  compulsivos, 76, 91
  consumatório, 26
  impulsivo, 76
  voluntários, 22
Compulsão sexual, 4
Condicionamento clássico, 22
Coping, 14
Core, 26
Corpo celular, 20
Córtex
  orbitofrontal, 25
  pré-frontal, 24, 25
Crack, 28
Craving, 7, 53
Crise de abstinência, 7

D

Daidzina, 59
Daminana, 66
Danos hepáticos decorrentes do
  alcoolismo crônico, 66
Danshen, 64
Delirium tremens, 44
Dendritos, 20
Dependência
  como um transtorno associado ao
    estresse, 32
  de drogas
    evidências de prática do yoga na,
      201-208
    plantas potencialmente úteis contra,
      66
    plantas utilizadas para o tratamento
      da, 55
    teorias neurobiológicas sobre, 30
    uso da fitoterapia no tratamento, 53
  eficácia do exercício físico na, base
    neurobiológica para, 214
  fenômeno da, 3
  possível papel do ômega-3 na, 128
  química
    caracterização da, 3-17
    uso de micronutrientes e
      macronutrientes na, 125
Dependente de drogas de abuso,
  exercício físico
  como coadjuvane no tratamento de,
    evidências, 213
  e o tratamento de, 209-219
*Desensitization of triggers and urge
  reduction* (DeTUR®), 89
Desintoxicação, 42
  tratamentos de, 43
Dieta ocidental, 127
Disfunção doméstica na infância, 75
Disparadores, 91
DMT, 5
Dopamina, 25
  molécula de, 21
Droga(s)
  alucinógenas, 27
  classes de, 27
  de abuso, ação em comum das, 22
  depressoras, 27
  estimulantes, 27
  fumadas, 23
  ilícitas, frequência de consumo,
    gráfico, 11
  no sistema de recompensa cerebral,
    diferenças na ação das, 26
  psicoativas, 23

risco de abuso, 8
variáveis relacionadas às, 9

E

Ectasy, 5
Educação do sono e reestruturação cognitiva para insônia, 178
Efeito de violação da abstinência (EVA), 111
EMDR (*Eyes Movement Dessensitization and Reprocessing*), 77
   estimulação bilateral na terapia, 83
   fases, 81
   no uso, abuso e dependência de drogas, 71-106
   para clientes com histórias complexas de trauma, 83
   tratamento de comorbidades psiquiátricas com a terapia, 83
Endocanabinoides, 29
Enteógenos, 5
Entrevista motivacional, 89
Erva-São-João, 59
Erythroxylum coca, 13
Escaneamento corporal, 92
Estado de união, 202
Estimulantes, 5
Estímulo, 21
   condicionado, 22
   neutro, 22
   reforçador, 21
Estresse, dependência como um transtorno associado ao, 32
Etanol, consumo de, 44
Exercício físico
   como coadjuvante no tratamento de dependentes de drogas de abuso, evidências, 213
   eficácia na dependência, base neurobiológica, 214
   importância do, 210
   tratamento de dependentes e o, 209-219
Experiências de vida negativas relacionadas ao uso de drogas, tratamento inicial, 94

F

Falso refúgio, 116
Feedback
   alfa-teta, 224
   personlaizado, 162
Fenda sináptica, 20
Fissura, 53, 111, 114
Fitoterapia no tratamento da dependência de drogas, 53
Fitoterápico, 55
Five Facets Mindfulness Questionnaire, 109
Flashbacks, 84
Fóruns de discussão, 162
FRAMES (*Feedback, Responsability, Advice, Menu of options, Emphaty, Self-efficacy*), 138
   componentes nas avaliações sobre a intervenção breve, 143

G

Ganho ajustado pela qualidade, 167
Giimo, 67
Ginseng
   coreano, 64
   indiano, 65
Guaraná, 66

H

Habituação, 26
Heavy drinker, 58
Heavy Episodic Drinking, 12
Heroína, 29
Hiperexcitação neural, 84
Hipérico, 59
Hipnóticos, 5
Hipótese
   de Koob, 33
   de Wise, 31
Hovenia dulcis, 66

Hypericum perforatum, 59

I

Iboga, 55
Ibogaína, 5, 55
Ilex guaysa, 67
Imposição de mãos
   efeito no uso e abuso de drogas, 191-199
   no tratamento de usuários de drogas, exemplos, 194
   terapêuticas de, princípio das, 194
Indivíduo
   em recuperação do uso de drogas psicotrópicas, indicação de atividades e intensidade de execução, 216
Infância, experiências adversas na, 75
Ingredientes ativos, 148
Insights, 90
Intervenção(ões), 137
   breve, 137
      avanços nos estudos sobre, 146
      como prevenção, 141
      componentes, 138
         em estudos brasileiros, 139
   com base na gravidade de uso da substância, modalidades, 161
   virtuais
      custo-efetividade, 167
      na redução do uso de álcool, evidências de efetividade das, 163
      na redução do uso de drogas estimulantes, evidências de efetividade das, 163
      na redução do uso de maconha e outras drogas, evidências de efeetividade das, 163
      para usuários de substância, 159
      vantagens, 161
Intoxicantes, 5

J

Jambu, folhas do, 67

Jogo patológico, 4
Johreie, 193

K

Kava-kava, 66
Kudzu, 57

L

Lophophora williamsii, 65
LSD, 5

M

Maconha, 29
Mandioca brava, 67
Maracujá-açu, 67
MDMA, 5
Mecalina, 5
Metacognição, 107
Método FRAMES, 138
Miltirona, 64
Mindfulness
   conceituando, 107
   definições, 108
   fissura e, 111
   para uso e abuso de substâncias, evidências científicas das intervenções baseadas em, 115
   práticas de
      aplicações clínicas das, 109
      efeitos fisiológicos gerais, 109
      neurobiologia das, 110
   uso e abuso de drogas e, 107-124
Morfina, 29

N

Narcóticos, 5
Negligência na infância, 75
Neurobiologia da ação das drogas de abuso, 19
Neurofeedback
   evidências científicas do, 223
   no transtorno por uso de substâncias, 221-238

outras abordagens, 229
o que é, 221
Neurolépticos sedativso, 5
Neurotransmissores, 20
Nicotina, 30
Noradrenalina, 28
Nucleus accumbens, 24
Nutrientes, importância no quadro de dependência, 132

O

Oenethera biennis, 66
Ômega-3, 126
    deficiência de, 129
    possível papel na dependência, 128
Ondas cerebrais, 226
Opioides, 28, 45

P

PAI (Processamento adaptativo da informação), 78
Papoula, 28
Passiflora quadrangularis, 67
Paullinia cupana, 66
Pesadelos, 84
Peyote, 65
Piper methysticum, 66
Planta(s)
    medicinal *versus* fitoterápico, 54
    potencialmente úteis contra a dependência de drogas, 66
    utilizadas para o tratamento da dependência de drogas
        ayahuasca, 61
        danshen, 64
        erva-de-São-João, 59
        ginseng, 64
        ibogaína, 55
        kudzu, 57
        sálvia chinesa, 64
Processamento adaptativo da informação (PAI), 78

saúde mental e abuso de substâncias compreendida a partir do modelo, 80
Programa
    Climate School Alcohol and Cannabis Course, 166
    de tratamento de trauma integrado (PTTI), 96
    on-line de terapia cognitivo-comportamental computadorizada para insônia, 177
    Pare com a Droga, 165
    Reduce Your Use, How to Break the Cannabis Habit, 165
Projeto Match, 148
Protocolo
    de Peniston, 224
        modificação de Scott-Kaiser do, 227
    Mindfulness-Based Relapse Prevention, 116
Psicodélicos, 5
Psicoterapia breve, 137
    avanços nos estudos sobre, 146
Psilocibina, 5
Psychotria viridis, 61
Pueraria lobata, 57, 58
Punição, 22

Q

QALY (*Quality-Adjusted Life-Years*), 167
Qi gong, 193
Quit the Shit, 165

R

Raiz de ouro, 66
Recaída, prevenção de, 47
Recaptação dos neurotransmissores, 21
Receptores, 21
Reforçamento, 14
Reforço
    negativo, 22, 32
    positivo, 22, 32
Refúgio, 116

Reiki, 193
Reserpina, 66
Resposta(s), 21
   de relaxamento, 178
   ficiológicas, 22
   involuntárias, 22
Ressaca alcoólica, 66
Rhodiola rosea, 66
Risco de abuso de drogas, 8

S

Sálvia
   chinesa, 64
   vermelha, 64
Salvia miltiorrhiza, 64
Saúde mental, ciclo vicioso de, 76
SBIRT (*Screening, Brief Intervention, and Referral to Treatment*), 145
Schizandra chinensis, 66
Scutellaria laterifolia, 66
Seeking Safety ®, 89
   facilitadores do, 96
Serotonina, 28
Shell, 26
Síndrome
   da dependência, 7
   da privação de recompensa, 233
   de abstinência, maconha, 46
Sinpses, 20
Sistema
   articular, benefícios do exercício físico no, 211
   circulatório, benefícios do exercício físico no, 211
   de códigos que caracterizam os transtornos mentais e comportamentais devidos ao uso de substância psicoativa, 6
   de recompensa cerebral, 22
   esquelético, benefícios do exercício físico no, 210
   imunológico, benefícios do exercício físico no, 212
   muscular, benefícios do exercício físico no, 211
   nervoso, benefícios do exercício físico no, 212
   respiratório, benefícios do exercício físico no, 212
Sítios alostéricos, 21
Sono, variáveis do, 182
Spilanthes acmella, 67
Substância(s)
   psicoativas, 4, 6
      frequência de consumo, gráficos, 10
   uso
      problemático de, 39
      relação entre trauma, psicopatologias e transtorno por, 74

T

Tabaco
   ação do, 30
   frequência de consumo, gráfico, 11
Tabernanthe iboga, 55, 56
Tea of sobriety, 57
Técnica(s)
   de controle de estímulo, 178, 179
   de higiene do sono, 180
   de horário de dormir, 177
   de imposição de mãos, 192
   de neuroimagem funcional, 110
   de projeção para o futuro, 94
   do "lugar seguro", 89
Teoria(s)
   de Koob, 32
   neurobiológicas sobre a dependência de drogas, 30
Terapia(s)
   baseada na Web, 161
   cognitivo-comportamental, 77
      on-line para dependentes de álcool com insônia, uma experiência com pacientes ucranianos, 173-190
   de aceitação e compromisso, 119
   de exposição ao gatilho, 113

dialético-comportamental, 119
EMDR, 77
   como tratamento de escolha para múltiplos diagnósticos, 99
   por que usar para tratar comorbidades psiquiátricas?, 98
   propósito de um modelo integrado em etapas na, 84
   tratamento de comorbidades psiquiátricas com, 83
   uso da estimulação bilateral na, 83
   para o suporte, 162
Teste de identificação de desordens devido ao uso de álcool, 160
Thunbergia laurifolia, 66
Thymus vulgaris, 66
Tolerância, 3
Toque terapêutico, 193
Transtorno(s)
   afetivo bipolar, 73
   de estresse pós-traumático, 73
   de personalidade *borderline*, 73
   depressivos, 73
   mentais e comportamentais devidos ao uso de substância psicoativa, sistema de códigos que caracterizam os, 6
   por uso de substâncias, 4, 72
      compulsões e similaridades entre eles, 77

neurofeedback no, 221-238
   principais descobertas, 224
Trauma relacionado ao uso de drogas tratamento inicial, 94
Treatment matching, 148
Trigonella foenum-graecum, 66
Tucupi, 67
Turnera diffusa, 66

U

Upregulation, 215
Usuários de substâncias, intervenções virtuais para, 159

V

Vesículas sinápticas, 21
Via
   "de reforço", 24
   "do prazer", 24
   mesocortical, 25
   mesocorticolímbico, 24
   mesolímbica, 24

Y

Yoga
   na dependência de drogas, evidências da prática, 201-208
   o que é?, 201